Correspondance Militaire De Napoléon Ier: Extraite De La Correspondance Générale, Volume 4... - Primary Source Edition

Napoleon I (Emperor of the French),
France. Ministère de la guerre

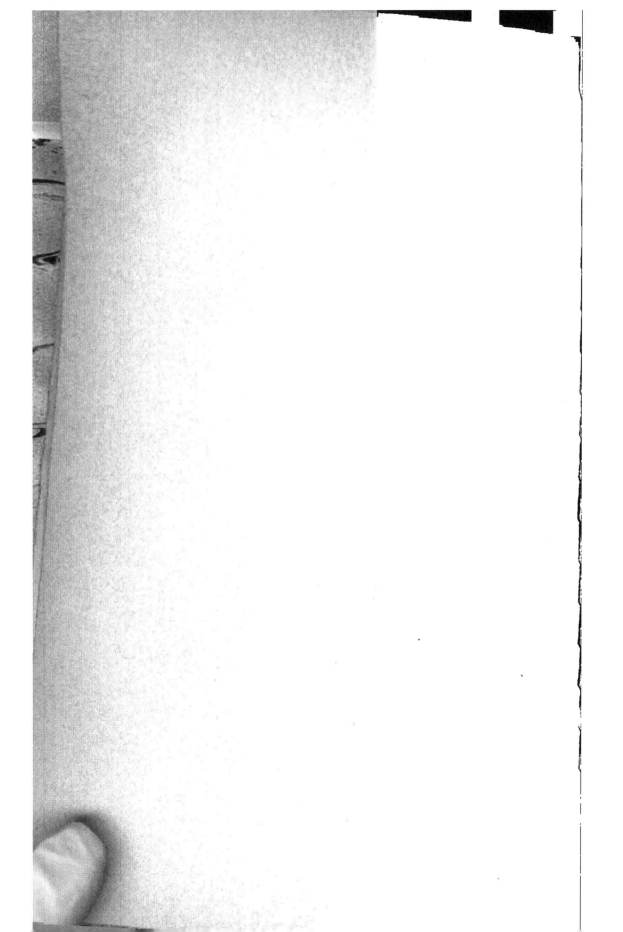

CORRESPONDANCE

MILITAIRE

DE NAPOLÉON Iᵉʳ

Ce volume a été déposé au ministère de l'intérieur (section de la librairie) en mai 1876.

PARIS. — TYP. DE E. PLON, NOURRIT ET Cⁱᵉ, RUE GARANCIÈRE, 8.

CORRESPONDANCE

MILITAIRE

DE NAPOLÉON Iᵉʳ

EXTRAITE DE LA CORRESPONDANCE GÉNÉRALE

ET PUBLIÉE

PAR ORDRE DU MINISTRE DE LA GUERRE

DEUXIÈME ÉDITION

TOME QUATRIÈME

PARIS

LIBRAIRIE PLON

E. PLON, NOURRIT ET Cⁱᵉ, IMPRIMEURS-ÉDITEURS

10, RUE GARANCIÈRE

1893

150.9

.18

.669

.004

5.4

CORRESPONDANCE

MILITAIRE

DE NAPOLÉON Iᴱᴿ

---

737. — INSTRUCTIONS MILITAIRES AU PRINCE JOSEPH POUR COMMANDER L'ARMÉE DIRIGÉE SUR NAPLES.

AU PRINCE JOSEPH, LIEUTENANT DE L'EMPEREUR, COMMANDANT EN CHEF L'ARMÉE DE NAPLES.

Munich, 12 janvier 1806.

Je reçois votre lettre du 7. Vous êtes parti le 9; vous devez être aujourd'hui à Chambéry. Vous serez le 15 ou le 16 dans le voisinage de Rome. Je vous ai envoyé le général Dumas. Le maréchal Masséna doit se trouver à l'armée. Je compte qu'après quelques jours de repos vous aurez près de 40,000 hommes, que vous pourrez partager en trois corps : le maréchal Masséna aura le plus fort; le général Saint-Cyr, un autre, et le général Reynier, le plus petit; formant une division de 6,000 hommes de bonnes troupes, en réserve. Attachez-vous au général Reynier ; il est froid, mais c'est, des trois, le plus capable de faire un bon plan de campagne et de vous donner un bon conseil. Dans votre position, l'art consiste à faire croire à chacun des trois qu'il a également votre confiance.

Cette lettre vous sera présentée par mon aide de camp Lebrun, que vous pouvez garder près de vous. Vous pouvez employer Dumas dans votre état-major. Il entend peu de chose aux manœuvres militaires ; il n'a pas assez fait la guerre. Votre grande étude est de tenir toutes vos forces réunies et d'arriver le plus promptement possible à Naples avec tout votre monde.

Une armée composée d'hommes de différentes nations ne tardera pas à faire des sottises. L'art serait de les attendre et d'en profiter. Mais il n'y a là personne capable de vous diriger dans cette manœuvre. Vous n'êtes point pressé, à huit jours de plus ou de moins. Indépendamment des trois corps dont je vous ai parlé ci-dessus, tenez un gros corps de cavalerie dans votre main, avec de l'artillerie légère, pour pouvoir le diriger où il sera convenable ; mais il me paraît difficile que les Russes et les Anglais ne se retirent pas à mesure qu'ils verront votre armée s'organiser et devenir forte. Si au contraire, ce que je ne pense pas, l'ennemi se renforçait d'une manière considérable, au premier mot que vous m'en écrirez je me rendrais promptement à votre armée.

Prenez six aides de camp. Ne tenez point de conseil de guerre, mais prenez l'avis de chacun en particulier. Écrivez-moi souvent et longuement, afin que je vous fasse passer mon avis autant que cela sera possible. Quand vous serez entré dans le royaume de Naples, après la première bataille, faites connaître dans votre proclamation aux Napolitains tout ce que j'ai fait pour éloigner la guerre de chez eux et tout ce qu'a fait la Reine pour l'attirer. Peu, très-peu de parlementaires. Le prince Eugène, qui commande dans le royaume d'Italie, tiendra une réserve pour pourvoir, si cela était nécessaire, aux événements imprévus.

Vous devez établir votre ligne de communication, c'est-à-dire vos routes de postes, d'étapes, enfin ce qui forme une ligne de communication, par la Toscane et point du tout par Ancône et les Abruzzes, parce que mon désir est que vous agissiez par Rome sur Naples. Autrement la guerre traînerait en longueur, si vous étiez obligé de conquérir les Abruzzes, et l'ennemi aurait le temps de défendre Naples. Mais, encore une fois, quinze jours ne font rien. Réunissez bien tout votre monde. Je donne ordre au général Mathieu, qui connaît le pays et en qui vous avez de la confiance, de se rendre auprès de vous.

Envoyez-moi, je vous prie, tous les jours, votre état de situation.   NAPOLÉON.

Archives de l'Empire.

---

738. — SITUATION AVEC LA PRUSSE. — ORDRE AUX MARÉCHAUX DE SE TENIR EN MESURE DE PRENDRE LA CAMPAGNE.

AU MARÉCHAL BERTHIER.

Paris, 8 février 1806.

Mon Cousin, M. de Haugwitz est arrivé. Je crois nécessaire de vous faire connaitre en peu de mots ma situation avec la Prusse. Vous connaissez le traité que j'ai conclu à Vienne avec ce ministre. Le Roi a jugé à propos de le ratifier avec des modifications, des corrections, des additions. Cela péchait par la forme, et aussi par le fond, car cela dénaturait tout à fait le traité. M. Laforest s'est refusé longtemps à accepter cette ratification ; enfin il l'a acceptée à condition que j'approuverais. Je l'ai reçue à Munich. Comme on m'annonçait en même temps M. de Haugwitz, je n'ai rien dit. M. de Haugwitz est arrivé ; je l'ai vu ; je lui ai déclaré que je n'approuvais pas la ratification, que je regardais le traité comme non avenu, et je lui ai témoigné tout mon mécontentement. Voilà notre situation.

Les Prussiens n'ont pas désarmé. Une quinzaine de milliers de Russes sont encore à l'extrémité de la Silésie. J'ai donc jugé à propos de vous instruire de cette situation des choses, pour que vous préveniez le maréchal Bernadotte de se tenir sur ses gardes et en mesure militaire, quoique les Prussiens se soient en grande partie retirés de la Saxe. Faites-lui connaître qu'il serait possible que je lui donnasse bientôt l'ordre d'entrer dans le marquisat d'Anspach.

Le maréchal Augereau est à Francfort avec son corps d'armée, la division Dupont et les Bataves. J'ai envoyé le maréchal Lefebvre à Darmstadt avec deux divisions de la réserve qu'il commande, faisant à peu près 14 à 15,000 hommes. J'imagine que le maréchal Mortier est déjà arrivé à Eichstædt.

Le roi et la reine de Naples sont embarqués; les Russes et les Anglais sont embarqués. Le prince Joseph compte entrer à Naples le 15 février.

Je ne sais ce que vous voulez me dire pour la remise du Tyrol, puisque le Tyrol n'appartenait pas à l'Autriche. Il m'appartient par droit de conquête; c'est à moi à le remettre au roi de Bavière. Chassez le commissaire d'Autriche; l'Autriche n'a rien à y faire.

Quant à Salzburg¹, si le roi de Bavière ne l'a

¹ D'après deux rapports de Berthier, en date du 14 et du 18 fevrier 1806, il faut lire ici Würzburg au lieu de Salzburg, écrit par erreur.

pas remis, qu'il le garde encore ; on peut y rester encore deux mois, et, en attendant, vivre dans le pays : parlez-lui-en dans ce sens ; on est toujours à temps de céder.

J'imagine que les maréchaux Ney, Soult, Davout ont leurs corps réunis, approvisionnés de tout et en état de faire campagne. Vous pouvez même leur écrire une petite lettre confidentielle pour leur dire que tout n'est pas fini avec la Prusse ; que le maréchal Augereau est à Francfort, Lefebvre à Darmstadt ; qu'ils se tiennent toujours en mesure ; que tout se réorganise, et que rien ne leur échappe. Vous-même ayez l'œil que tout, dans ce sens, se maintienne en règle.

J'ai laissé à Strasbourg un piquet de mes chevaux et 300 hommes de ma Garde ; au moindre événement, j'y arriverai comme l'éclair ; mais ayez la plus grande prudence, car il ne faut pas donner une alarme inutile.

A l'heure qu'il est, vous savez que Pitt est mort ; mais vous ignorez peut-être que Cornwallis est mort aussi ; cette mort met les Anglais dans un grand embarras aux Indes ; ils comptaient beaucoup sur le caractère sage de cet homme estimable pour rétablir leurs affaires dans ce pays. Ils n'ont plus que des subalternes pour gouverner ; ils sont là dans une situation assez critique.

On dit que Fox est aux affaires étrangères, Win-

dham à la guerre, Spencer à l'amirauté, le célèbre
Addington à la trésorerie; mais tout cela n'est pas
très-certain.

Vous pouvez autoriser le maréchal Bernadotte à
s'étendre sur les possessions de l'Ordre teutonique
et des petits princes qui avoisinent Eichstædt.

NAPOLÉON.

Dépôt de la guerre.
(En minute aux Arch. de l'Emp.)

---

739. — ENTRÉE DES AUTRICHIENS A WURZBURG ET DES
PRUSSIENS DANS LE HANOVRE. — ORDRE D'OCCUPER
ANSPACH. — INSTRUCTIONS DIVERSES POUR LES
MARÉCHAUX.

AU MARÉCHAL BERTHIER.

Paris, 14 février 1806.

Mon Cousin, j'apprends que des bataillons autrichiens sont entrés à Würzburg. Vous voudrez bien
faire connaître sur-le-champ à M. de Liechtenstein
que je ne veux point de troupes autrichiennes à
Würzburg. L'Électeur formera ses premières troupes
dans la Westphalie; sans cela Würzburg deviendra
ce qu'était la Souabe. Les troupes autrichiennes ne
doivent pas sortir de leurs limites. Vous expédierez

un courrier au général Andréossy pour lui ordonner de s'en expliquer clairement. Il faut parler haut ; il est temps que l'Autriche me laisse tranquille et reste chez elle. Vous ferez connaître au prince Liechtenstein mon mécontentement à l'occasion de la publication des pièces des traités conclus avec l'Angleterre, où M. de Stadion joue un si mauvais rôle. Cela n'est point propre à me donner de la confiance pour les relations futures. Si les troupes autrichiennes s'obstinent à rester à Würzburg, vous les ferez enlever, et vous direz à M. de Liechtenstein que vous en avez reçu l'ordre ; je ne veux point de troupes autrichiennes au delà de leurs limites héréditaires.

Faites sur cet objet une note officielle, dont vous m'enverrez copie pour être déposée aux archives, dans laquelle vous établirez pour principe que je n'entends point que les troupes autrichiennes passent jamais leurs frontières.

Vous donnerez ordre au maréchal Bernadotte d'occuper Anspach avec son corps d'armée. Vous donnerez le même ordre au maréchal Mortier, qui sera sous ses ordres. Il prendra possession du pays au nom du roi de Bavière. Il fera connaître par une proclamation qu'en conséquence d'un traité conclu entre la France et la Prusse, S. M. Prussienne a consenti à céder Anspach au roi de Bavière, et que l'occupation de ce pays doit être faite par les trou-

pes françaises au même moment que les troupes
prussiennes occuperont le Hanovre ; que, les Prussiens occupant cet électorat, il a ordre de son souverain de procéder à l'occupation d'Anspach ; que
ses troupes y maintiendront une bonne discipline, et
que les revenus et ressources du pays seront mis en
séquestre pour l'entretien des troupes qui l'occuperont pendant le temps qui sera jugé nécessaire.
Avant de publier cette proclamation, le maréchal
Bernadotte fera marcher ses divisions, entrera dans
le pays d'Anspach et en occupera tous les points. Il
fera connaître au commandant des troupes prussiennes qu'elles doivent se retirer ; qu'il doit en
avoir reçu l'ordre, puisque les Prussiens sont en
Hanovre.

Du reste, vous recommanderez au maréchal Bernadotte d'y mettre toutes les formes, de parler avec
un grand éloge du roi de Prusse, et de faire tous les
compliments usités en ces circonstances. Il ne correspondra pas avec le roi de Bavière, ni avec ses
ministres. Il prendra toutes les mesures nécessaires
pour pourvoir à la nourriture et à l'entretien de ses
troupes, et les cantonnera là jusqu'à nouvel ordre.
Comme son corps d'armée est trop considérable
pour pouvoir vivre dans le pays d'Anspach, il
pourra s'étendre sur le territoire des petits princes
voisins, sans cependant toucher à Baireuth. Je n'ai
pas besoin de dire qu'il doit rester sur ses gardes et

1.

avoir l'œil ouvert sur les mouvements des Prussiens, s'il y en avait à portée de lui.

Indépendamment du corps du maréchal Mortier, le maréchal Bernadotte aura sous ses ordres une division de dragons et une division de grosse cavalerie. Quand vous le jugerez convenable, vous donnerez ordre au maréchal Davout de se porter sur Eichstædt, pour appuyer le maréchal Bernadotte et s'étendre derrière lui. Vous donnerez ordre à la division de dragons qui est arrivée à Augsbourg de se rendre à Francfort, où elle sera sous les ordres du maréchal Augereau.

Quand le jour de rigueur d'évacuer Salzburg sera arrivé, et pas un jour avant, vous ferez filer le maréchal Ney sur Augsbourg, où il attendra de nouveaux ordres.

Le maréchal Soult occupera avec son corps d'armée les villes suivantes jusqu'à nouvel ordre, savoir : une division à Braunau, une division à Passau, et une à Landshut. Ayez soin que toute l'artillerie soit évacuée.

Parlez au roi de Bavière pour qu'il y ait dans le Tyrol, principalement du côté de Salzburg, une grande quantité de ses troupes, surtout dans le premier moment. Si vous le jugez nécessaire, vous pourrez y placer une brigade du corps du maréchal Soult.

M. de Haugwitz a signé hier un autre traité ; nous verrons si les Prussiens seront plus fidèles à

celui-ci qu'à celui de Vienne ; il faut donc se tenir
en mesure.

Ayez soin que tous les détachements qui sont à
Augsbourg et à Ulm rejoignent leurs corps. Faites-
moi connaître le jour où le maréchal Bernadotte
prendra possession d'Anspach, où le maréchal Mortier sera derrière lui pour le soutenir, où le maréchal Davout sera à Eichstædt, et où le maréchal Ney
se dirigera sur Augsbourg. Voici mes dispositions
pour la cavalerie de la réserve : une division de
dragons et une de grosse cavalerie avec le corps du
maréchal Bernadotte ; une division de dragons, celle
qui a été à Augsbourg, avec le corps du maréchal
Augereau ; une division de dragons et une de grosse
cavalerie avec le corps du maréchal Soult ; l'autre
division de dragons à Augsbourg.

Donnez ordre au général Oudinot de se rendre
avec ses grenadiers à Strasbourg. Vous ferez connaître au maréchal Kellermann que mon intention
est qu'il donne 150 des plus beaux hommes
des 3,000 conscrits habillés du dépôt général à
chacun des bataillons du général Oudinot.

Je vous ai écrit de faire remplacer le général
Caffarelli, dans le commandement de sa division,
par le général Morand, et le général Loison par le
général Marchand.

Tenez-vous-en strictement aux ordres que je
vous donne ; exécutez ponctuellement vos instruc-

tions; que tout le monde se tienne sur ses gardes et reste à son poste; moi seul, je sais ce que je dois faire. Si le ministre de Prusse vient vous voir à Munich et vous parle de l'occupation d'Anspach, répondez-lui que c'est par mon ordre : les Prussiens n'ont-ils pas occupé le Hanovre? Du reste, dites beaucoup de belles paroles pour la Prusse. J'apprends avec déplaisir que votre santé est mauvaise; mais nous nous verrons bientôt; il me tarde autant qu'à vous que vous reveniez; mais vous voyez comme je suis maîtrisé par les circonstances.

Voyez le roi de Bavière et remettez-lui la lettre ci-jointe, mais quarante-huit heures après que les ordres seront partis pour le maréchal Bernadotte. Vous causerez avec lui, vous lui direz que l'ordre pour l'occupation d'Anspach est parti, qu'il ne faut rien dire; que, quant à la prise de possession par les troupes françaises, il ne doit se mêler de rien, afin de ne pas irriter majeurement la Prusse; que le traité de Vienne n'a été ratifié par le roi de Prusse qu'avec beaucoup de changements que je n'ai pas approuvés; que j'ai en conséquence malmené M. de Haugwitz; qu'un autre traité a été signé hier par M. de Haugwitz; qu'on ne sait point s'il en sera de celui-ci de même que du premier; mais que, puisque les Prussiens sont entrés en Hanovre avant que rien fût fini, je prends possession d'Anspach; que ces messieurs prétendaient occuper le Hanovre et ne nous livrer

Anspach que lorsque les Anglais consentiraient sans doute à la perte du Hanovre, c'est-à-dire jamais; qu'on ne va pas manquer à Anspach de s'adresser à lui lorsque les troupes françaises y entreront; mais qu'il doit dire qu'il va répondre, qu'il va m'en écrire, et des choses vagues.

NAPOLÉON.

Dépôt de la guerre.
(En minute aux Arch. de l'Emp.)

---

740. — INTENTIONS DE L'EMPEREUR RELATIVEMENT AUX TRAVAUX DE FORTIFICATION DES PLACES D'ITALIE.

AU GÉNÉRAL DEJEAN.

Paris, 15 février 1806.

Monsieur Dejean, je reçois votre lettre ainsi que celle du général Chasseloup du 23 janvier. Je désire que les projets de Palmanova, d'Osoppo et de Venise me soient envoyés. Vous lui répondrez que je ne l'autoriserai à venir que lorsque j'aurai pensé que ces projets sont assez mûrs, et qu'il aura pu, sur les lieux, répondre aux objections qui lui seront faites. Quant à Alexandrie, je désire avoir l'état des travaux à faire cette année. Je veux achever Alexandrie, mais je ne veux y dépenser que deux millions en 1806. Je désire qu'il me présente un plan et un mémoire dans lequel il me détaillera l'état des travaux au 1er février, ouvrage par ouvrage, et son projet de distribution de la somme ci-dessus également ouvrage par ouvrage. Ces deux millions doivent être employés de manière que la ville soit mise le plus tôt possible en état de défense, ce qui ne pourra avoir lieu que lorsque les demi-lunes seront terminées. Je désire qu'on porte les travaux de Legnago et de Mantoue au point que je vous ai indiqué en vous faisant connaître les fonds que je veux y mettre. Je ne vois pas d'inconvénient à employer 100,000 francs aux travaux de Plaisance et 100,000 francs à ceux de Gênes. Je vous prie aussi de vous occuper d'un rapport sur Juliers, sur Kehl et sur Cassel, afin qu'au commencement du printemps on puisse faire ces travaux dans l'ordre convenable. Je suis mécontent de ce que le corps du génie fasse aujourd'hui dans ses calculs abstraction de l'argent, qui devrait être la base de ses aperçus, et du temps, dont je ne suis pas maître. Je vous répéterai ici mon adage : chaque fois qu'on dépense 100,000 écus dans les travaux d'une place, on doit lui donner un degré de force de plus. C'est ce qui n'est pas arrivé en dernier lieu, car, après avoir dépensé huit ou dix millions en Italie, ces places n'étaient pas plus fortes. Quand un ingénieur demande plusieurs années, son plan est mal rédigé ;

ce qu'on peut lui accorder, c'est une campagne,
encore n'en est-on pas toujours le maître.

NAPOLÉON.

Dépôt de la guerre.
(En minute aux Arch. de l'Emp.)

**741. — ORDRES AU SUJET DES BATAILLONS DU TRAIN
DE NOUVELLE FORMATION. — MESURES CONCERNANT
L'ARTILLERIE EN ITALIE.**

AU GÉNÉRAL DEJEAN.

Paris, 17 février 1806.

Monsieur Dejean, vous me demandez mes ordres
sur les 9ᵉ, 10ᵉ et 11ᵉ bataillons du train de nouvelle
formation. Mon intention est que ces bataillons
soient conservés, mais qu'il n'en soit pas fait de
dédoublement, c'est-à-dire de bataillons *bis*. Donnez
donc des ordres pour réincorporer dans les bataillons
principaux ce qui aurait formé les bataillons *bis*
pour ces trois numéros. Complétez ces bataillons et
mettez-les en état de partir.

Préparez-moi un travail général sur l'artillerie.
Mon intention est d'avoir pour le service des 27ᵉ
et 28ᵉ divisions militaires une seule école à Alexandrie. On pourra, s'il est nécessaire, continuer à
la laisser à Turin. Il y aura dans cette école un ré-

giment d'artillerie à pied et un régiment d'artillerie à cheval, qui feront le service de Gênes et des 27ᵉ et 28ᵉ divisions militaires.

Un régiment d'artillerie à pied sera destiné à faire le service de l'armée de Naples et de l'armée qui est en Italie, savoir : un bataillon complet à l'armée de Naples et un autre à celle d'Italie.

Le bataillon qui sera dans le royaume d'Italie sera placé à Padoue ; il sera employé au service de Venise ; celui qui sera destiné pour le royaume de Naples aura son école à Naples. Il y aura aussi un régiment d'artillerie à cheval pour l'armée d'Italie, lequel tiendra un escadron détaché à l'armée de Naples.

Il y aura deux bataillons principaux du train à l'armée de Naples et deux à l'armée d'Italie ; il n'en restera donc plus que sept pour l'intérieur de la France.

Les établissements français en Italie seront spécialement concentrés à Alexandrie ; et, en attendant que cette place puisse jouer le rôle auquel elle est destinée, on pourra, si on le juge convenable, les laisser provisoirement à Turin. Les établissements provisoires et d'armée pour l'armée d'Italie seront à Padoue.

Cependant, pendant bien des années encore, il faut que les arsenaux et établissements de Grenoble soient tenus en état, soit qu'on y travaille ou non, de sorte qu'au premier événement on puisse les réouvrir pour défendre les Alpes.

Tous les magasins d'artillerie appartenant à la
France devant le plus possible être concentrés dans
Alexandrie, on ne doit avoir ailleurs d'autres magasins que des dépôts, et l'armée d'Italie elle-même
n'en doit avoir qu'au delà de Mantoue. Enfin recommandez bien à tous les officiers d'artillerie qui sont
en Italie de renfermer tous les canons et les magasins dans les places fortes. Je n'ai besoin, du reste,
surtout dans ce moment-ci, d'aucun mouvement
extraordinaire d'artillerie de France en Italie; il
faut attendre la belle saison.   NAPOLÉON.

Dépôt de la guerre.

(En minute aux Arch. de l'Emp.)

---

742. — MODIFICATIONS A APPORTER DANS L'EMPLA-
CEMENT DE SES TROUPES. — DISPOSITIONS A PRENDRE
EN ISTRIE ET EN DALMATIE.

AU PRINCE EUGÈNE.

Paris, 21 février 1806.

Mon Fils, je ne puis encore former une compagnie de gardes d'honneur de Venise, puisque Venise
n'est pas encore réunie à mon royaume d'Italie.
Vous avez très-mal fait de prendre un décret pour
dessécher les marais de Capo d'Istria, et d'avoir
affecté des domaines nationaux à cette dépense : je

n'approuve pas ce décret. Vous vous êtes aussi trop pressé de faire des changements aux douanes de Venise relativement aux vins. Votre décret sur les finances, daté de Venise du 7 février, paraît tendre à faire entrer de la mauvaise monnaie dans le trésor. Vous ne pensez pas que j'ai besoin de beaucoup d'argent. Avant que je puisse confirmer le décret d'importation des vins de Venise, il faut que je sache ce que cela fera perdre au trésor.

Ménagez mes fusils; le ministre de la guerre se plaint que vous en employez beaucoup. Ne prenez pas surtout des fusils français pour l'armée italienne sans que je vous y autorise. Le général Laplanche-Mortière, avec quatre bataillons d'élite, doit vous arriver; faites rejoindre son corps à chacun de ces bataillons; ce sont les 9e, 13e et 81e de ligne. Je vois que le 9e est à Vérone et que son dépôt est à Legnago. Réunissez les corps; sans cela il n'y a point d'ordre. Vous le savez, vous qui avez été chef de corps. Je vois que le 60e est à Venise, et son dépôt à Palmanova; cela ne vaut rien. Dans votre état de situation, il n'est pas dit où est le 106e. Le 3e de chasseurs est à Padoue, et son dépôt à Codogno. Vous ne me dites pas où est le dépôt du 5e de ligne. Écrivez au général Menou pour que les dépôts des régiments qui composent votre armée rentrent sous votre commandement et quittent la France. Il faut réunir les dépôts des corps

qui sont en Dalmatie à Venise, à Trévise, ou à Palmanova, à votre choix. Vous ne me dites pas où est
le dépôt du 8ᵉ d'infanterie légère, non plus que
du 13ᵉ et du 81ᵉ de ligne. Le 4ᵉ de cuirassiers est à
Trévise et son dépôt est à Lodi; *idem* le 6ᵉ, *idem*
le 7ᵉ, *idem* le 8ᵉ; cela ne vaut rien. Le 15ᵉ est à
Udine, et son dépôt est à Vigevano; le 19ᵉ à Sacile,
et son dépôt à Vigevano; le 23ᵉ est à Pordenone, et
son dépôt à Verceil; le 24ᵉ est à Latisana, et son
dépôt à Codogno. Réunissez-les dans des garnisons
fixes; placez-les dans des endroits sains et où les
fourrages soient à bon marché. Faites partir les
pionniers noirs pour l'armée de Naples. Comment
se fait-il que ce corps soit réduit à 450 hommes?
Il est très-mal placé à Palmanova. Le royaume de
Venise doit très-bien fournir au peu d'hommes que
vous avez. Je ne vois pas la situation du corps du
général Marmont dans votre état; envoyez-lui un
aide de camp pour la lui demander. Ne mettez
aucun corps que le sien entre l'Isonzo et le Tagliamento. Les 5ᵉ, 23ᵉ et 79ᵉ, qui sont en Dalmatie,
doivent être au grand complet de guerre et portés
à 3,000 hommes. Les conscrits qui n'auraient point
de destination doivent être spécialement affectés à
ce corps. Je ne vois pas, dans votre état, qui commande l'artillerie et le génie du corps du général
Molitor en Dalmatie. J'estime qu'il lui faut au moins
quatre compagnies d'artillerie au grand complet de

guerre, c est-à-dire à 100 hommes, un colonel d'artillerie directeur, un lieutenant-colonel sous-directeur, une demi-compagnie d'ouvriers. Je ne vois pas non plus combien il y a de pièces de canon. Ces états sont très-mal faits. Envoyez-lui deux compagnies de sapeurs au grand complet de guerre et quatre capitaines en second d'artillerie ; indépendamment de cela, envoyez-lui deux compagnies d'artillerie italienne au grand complet de guerre. Il me paraît qu'il n'a point de cavalerie ; je crois qu'il ne lui en faut pas beaucoup, mais il lui en faut un peu. Envoyez-lui un petit régiment de chasseurs. J'approuve fort que vous lui ayez envoyé le 81e ; faites-lui passer, de plus, un bataillon d'élite. Faites-lui passer le 8e d'infanterie légère, et remplacez ce régiment dans l'Istrie par le 60e de ligne ; de sorte que le général Molitor aura le 8e d'infanterie légère, les 5e, 23e, 79e et 81e de ligne, quatre compagnies d'artillerie française, deux de sapeurs, une demi-compagnie d'ouvriers, douze pièces d'artillerie, deux compagnies d'artillerie italienne, un régiment de chasseurs ; ce qui, avec les conscrits que vous lui enverrez le plus tôt possible, ayant soin de les habiller et de les armer auparavant, portera son corps à 15,000 hommes. Envoyez-lui un commissaire ordonnateur, un inspecteur aux revues, trois commissaires des guerres, un adjudant commandant et trois généraux de brigade, y compris ceux qu'il a.

Le général Seras aura dans l'Istrie le 13e et le 60e, deux compagnies d'artillerie, douze pièces de canon, une compagnie d'artillerie italienne, une demi-compagnie d'ouvriers, un régiment de chasseurs, un directeur d'artillerie, un directeur du génie ; le tout formant un corps de 6,000 hommes. Il restera au général Miollis les 9e, 53e et 106e de ligne.

Vous devez avoir reçu à Vérone les conscrits partis de Strasbourg. J'en ai vu passer un convoi de 2,000. Il y a dans le royaume d'Italie un grand nombre de commandants de place qui y sont inutiles ; envoyez-les dans les places de l'Istrie et de la Dalmatie. Je n'ai rien vu de mal fait comme l'état de situation que vous m'avez envoyé. Le général Charpentier ne se donne pas les peines convenables ; faites mieux que cela.

Envoyez en Istrie et en Dalmatie des cartouches et des biscuits en grande quantité. Si un régiment de cavalerie était de trop en Istrie et en Dalmatie, envoyez-y au moins un escadron. Enfin ne vous endormez point. Songez bien que la paix peut n'être pas aussi sûre que vous pourriez le penser ; que la Dalmatie peut être attaquée par les Russes. J'imagine que Lauriston a été en prendre possession. Si vous lui aviez donné des ordres contraires, révoquez-les, car mon intention est qu'il y aille.

NAPOLÉON.

Comm. par S. A. I. Mme la duchesse de Leuchtenberg.
(En minute aux Arch. de l'Emp.)

743. — REPROCHES SUR L'INSUFFISANCE DES ÉTATS ET RENSEIGNEMENTS FOURNIS.

AU PRINCE EUGÈNE.

Paris, 27 février 1806.

Mon Fils, je reçois votre lettre du 21 février. Je ne vois pas pourquoi vous m'écrivez quatre pages sur ce que vous avez fait relativement à l'affaire de Crespino. Je ne blâme pas votre conduite; le rapport de la police, je le tiens de vous; il n'est pas conforme à ce que j'ai fait, mais cela n'était pas nécessaire. Faites exécuter mon décret et donnez-lui la plus grande publicité.

L'architrésorier se plaint que le 67ᵉ n'est pas arrivé à Gênes. Ces plaintes n'auraient pas lieu si votre chef d'état-major faisait son métier, et si, après avoir envoyé un ordre à un corps, il envoyait sa feuille de route au ministre de la guerre. Le ministre ne manque jamais de me remettre ces états, et je suis à même de vérifier l'exécution de mes ordres; mais votre chef d'état-major ne fait rien.

Par tous les règlements qu'a faits le général Lauriston sur la marine de Venise, je vois que les dépenses ont été augmentées; il n'est donc pas réel de dire qu'elles ne sont pas plus considérables que

sous les Autrichiens. Ce n'est pas par des états som-
maires que l'on fait connaître une situation de
finances quelconque, mais par des états détaillés et
des pièces à l'appui. Le pays vénitien serait bien
peu de chose s'il ne rendait que 873,000 francs
par mois, et s'il en coûtait 700,000. Je n'ai reçu
aucun état sur Venise. Vous ne m'avez envoyé
aucun mémoire raisonné, ni aucun détail des impositions, de manière que l'état des finances du pays
vénitien m'est plus étranger que celui du royaume de
Naples, car le prince Joseph, depuis qu'il est arrivé,
m'a déjà envoyé des aperçus sur les finances de ce
pays. Je ne conçois pas comment, dans le mois de mars,
vous n'aurez que 167,000 francs pour votre armée,
si en mars et en avril vous avez 1,600,000 francs
provenant des impositions foncières (l'imposition
foncière est une imposition ordinaire), et si, indépendamment de cette somme, vous devez recevoir
des contributions arriérées, qui nécessairement se
classent dans les contributions ordinaires. Je ne suis
donc point content des explications que contient
votre lettre du 21 février. Votre lettre du 22 ne
m'apprend rien, ni sur les biens nationaux, ni sur les
couvents. Je ne sais rien sur l'organisation du pays
de Venise. Vous ne m'envoyez pas le nombre des
maisons religieuses. J'ignore ce que rendent le sel,
le tabac, les douanes, les postes, les loteries, les
droits de consommation, etc. Si vous le savez,

pourquoi me donner des renseignements incomplets? Si vous ne le savez pas, c'est votre faute : vous deviez savoir tout cela quarante-huit heures après votre arrivée à Venise. Vous voudrez bien permettre que je vous écrive de ce style, sans vous fâcher. Il était inutile que vous m'écriviez deux pages sur un considérant, puisque vous avouez qu'il est mauvais. Le ministre de la guerre ici ne sait rien de votre armée, ni comment elle vit, ni ce qu'elle coûte, enfin son véritable budget. L'art consiste à faire travailler plus encore qu'à se fatiguer beaucoup; et si, à chaque chose que je vous ai demandée, vous vous étiez fait remettre un mémoire et des états par des personnes instruites de Venise, j'eusse été satisfait. En résumé, je vous demande ce que je vous ai demandé depuis deux mois : 1° un état des recettes du pays de Venise, en prenant une année moyenne, imposition par imposition, et distinguant le revenu brut et le revenu net; 2° un état, masse par masse, de ce que coûte mon armée dans le pays de Venise et dans mon royaume d'Italie; 3° le budget de 1806 de mon royaume d'Italie, corrigé; 4° les comptes de mes ministres de 1805, et surtout des ministres des finances et du trésor public, pour qu'il soit rendu compte à mes peuples d'Italie de ce qu'on fait de leur argent; 5° un état, divisé par provinces, de ce qui a été perçu depuis l'entrée des Français, et des dons faits au maréchal Masséna ou autres par les gouvernements provisoires.

Voilà les états que je vous demande et dont j'ai besoin. Si vous voulez me prouver que vous connais·sez le pays, envoyez-moi ces états en grand détail.

NAPOLÉON.

Comm. par S. A. I. Mme la duchesse de Leuchtenberg.
(En minute aux Arch. de l'Emp.)

---

744. — DÉCRET RELATIF A LA NOURRITURE DES TROUPES PAR LES MASSES D'ORDINAIRE.

Palais des Tuileries, 12 mars 1806.

NAPOLÉON, Empereur des Français, roi d'Italie,

Voulant fournir aux soldats qui composent nos armées une nourriture plus abondante, qui conserve leur santé et qui contribue à fortifier leur constitution,

Sur le rapport de notre ministre de la guerre,

Notre Conseil d'État entendu,

Nous avons décrété et décrétons ce qui suit :

ARTICLE PREMIER. — A compter du 1er mai prochain, il sera fourni une masse d'ordinaire, laquelle sera administrée par les capitaines, sous la surveillance des colonels et des chefs de bataillon des corps.

Cette masse sera composée :

1° Des cinq centimes que nous avons accordés par notre arrêté du 24 frimaire an XI;

2° De 10 centimes que nous accordons par le présent décret, lesquels ne seront payés qu'aux hommes présents sous les armes;

3° Du restant de la solde, prélèvement fait de la masse de linge et chaussures et des deniers de poche.

ART. 2. — Moyennant cette masse, les compagnies seront tenues de procurer au moins trois onces de pain blanc pour la soupe par chaque soldat, une demi-livre de viande et des légumes nécessaires à son ordinaire.

ART. 3. — Les capitaines pourront ou traiter pour la fourniture du pain de soupe, ainsi qu'il est prescrit par l'arrêté du 24 frimaire an XI, ou faire acheter le pain de soupe par les chefs d'ordinaire; ils pourront de même, pour la fourniture de la viande, ou traiter avec des bouchers ou entrepreneurs, ou faire faire boucherie, ou faire acheter la viande par les chefs d'ordinaire.

Dans les villes ou autres où il est ou sera établi des octrois sur les bestiaux ou sur la viande, les troupes y seront soumises comme le reste des citoyens.

ART. 4. — Les capitaines ne pourront employer ou laisser employer aucun des deniers de la masse d'ordinaire à aucune autre destination que celle prescrite par l'article 2.

Toute répartition des deniers de cette masse entre les membres de l'ordinaire ou tous autres est absolument prohibée. Les économies appartiendront aux compagnies, seront conservées dans la caisse des corps et réservées pour parer aux accroissements de prix que le pain, la viande ou les légumes pourront éprouver

ART. 5. — Le colonel ou autre chef des corps se fera représenter chaque mois les registres de la masse d'ordinaire de chaque compagnie et le visera.

Il visera fréquemment quelques-uns des livres que les chefs d'ordinaire doivent tenir, afin de s'assurer de la pleine et entière exécution des articles 2 et 4 ci-dessus.

ART. 6. — Les inspecteurs et sous-inspecteurs aux revues vérifieront, viseront, lors de leurs revues, les registres des masses d'ordinaire de toutes les compagnies; les officiers généraux, inspecteurs d'armes, les arrêteront définitivement.

Les uns et les autres s'assureront de la régularité et de la bonté de la gestion de ladite masse et particulièrement de l'exécution des articles 2 et 4 ci-dessus

ART. 7. — En conséquence de ces dispositions,

toutes nos troupes, dans quelque lieu qu'elles se trouvent, seront traitées de même et n'auront droit à aucune augmentation.

ART. 8. — Lorsque des corps seront mis sur le pied de guerre, il leur sera fait, sur la masse d'ordinaire, une retenue de 15 centimes, et, en échange, il leur sera fourni en nature quatre onces de pain de munition en supplément de la ration, une demi-livre de viande et deux onces de légumes.

ART. 9. — La surveillance des masses d'ordinaire et de leur emploi sera dans les attributions du ministre directeur de l'administration de la guerre.

ART. 10. — Nos ministres de la guerre, de l'administration de la guerre et du trésor public, sont chargés, chacun en ce qui le concerne, de l'exécution du présent décret.

NAPOLÉON.

Archives de l'Empire.

745. — ORDRE DE VÉRIFIER LES MAGASINS DU MUNITIONNAIRE GÉNÉRAL.

AU GÉNÉRAL DEJEAN.

Paris, 16 mars 1806.

Monsieur Dejean, je désire que vous vous assuriez sans délai, et sans recourir à l'intermédiaire de votre bureau des vivres, ni à celui des commissaires des guerres, si les magasins des vivres du munitionnaire général de l'armée de terre contiennent réellement les froments et seigles portés sur les états et certifiés par les commissaires des guerres.

Vous ferez faire cette vérification dans cinq ou six divisions à votre choix, et vous m'en ferez un rapport.

NAPOLÉON.

Dépôt de la guerre.
(En minute aux Arch. de l'Emp.)

---

746. — CONSEILS POUR LA CONSTITUTION D'UNE ARMÉE NAPOLITAINE.

AU PRINCE JOSEPH.

Paris, 31 mars 1806.

Le général Dumas doit vous être arrivé à l'heure

2.

qu'il est. Je désire qu'il puisse satisfaire les espé-
rances que vous en concevez. Il a du talent. Voyant
que vous n'avez personne à mettre à la tête de
Naples, je vous ai envoyé le maréchal Jourdan,
homme d'un grade supérieur. Il sera uniquement
destiné au gouvernement de Naples. Lucotte ne
peut inspirer ni aux maréchaux ni même aux habitants; il pourra remplir sous lui les fonctions de
commandant d'armes.

J'ai reçu votre lettre du 13 mars. Voilà près d'un
mois que vous êtes maître de Naples. Je n'entends
pas encore que vous soyez à Tarente. J'espère qu'à
l'heure qu'il est vos troupes sont arrivées à Reggio.
Je vous ai déjà dit que j'ai réuni vos dépôts dans la
Romagne et le Bolonais; je vais y envoyer un commandant. Vous avez quatorze régiments; avec les
Italiens, cela vous fera un corps beaucoup trop considérable. Vous n'avez pas besoin de 25,000 hommes
pour prendre la Sicile; un corps de 15,000 est plus
que suffisant. Toute cette canaille, Napolitains et
Siciliens, sont bien peu de chose. Les Corses étaient
bien autre chose, et ils n'ont jamais résisté seulement à huit bataillons.

Les Russes se sont emparés des bouches de Cattaro, que les Autrichiens leur ont indignement
livrées. Cela les attire de ce côté, ce qui les intéresse
beaucoup plus que les affaires de Naples. Je vous ai
envoyé... en or. J'ai fait payer les 500,000 francs

que vous avez passés sur moi. Je ferai encore payer
2,500,000 francs de lettres de change ; mais ne
comptez pas sur davantage. J'ai des dépenses immenses. Mon armée doit être maintenue sur un
pied respectable, car tout peut ne pas être fini. J'ai
pris possession de Wesel, qui est une des plus fortes
places du Rhin. Je lui cède le Hanovre. Le prince
Murat a été reconnu duc de Clèves et de Berg, ce
qui lui donne 400,000 âmes de population. J'ai
écrit en Hollande, et, sous peu de jours, le prince
Louis sera fait stathouder héréditaire de Hollande.

Je désirerais avoir un rapport de vos places fortes.
Ne serait-il pas convenable de raser Capoue ? Faites-
moi faire, par le général du génie, un rapport
général, afin que je fasse connaître mon opinion.
Maîtres comme nous le sommes..... les places fortes
ne peuvent que retarder la marche d'une armée.
S'il en faut, il en faudrait une seule pour servir de
grande place de dépôt, où l'on pourrait réunir ses
dépôts et établissements, dans le cas où il faudrait
concentrer ses forces pour défendre l'Adige. Vous
sentez que je parle pour les dix premières années ;
car, dans ce terme, vous aurez assez de crédit parmi
cette population pour avoir une armée vraiment
napolitaine. L'armée napolitaine n'est rien, n'a
jamais rien été, ne peut devenir une armée que par
une suite de soins et de temps. Bien loin d'exiger
que le royaume de Naples me nourrisse une trop

grande armée, je voudrais y laisser le moins de troupes possible. Je voudrais n'avoir à Naples que six régiments à quatre bataillons chacun, toujours au grand complet de guerre, ce qui ferait 16,000 hommes; dix compagnies d'artillerie au complet de guerre, ce qui ferait 1,000 hommes; deux régiments de chasseurs, formant 1,600 hommes et 1,400 chevaux; deux compagnies d'artillerie légère et un bataillon du train; deux généraux de division; un général de cavalerie, un d'artillerie, six généraux de brigade. Tout le reste des officiers, si vous en avez besoin, vous les prendriez à votre service. Cette armée, je voudrais qu'elle eût son quartier général, ses dépôts, son parc, réunis dans un seul point, qui serait la place forte. Vous pourrez avoir à votre solde un régiment allemand, un ou deux régiments suisses, et je vous céderais celui que j'ai, de quatre bataillons, et composé d'hommes attachés, extrêmement opposés aux Anglais. Je ne pense pas que vous deviez tenir à Naples quatre régiments de trois bataillons chaque, car que sert d'avoir une nombreuse canaille, qui coûtera beaucoup et s'enfuira au premier coup de canon? Les officiers qui vous viennent du royaume d'Italie sont, en général, des gens attachés. Si, ce que je ne crois pas, le peuple napolitain aimait la guerre, avec trois ou quatre régiments tous les goûts militaires doivent être satisfaits. S'il en était autrement, je préférerais

avoir trois ou quatre régiments qui serviraient en
France, à ma solde, que je mettrais dans le nord,
qui purgeraient le pays et franciseraient aisément
l'armée napolitaine. Il faut que vous réfléchissiez
qu'il n'y a qu'un seul moyen de vous maintenir à
Naples, c'est de faire la fortune d'un grand nombre
d'officiers français, qui s'y établiront, et, étant
riches, se marieront. Cela est facile, en leur distri-
buant une quarantaine de millions de domaines
nationaux. Ainsi donc, avant d'atteindre les grandes
chaleurs, vous pouvez renvoyer en France tous les
dragons qui ont besoin de se former, qui ne peuvent
vous servir en Sicile et vous sont superflus à Naples.
Je crois que 3,000 chevaux vous suffiraient. Et, enfin,
il faut tenir vos troupes réunies pour les exercer, les
tenir en bon état, et, à tout événement, se porter
sur le haut et sur le bas de l'Italie ¹.

                                    NAPOLÉON.

Archives de l'Empire.

¹ La minute de cette lettre présente des lacunes et des mots
d'une lecture difficile.

747. — MÉCONTENTEMENT AU SUJET DE MÉMOIRES SUR LA DALMATIE FOURNIS PAR LE GÉNÉRAL POITEVIN.

AU GÉNÉRAL DEJEAN.

Paris, 7 avril 1806.

Monsieur Dejean, le général du génie Poitevin, qui est en Dalmatie depuis deux mois, au lieu de faire une description topographique et militaire du pays qui me fasse connaître la nature des chemins, les côtes, les ports, les montagnes, les villes, la population, etc., fait des rêves de première ligne de défense, de seconde ligne de défense, de plans d'offensive, de défensive; ce qui est un véritable galimatias. Témoignez-lui mon mécontentement, et dites-lui bien qu'il m'envoie un mémoire sur toute la topographie du pays, sur les montagnes, routes, canaux, etc., sans y joindre des projets d'attaque, de défense, ni rien de ce qui n'est pas précis et qui ne tend pas à faire connaître la nature du pays.

NAPOLÉON.

Dépôt de la guerre.
(En minute aux Arch. de l'Emp.)

748. — OBSERVATIONS SUR LA QUANTITÉ DU MATÉRIEL D'ARTILLERIE NÉCESSAIRE EN CAMPAGNE ET DANS LES PLACES.

AU GÉNÉRAL DEJEAN.

La Malmaison, 10 avril 1806.

Monsieur Dejean, on me remet des états des armes portatives qui ne sont point exacts. Je n'y vois point l'état des fusils que j'ai à Fenestrelle, dans la citadelle de Turin, au fort Barraux, à Mantoue ; faites faire ces états avec plus d'exactitude.

Quant au budget, les observations que vous me remettez tombent sur deux objets : la première, sur l'insuffisance du fonds pour les armes portatives ; mon intention est que l'on fabrique le plus d'armes possible. Si le fonds qui est destiné à cet objet est suffisant, j'accorderai un supplément sur le fonds de réserve. La seconde observation est relative au fonds pour les salles d'armes ; nous en avons suffisamment. Tous les nouveaux établissements qu'on fait absorbent beaucoup d'argent sans raison. Cela peut être fait avec le temps et dans des années où il y aura moins de dépenses.

Quant aux constructions, je ne puis comprendre que nous ayons un déficit aussi considérable qu'on l'avance. On dit qu'il manque tant d'affûts de siége, tant d'affûts de place : sans doute, si l'on suppose que toutes nos places seraient assiégées à la fois. Mais, si l'on avait l'argent nécessaire, serait-il convenable d'avoir à la fois une si grande quantité d'affûts, dont les cinq sixièmes pourriraient dans les arsenaux sans avoir jamais servi? Nous en avons le nombre nécessaire. Dans la situation actuelle de l'Empire, l'art consiste à avoir les approvisionnements dans plusieurs points centraux d'où l'on puisse les diriger, selon les circonstances militaires, sur telle ou telle place.

Il en est de même pour les équipages de campagne. C'est une erreur de penser qu'il faut, pour le service de l'Empire, des attirails et des caissons pour trois ou quatre mille pièces de campagne. Mille pièces de campagne sont plus que suffisantes, et avec ce nombre on est sûr de n'avoir jamais besoin d'aucun transport. Avec les attirails d'un équipage de trois cents bouches à feu pour la Hollande, la côte de Flandre et le Nord ; d'un équipage de trois cents bouches à feu pour Metz, Strasbourg et le Rhin ; de deux cents pour l'Italie, et de deux cents pour les Pyrénées, la Bretagne et la Méditerranée, on a plus que le nécessaire. J'aurais de la peine à comprendre que je n'eusse pas ce qui est nécessaire pour former ces quatre équipages. Faites-moi un rapport qui me fasse connaître en

détail la situation de l'artillerie. On peut avoir
autant de pièces de canon que l'on veut, elles ne
dépérissent point; autant de fer coulé que l'on
veut, cela ne dépérit point; mais il ne faut avoir
que l'attirail nécessaire, parce que cela périt.

NAPOLÉON.

Dépôt de la guerre.

(En minute aux Arch. de l'Emp.)

---

749. — EXPRESSION D'UN VIF MÉCONTENTEMENT AU SUJET DU VOYAGE A PARIS DU FRÈRE DU MARÉCHAL BERTHIER.

AU MARÉCHAL BERTHIER.

La Malmaison, 10 avril 1806.

Je suis fâché que vous ayez envoyé votre frère a
Paris. Je n'ai point voulu le voir et je ne le recevrai
point. Écrivez-lui de repartir sur-le-champ. Votre
frère a gagné deux millions en Hanovre, et il ne
faut pas qu'il fasse l'important. Si, aujourd'hui
qu'il est riche, il veut s'affranchir de ses devoirs, il
s'en trouverait mal. Je tiens à déshonneur qu'un
général quitte ses troupes. Quant à des couches de
femme, je n'entre pas dans ces détails-là; ma
femme aurait pu mourir à Munich ou à Strasbourg,
cela n'aurait pas dérangé d'un quart d'heure l'exé-

cution de mes projets ou de mes vues. Croyez-vous
que tous les militaires qui sont en Allemagne, et
vous tout le premier, n'aient point envie de revenir,
et même qu'indépendamment des raisons de service
je n'en ai point d'autres de vous désirer à Paris?
Mais le militaire tombe en quenouille, et je veux
être inflexible. Si le général Berthier était venu
sans votre ordre, il aurait été sur-le-champ arrêté.

NAPOLÉON.

Archives de l'Empire.

---

750. — VUES GÉNÉRALES SUR L'ARTILLERIE ET SES APPROVISIONNEMENTS DE TOUTE NATURE. — NÉCESSITÉ D'ACTIVER LA FABRICATION DES FUSILS.

AU GÉNÉRAL DEJEAN.

Saint-Cloud, 14 avril 1806.

Monsieur Dejean, je viens de relire avec attention le rapport que vous m'avez fait sur l'artillerie,
en date du 26 février. J'approuve la proposition
de réduire le nombre des régiments d'artillerie à
cheval à quatre régiments, en portant chaque régiment à huit compagnies. Je serais assez porté à
recréer les ouvriers d'état ainsi que les canonniers

d'état, et à astreindre les entrepreneurs de manufactures d'armes à faire des retraites aux ouvriers.

Je n'approuve point l'augmentation des régiments
d'artillerie de ligne; huit régiments me paraissent
suffisants. Quant au matériel, je vois que nous
sommes dans un grand chaos, et qu'il est très-
urgent d'en sortir. Mon intention n'est pas cependant de faire aucun changement avant que le premier inspecteur soit arrivé; mais ce qui me paraît
extrêmement urgent, c'est de régler la quantité
d'affûts, de pièces et d'approvisionnements qu'on
doit tenir dans chaque place et le nombre de pièces
de canon de campagne que chaque place doit également renfermer pour sa défense.

Il y a un grand nombre de places dont on conserve les fortifications sans les détruire, mais où l'on
ne devrait plus tenir d'artillerie, sauf à les réarmer
par les dépôts, si les circonstances le rendaient nécessaire. Le placement de ces dépôts, où je voudrais
avoir une grande quantité de pièces, d'affûts et
d'objets d'artillerie de toute espèce, me paraît une
chose extrêmement importante. Ai-je besoin de
9,300 bouches à feu pour l'armement des places
fortes? Je ne le crois pas. Ai-je besoin de 9,000
affûts? Je ne le crois pas. Bien loin de penser qu'il
faille un tiers d'affûts de plus que de canons, je
crois qu'il faut, au contraire, plus de canons que
d'affûts, par le principe qu'il n'y a aucun inconvé-

nient à avoir des canons, qui se conservent, et qu'il
y en a beaucoup à avoir des affûts, qui dépérissent.

Pour les équipages, il faut, comme je le dis dans
ma lettre du 10, fixer le nombre qui est nécessaire
et les lieux où l'on doit les réunir. Je pense que les
équipages de mille pièces suffiraient, quoique je
porterais volontiers le nombre des pièces à mille
deux cents et même à mille huit cents, avec la
quantité de boulets en proportion, par le principe
que les pièces et les boulets ne périssent pas. Je ne
crois pas non plus qu'il faille cinquante millions de
livres de poudre pour notre approvisionnement.
Nous en avons aujourd'hui seize millions, et je
trouve que nous en avons beaucoup plus qu'il ne
nous en faut; mais cela tient toujours au même
calcul qu'on forme la colonne du nécessaire pour
les places en les supposant toutes assiégées de la
même manière. Chargez le conseiller d'État Gassendi de me faire un travail là-dessus.

Il est des places, telles que Mayence, Landau,
Strasbourg, Neuf-Brisach, Alexandrie, etc., qui doivent toujours avoir tout leur approvisionnement,
les pièces et la poudre nécessaires, et le tiers de
plus qu'il ne faut d'affûts en pièces de rechange. Il
est un ordre de places où il faut tenir autant de
pièces qu'il en faut, mais avec un affût seulement
pour deux pièces. Il est un troisième ordre de places
où l'on ne tiendrait que la moitié de l'artillerie né-

cessaire à la vraie défense de la place. Enfin il est un quatrième ordre de places où l'on ne fait plus aucune réparation, où l'on ne tiendrait point d'artillerie ; mais on aurait sur chaque frontière une grosse place de dépôt, telle que Lille ou Douai pour le nord, Metz pour le Rhin, Grenoble pour l'Italie, et où l'on tiendrait une grande quantité d'affûts, de pièces de rechange, de poudre, pour pouvoir, selon les circonstances, les porter sur les points où cela serait nécessaire.

Il serait aussi nécessaire d'avoir un point central, le plus près de Paris possible et du côté de la Loire. En établissant les calculs de cette manière, il sera facile véritablement de connaître la quantité d'affûts dont nous avons besoin et de donner une bonne direction à nos constructions. Je suis loin de penser qu'il nous faille 800 affûts de siége et de place, 1,100 affûts de côtes, 700 affûts de mortiers, 200 d'obusiers, 1,750 de bataille et 1,700 caissons.

A ce sujet, il faut remarquer que les pièces de campagne employées pour la défense des places n'ont besoin que d'un caisson par pièce.

Ce qui, je crois, nous manque davantage, ce sont les fusils. Il paraît que nous n'aurions aujourd'hui que 300,000 fusils ; c'est le tiers de ce qu'il nous faut. C'est donc à la fabrication des fusils qu'il faut employer la plus grande partie des fonds de l'artillerie.

Si nos manufactures d'armes peuvent fabriquer 200,000 bons fusils par an, il nous faudra au moins six ans pour avoir le million de fusils qu'il nous faut, en déduisant la consommation de chaque année. Mais il faut bien faire attention qu'on se plaint amèrement des platines, et qu'il est nécessaire de veiller à ce qu'on ne reçoive que de bonnes armes; on en reçoit malheureusement beaucoup trop de mauvaises.

Quant aux emplacements, je me suis décidé à prendre en Italie la place de Vérone pour emplacement de l'artillerie française. Je n'entends point qu'il y ait aucun arsenal ni aucun atelier quelconque; l'arsenal de Mantoue sera suffisant. D'ailleurs toutes les constructions italiennes se feront à Pavie, et les constructions françaises à Alexandrie ou à Turin.

On établira un polygone à Vérone; peut-être est-il possible de se servir comme polygone du fort de Vérone en mettant la butte au delà de l'Adige.

J'approuve que le dépôt du 4ᵉ de ligne se rende à Alexandrie ou à Turin, si les établissements ne sont pas encore prêts à Alexandrie.

Il paraît que, dans le projet qu'on m'a remis, on voudrait supprimer l'école de Toulouse, celle d'Auxonne et celle de Valence. Celle de Toulouse n'est-elle pas nécessaire pour les frontières des Pyrénées et de l'Espagne? Peut-être serait-il convenable de n'en supprimer aucune, ce qui serait

facile en ne mettant jamais dans les mêmes écoles
un régiment à cheval et un régiment à pied. On
aurait douze régiments, dont deux pour l'Italie, qui
ne comptent pas pour les écoles, et un pour Turin
ou Alexandrie, ce qui ferait trois; il en resterait
neuf pour les écoles de France.

Quant aux arsenaux pour la frontière d'Italie,
Turin et, quand il sera temps, Alexandrie, Gènes et
Grenoble, sont suffisants. Il me paraîtrait donc nécessaire que M. Gassendi préparât un rapport
détaillé sur tout ceci; et dans le courant de l'été,
lorsque les généraux d'artillerie seront de retour de
la Grande Armée, on tiendra quelques conseils
pour terminer et fixer tout. En attendant, la première dépense est celle des fusils; il faut ne rien
épargner, de même que pour les constructions à
Turin et à Gènes, car c'est en Italie surtout qu'il
faut se trouver bien approvisionné de tout.

NAPOLÉON.

Dépôt de la guerre.
minute aux Arch. de l'Emp.)

---

751. — NOTE CONTRE LES CONSTRUCTIONS LUXUEUSES POUR SALLES D'ARMES.

Saint-Cloud, 22 avril 1806.

Si l'on construit des bâtiments pour faire des

salles d'armes, on a tort. Avec deux ou trois chambres de caserne, on construit une superbe salle d'armes, capable de contenir 20,000 fusils. C'est dans tout que l'on porte cet esprit de luxe ruineux et qui empêche de faire le nécessaire. Dans l'état actuel de notre artillerie, et dans les circonstances de la guerre où nous sommes engagés, il est ridicule de faire des salles d'armes ; partout où il y a des casernes on a des salles d'armes.

NAPOLÉON.

Archives de l'Empire.

---

752. — OBSERVATIONS AU SUJET DU SOUTIEN QUE SE DOIVENT LES GÉNÉRAUX. — COMMENT LA GUERRE DOIT ÊTRE CONDUITE DANS LE ROYAUME DE NAPLES.

AU ROI DE NAPLES.

Saint-Cloud, 27 avril 1806.

Mon Frère, je reçois votre lettre du 12, de Cosenza. Les Polonais sont peu propres à la guerre de montagne ; la conduite du colonel polonais ne m'étonne pas. Je regrette que vous n'ayez pas dans la Calabre deux régiments italiens ; la facilité de parler la langue est un grand objet. Les Corses sont également très-propres à ce service.

Je n'ai lu qu'avec indignation le refus qu'a fait le général Duhesme d'envoyer un bataillon au secours de Cosenza ; témoignez-lui-en mon extrême mécontentement ; ce n'était pas un, mais trois bataillons qu'il devait envoyer, avec un général de brigade. Cette division de corps d'armée a été funeste aux armées du Rhin ; je ne l'ai jamais soufferte où j'ai été. Sur le seul avis qu'il y avait une insurrection sur les derrières du général Reynier, il devait faire toutes ses dispositions et marcher. Le général Saint-Cyr est susceptible, plus qu'aucun autre, de ce genre d'amour-propre ; c'est ce qu'il y a de plus funeste à la guerre.

Réunissez tout le corps du général Reynier, qui est de 8 à 9,000 hommes, pour pouvoir passer en Sicile et garnir la mer. Mettez à Cosenza des troupes corses et italiennes, ou des propres Napolitains, si vous en avez d'assez sûrs ; ménagez les troupes françaises en ne les faisant pas ainsi battre isolément contre des paysans ; proscrivez surtout les petites garnisons, sans quoi vous ferez beaucoup de pertes. Le vrai système est celui des camps volants ; 1,800 hommes sous les ordres d'un général de division, placés autour de Cosenza, et fournissant perpétuellement des colonnes, 5 à 600 hommes parcourant le pays, sont les meilleurs moyens.

Tous les points de la côte où il y a des citadelles et où un petit nombre d'hommes peuvent être à

3.

l'abri des insurrections d'une ville et des paysans peuvent être occupés avantageusement pour garantir les côtes ; mais que nulle part il n'y ait moins de 400 hommes. Ne mettez de petits détachements que dans les forteresses et dans les postes bien fortifiés.

Faites faire des souliers et des habits à Naples ; l'habillement qu'on vous ferait en France ne vous arriverait jamais. Soldez exactement votre armée.

Si vous avez trop de troupes, renvoyez en Italie la portion de cavalerie qui vous est inutile ; et même, comme je vous l'ai déjà mandé, renvoyez quatre régiments français à Ancône. Il faut prendre la légion corse à votre service, ce qui vous donnera la faculté d'y employer des Calabrais et des Napolitains. Vous pouvez envoyer en Corse pour la recruter. Vous savez que le roi de Naples y recrutait autrefois. Envoyez-y donc des recruteurs ; mais n'employez pas Ferrendi, qui est un mauvais gueux, et qui d'ailleurs est lâche et ne vous servirait de rien.

Renvoyez vos dragons aux dépôts en Italie ; ils ont beaucoup d'hommes aux dépôts ; ils ne sont pas exercés comme les autres régiments de la Grande Armée, et je veux les préparer à faire la guerre comme je l'ai fait faire aux autres corps en Allemagne.

Toutes les fois que vous me parlez d'une ville,

mettez en note sa population, car on ne trouve ici aucun renseignement là-dessus.

Si le colonel Laffon avait attaqué avec audace les insurgés, avec 400 hommes il devait les mettre à la raison. Toute troupe qui n'est pas organisée est détruite lorsqu'on marche à elle. C'est ce qu'a fait le colonel Dufour. Faites-lui connaître que je lui accorde de l'avancement dans la Légion d'honneur pour sa bonne conduite. Faites connaître également que j'accorde aux 1ᵉʳ et 23ᵉ légers et aux 6ᵉ et 42ᵉ de ligne huit aigles de la Légion d'honneur. Vous me ferez passer la note de ceux qui se sont distingués.

NAPOLÉON.

Archives de l'Empire.

---

753. — OBSERVATIONS DÉTAILLÉES SUR LE COMPTE RENDU DES DÉPENSES DE L'ADMINISTRATION DE LA GUERRE.

AU GÉNÉRAL DEJEAN.

Saint-Cloud, 28 avril 1806.

Monsieur Dejean, voici des observations que m'a fait faire le simple aperçu du compte rendu des différents services de votre ministère depuis le 1ᵉʳ vendémiaire an XIV jusqu'au 17 avril 1806.

Fourrages. — La dépense présumée pour les fourrages est portée, pour six mois, à 6,259,000 fr.; on évalue la ration à 1 franc 60 centimes, évaluation plutôt forte que faible. On suppose une consommation de 3,900,000 rations ; ce qui, divisé par jours, donne 20,500 chevaux. Il est vrai qu'on réduit ces 20,500 chevaux à 17,186 ; mais cette réduction est faite par des motifs qui ne sont pas bons. D'abord, dit-on, il faut ôter la consommation de vendémiaire, qu'on évalue à 928,000 rations, pour le mouvement de la Grande Armée : mais ce mouvement était fini avant vendémiaire ; et, le 8 ou le 10 vendémiaire, il n'y avait pas un homme de cavalerie sur la rive gauche. Deuxièmement, on ôte 118,000 rations au corps d'armée du général Saint-Cyr, qu'on calcule à 3,900 chevaux : il ne les avait pas, et les trois quarts étaient italiens et, dès lors, nourris par le royaume d'Italie. Ainsi cette réduction à 17,186 chevaux ne peut être admise. Pour dire que 6,259,000 fr. sont nécessaires, il faut que l'on ait consommé 3,900,000 rations ; il faudrait donc qu'il y eût eu 20,000 chevaux par jour : mais si l'on regarde les états remis par les inspecteurs aux revues, on y voit portés :

Pour vendémiaire, 16,000 chevaux ; mais, sur ces 16,000 chevaux, il faut ôter 2,300 chevaux qui étaient à l'armée de Naples et nourris par le roi de Naples en vendémiaire, et les 7,600 chevaux de l'armée d'Italie, qui ont tous été nourris par réquisition.

En brumaire, on trouve 15,000 chevaux, sur lesquels il y en a 9,000 de l'armée d'Italie, qui ont été nourris par les pays vénitiens ou par réquisition, ceux de Batavie, nourris par le gouvernement batave.

En frimaire, on porte 22,000 chevaux : mais les 12,000 chevaux de l'armée d'Italie étaient nourris par le pays vénitien et par la Styrie et la Carinthie ; plus de 300 chevaux, qui étaient en Hollande, étaient nourris par la Hollande ; 1,000 chevaux étaient dans le royaume d'Étrurie, quoique j'aie peine à concevoir qu'il y ait eu 1,000 chevaux en Étrurie, mais encore ils auraient été nourris par la reine d'Étrurie.

En janvier, on trouve 21,000 chevaux ; mais il y en a 8,800 de l'armée d'Italie et 1,800 de l'armée du Nord qui étaient en Hollande. D'ailleurs le service de l'armée d'Italie, en janvier, était fait par le royaume d'Italie.

En février, on trouve 20,000 chevaux ; mais il y a toujours les 8,900 du royaume d'Italie, 400 du maréchal Lefebvre en Allemagne, 680 du général Colaud en Hollande, 270 du général Michaud en Hollande. On ne parle pas de l'exagération des autres articles.

En mars, on porte 11,000 chevaux.

De sorte qu'en prenant pour comptant les calculs de l'inspecteur aux revues, et je crois qu'il y aurait beaucoup à redire, on n'arrive jamais qu'à 192,000 rations pour vendémiaire, 144,000 pour brumaire, 206,000 pour frimaire, 270,000 pour janvier, 297,000 pour février, 342,000 pour mars; ce qui, à 1 franc 60 centimes, ferait 2,328,000 fr. de dépenses. Il a été payé 4,852,000 francs. Cela forme une différence de 2,500,000 francs qui ont été donnés de plus aux fournisseurs.

Je ne puis me dissimuler que le chef de bureau Laumoy, qui a signé ces états, est d'une grande malhabileté, s'il pense justifier des avances si considérables sur des calculs aussi évidemment irréfléchis.

Quant à l'indemnité des fourrages, elle est évaluée à 830,000 francs, lorsque, dans l'an XIII, où toute l'armée était à Boulogne, cette indemnité à coûté 1,200,000 francs. Par analogie, j'arrive à prouver que l'indemnité de fourrages ne peut être, pour ces six mois, de 300,000 francs; cependant 830,000 francs sont sortis du trésor.

Chauffage. En l'an XIII le chauffage a coûté six millions; ce qui fait pour six mois trois millions. J'ai donc gagné, à ce que mon armée était dehors, une augmentation de dépense! Certes, le chauffage ne peut coûter un million.

Étapes, convois et transports militaires. Les étapes, convois et transports militaires ont coûté en l'an XIII 7,400,000 francs, ce qui fait pour six mois

3,700,000 francs. On demande onze millions. Je sais bien qu'il a été fait, cette année, plus de mouvements que l'année passée, non de conscrits, car les mouvements de conscrits n'ont pas été plus considérables cette année, mais de troupes ; mais cela peut-il faire l'effroyable différence de quadrupler la dépense ?

Invalides. Comment demande-t-on deux millions pour les Invalides ? Cette dépense sera donc plus forte que l'année passée, et par quelle raison ? Cela est d'autant moins convenable que, dans le mémoire qui appuie l'état, cette dépense n'est portée, par évaluation, qu'à 1,500,000 francs.

Lits militaires. Les lits militaires n'ont coûté en l'an XIII que 2,200,000 francs, et l'on demande, pour six mois, 2,300,000 francs !

Logements. L'indemnité de logement n'a coûté, l'an passé, que 3,500,000 francs, et cette année vous demandez un million pour six mois ; et il n'y a pas sans doute la même quantité de troupes dans l'intérieur.

Hôpitaux. On porte 5,100,000 rations pour six mois ; ce qui fait 24,000 malades par jour. L'état que je fais faire prouvera qu'il n'y a pas eu constamment 12,000 malades par jour, l'un portant l'autre. L'état que vous présentez porte 18,000 malades, et sans doute on ne veut pas me faire payer les malades de Hollande, de Hanovre, d'Italie et de

Naples, qui sont cependant portés dans les états.

Mobilier. Les 1,500,000 francs donnés pour achat et entretien de mobilier sont une dépense inutile qu'on a faite. On aurait pu tout aussi bien dépenser quinze millions.

Officiers de santé. Il me semble que tous les officiers de santé de la Grande Armée ne sont pas payés ; cependant on a dépensé 500,000 francs pour extraordinaire des officiers de santé.

Viande. Il faut observer que l'armée d'Italie a vécu de réquisitions, et que les 2,200,000 rations de viande n'ont pas été fournies par M. Delannoy ; que, dans les corps de réserve, il y a une exagération d'au moins un quart.

Habillement. La première et la seconde portion de la masse d'habillement se monteraient à neuf millions pour sept mois ; l'année passée, elles se sont montées à treize millions pour toute l'année, tant pour les fournitures ordinaires que pour les fournitures extraordinaires. Il faut commencer par faire connaître la retenue à faire pour ce que doit chaque corps pour fournitures, soit de souliers, soit de tricots, qui ont été payés par le ministre et fournis en nature aux corps. Il faut avoir l'état des souliers qui existent aujourd'hui et de ceux distribués aux corps, parce qu'il faudra la leur retenir.

Boulangerie. L'armée d'Italie a vécu de réquisitions ; au mois de brumaire, elle était dans le pays vénitien. Par vos états, il paraît que, pour sept mois, vous avez payé 40,030,000 rations, ce qui fait 182,000 hommes par jour. Il faut en ôter d'abord tout ce qui est relatif à l'armée d'Italie, ensuite tout ce qui est relatif aux compagnies de réserve et à la gendarmerie, qu'on paraît avoir comprises dans les états. Rien n'est aussi inexact que les états remis par les inspecteurs aux revues : ce corps s'est bien relâché depuis un an et ne remplit point son but. Je fais dresser des états des troupes qui sont en France depuis six mois, sur les livrets qui me sont remis chaque mois, et d'après la connaissance que j'ai de l'emplacement des troupes. Vous y verrez une immense différence avec les vôtres.

Je ne puis me dissimuler que les états qui me sont remis sont faits par des hommes qui ne suivent pas l'administration, et qu'il y a bien du relâchement dans cette partie du service.

Dans le mois de janvier, il n'y avait dans l'intérieur que 60,000 individus prenant ration, en y comprenant les 27e et 28e divisions militaires : vous en portez 85,600, ce qui fait un quart de plus qu'il ne faut.

Résumé. Les dépenses de la boulangerie ne peuvent dépasser 7,300,000 francs pour sept mois, desquels il faut ôter, pour les réquisitions en France, 572,000 francs. Je ne conçois pas pourquoi vous ajoutez au service présumé fait les 720,000 francs de réquisitions que vous avez payés. C'est par ce faux calcul que vous portez que le munitionnaire doit 2,124,000 francs, tandis qu'il doit 2,700,000 francs ; et, en y joignant 1,300,000 francs qu'on lui a mal à propos payés pour le royaume d'Italie, et 1,400,000 francs pour ce que les consommations de l'intérieur ont été portées trop haut, cela fera monter son débet à cinq millions.

Pour les fourrages, les fournisseurs ont reçu de trop 2,500,000 francs : pour indemnités de fourrages, il y a 500,000 francs de trop payé.

Pour chauffage, 1,600,000 francs de trop payé.

Pour étapes et convois militaires, un million.

Pour lits militaires, indemnités de logement et geôlage, au moins 380,000 francs.

Pour les hôpitaux, au moins trois millions.
Pour la viande, au moins 3,500,000 francs.

Pour l'habillement, il faut faire connaître ce qui a été payé, ce qui n'a pas été fourni, et les à-compte donnés à chaque corps, qui n'ont pas été retenus. Faute de faire ces retenues, on fait payer double aux corps, et l'on introduit des abus et du désordre dans leur administration. Ceci est encore un objet de plusieurs millions. Tout cela réuni composerait un trop payé de quinze à vingt millions, sans compter qu'au lieu de payer les trois quarts du service on aurait tout soldé.   NAPOLÉON.

Comm. par M. Perrotin.
(En minute aux Arch. de l'Emp.)

754. — NOTE SUR LA DÉFENSE DE L'ISONZO.

Saint-Cloud, 28 avril 1806.

On a lu le mémoire du général Marmont, en date du 15 avril. Il renferme de bonnes idées; mais voici les observations qu'il fait naître.

Si l'on ferme la vallée de l'Isonzo par une place, l'ennemi, une fois maître de cette place, la trouverait tout à son avantage; ou bien il faudrait la construire tellement forte qu'elle pût raisonnablement être à l'abri d'être prise; ce qui exigerait d'abord un grand emploi d'hommes, de grands travaux, et des frais pour l'artillerie et pour les vivres beaucoup trop considérables. Il ne faut donc placer aucun obstacle dans la vallée de l'Isonzo, parce que cet obstacle serait trop avantageux pour l'ennemi s'il s'en emparait dès le commencement d'une campagne. Si l'on est sur la défensive et maître de la rive droite de l'Isonzo, il sera facile de trouver une position qui intercepte la vallée; et quand l'ennemi voudra combiner l'opération de ses divisions partant de Tarvis avec ses divisions partant de Laybach, l'armée française, qui sera entre ces divisions, aura toujours le moyen de tomber sur l'une ou l'autre isolément et de les accabler séparément, quelle que soit, d'ailleurs, la justesse de l'opération en question, et elle n'aura pas besoin d'avoir un fort pour cet objet. Dans une manœuvre de cette espèce, Palmanova serait très-utile; elle contiendrait l'ennemi, devant lequel on se serait dérobé sur un point, et mettrait en sûreté les magasins, pendant deux ou trois jours qu'on se serait dégarni devant lui.

La seconde observation est que nous ne sommes pas maîtres de l'Isonzo, que nous devons tenir à le garder, mais qu'en réalité il ne nous appartient pas par le traité de Presbourg.

Un fort qui fermerait la vallée de Natisone n'aurait cependant pas les inconvénients relatés ci-dessus. En supposant même que l'ennemi s'en emparât, il ne gênerait en rien les opérations de Goritz à Tarvis, ni celles d'Osoppo à Tarvis. Il faudra le bloquer seulement pendant les huit ou dix jours que l'artillerie de Palmanova mettrait à le reprendre.

Où doit être ce fort? A Robig. Mais n'est-ce pas sur le territoire autrichien? Ne doit-on pas le placer plutôt à Stupizza, où l'ennemi prit position en l'an VI, et reçut le combat de la division du général Guieu?

Il faut pour cela une position qu'on puisse défendre par un seul ouvrage; un petit mamelon qui ne soit pas dominé et que couronnerait une redoute maçonnée, avec contrescarpe; ou, si l'on veut, une casemate à feux de revers, qui coûterait tout au plus

3 à 400,000 francs, qui présenterait un logement
pour 2 ou 300 hommes, et serait suffisamment gar-
nie avec douze à quinze pièces d'artillerie ; enfin, -
des chemins couverts et autres ouvrages en terre
au bas du mamelon, et qu'on établirait en quinze
jours de temps et suivant les circonstances. On veut
qu'une division de 4 à 5,000 hommes puisse se
trouver protégée par cette redoute contre des forces
supérieures, et qu'on puisse appuyer, par son
moyen, le point qu'on choisirait pour intercepter
la vallée de l'Isonzo ; que, devant ployer toute la
gauche sur la droite, afin de marcher, soit sur
Monfalcone, soit sur Goritz, pour attaquer l'ennemi
avec toutes les forces de l'armée française réunies,
et en gagnant sur lui une ou deux marches, cette
redoute l'arrêtàt, et pût aussi renfermer les petits
magasins et un petit dépôt de munitions de guerre,
et aidât à prolonger l'erreur des ennemis et mît
obstacle à sa marche sur Cividale : car on suppose
que quelques hussards, quelque artillerie légère et
quelques compagnies d'éclaireurs se replieraient
devant l'ennemi et tiendraient toujours ses éclaireurs en respect. L'ennemi qui, après avoir cerné
et sommé la redoute, voudrait continuer sa marche,
ne pourrait aller jusqu'à Udine sans artillerie. Il
faudrait donc, s'il était possible, que l'emplacement
du fort fût tellement choisi que l'ennemi ne pût
transporter son artillerie sans éprouver un retard

de plusieurs jours, qu'il devrait employer et perdre en construction de chemins.

Ainsi donc il ne peut être question d'établir une place si à proximité de l'extrême frontière. Il vaut mieux diriger tous ses efforts pour avoir une bonne place de dépôt dans Palmanova, et se contenter d'établir dans l'endroit désigné un très-petit fort, que l'ennemi ne pourrait cependant prendre avec de l'artillerie de campagne, qui soutiendrait quelques jours de tranchée ouverte ; et ce but serait rempli moyennant une dépense de 3 à 400,000 francs, sauf, par la suite, à y continuer des ouvrages de défense si cela était nécessaire. Si l'armée était battue ou qu'elle dût se replier derrière le Tagliamento sans espérance de revenir sur ses pas avant quelques semaines, alors le fort pourrait être abandonné et son artillerie serait transportée à Palmanova.

Quoique ce fort doive être une fortification permanente, on ne peut cependant le considérer que sous le point de vue de fortification de campagne. Il pourra, dans la main d'un général, contribuer au succès d'une opération, et dès lors rendre un immense service ; et dans la défensive il en rendrait encore, en ôtant toute inquiétude et en donnant plusieurs jours à l'armée qui serait réunie du côté de Palmanova, et qui ne se trouverait pas obligée de se diviser, puisque ce petit fort protégerait assez une très-petite division pour que la grande communication d'Udine se trouvât suffisamment surveillée. Malgré tous les avantages qu'on vient d'examiner, la considération de la dépense serait de nature à y faire renoncer. Il faut connaître plus exactement les localités et tout ce qui intéresse Caporetto, Cividale, Udine et les principaux endroits des environs.

Le général Marmont parle d'une route de Canale à Cormons, praticable pour les voitures. Il importe d'être parfaitement sûr s'il n'en existe pas d'autre de cette espèce. Il faudrait pour cela faire lever un croquis du pays et donner des détails exacts sur les torrents de Natisone et de Judrio, etc., afin qu'on pût apprécier d'une manière vraie si la dépense du fort dont on a parlé serait compensée par les avantages qu'on en retirerait.

Indépendamment des opérations que l'ennemi peut faire par les routes de Tarvis à Caporetto, et de Goritz à Laybach, il peut en faire, et c'est assez dans le génie autrichien, en combinant les divisions qui déboucheraient par Caporetto et Cividale avec celles qui passeraient par Pontebba, la Chiusa vénitienne et Gemona, et c'est pour cela qu'on s'est établi et fixé à Osoppo, où le terrain épargnait des frais considérables en offrant des fortifications naturelles auxquelles l'art n'avait pas beaucoup à ajouter. Il serait bon d'avoir des descriptions exactes de la communication d'Osoppo à la Chiusa vénitienne et Pontebba.

Il faut donc faire faire des croquis et des reconnaissances plus détaillées de toute cette partie ; mais c'est à Palmanova surtout qu'il faut travailler avec la plus grande activité. Il faut avoir fini cette année les casernes, les citernes, les magasins, et que les neuf flèches qui ont été ordonnées et qui augmentent si considérablement la défense de Palmanova soient aussi cette année dans tout leur jeu. On n'a pas encore reçu les plans d'Osoppo ; on les attend pour les examiner. Cette place a un double avantage : celui de servir de dépôt pour la ligne du Tagliamento et d'observation pour le débouché de Pontebba.

Archives de l'Empire.

---

755. — IMPORTANCE DE WESEL. — UTILITÉ D'EN AUGMENTER LES DÉFENSES.

AU GÉNÉRAL DEJEAN.

Saint-Cloud, 7 mai 1806.

Monsieur Dejean, je vous envoie le plan de Wesel avec le mémoire des officiers du génie. Mon intention est qu'on lève de suite, sur une grande échelle, le terrain à 1,200 toises de la place sur les deux rives, et qu'on fasse de nouvelles observations sur la possibilité de remplir d'eau les fossés. Puisque l'Issel a de l'eau, pour peu qu'il y en ait, il doit y en avoir assez pour que, dans l'été le plus sec, on puisse maintenir sept ou huit pieds d'eau dans les fossés pendant plusieurs mois. Cette eau n'aurait pas besoin d'être renouvelée, et, dès lors, il serait indifférent que le cours de l'Issel fût intercepté. Dans le mémoire, on propose de relever les escarpes, mais il ne paraît pas qu'il y ait impossibilité de se procurer de l'eau avec un peu de prévoyance.

La citadelle paraît le point principal de la défense; c'est donc là qu'il faut construire des casernes et magasins. Si l'ennemi attaque la citadelle, on ne manquera pas d'églises dans la ville pour placer les hôpitaux et la partie de la garnison qu'on voudra reposer. Au lieu que, si l'ennemi prenait la ville, on n'aurait plus les moyens de renfermer les munitions et les dépôts de l'armée. Tant que la citadelle n'est pas prise, l'ennemi n'a réellement rien; c'est donc là qu'il faut renfermer les magasins à l'abri, les casernes, les souterrains.

Mon intention est qu'on répare sur-le-champ les deux casernes qui sont dans la ville, mais pour le simple usage, et qu'on me présente les projets pour établir dans la citadelle les magasins, la manutention, les établissements de l'artillerie, à l'épreuve de la bombe. C'est aussi dans la citadelle que devra être l'arsenal. Sept cents milliers de poudre sont beaucoup trop. On pourrait destiner un ou deux des magasins à poudre pour y établir les salles d'artifice et autres manutentions d'artillerie. Ce sont des ouvrages de détail, qui ne peuvent être conçus que lorsque le plan aura été visité par les chefs du génie.

J'avais toujours ouï dire que Wesel avait une inondation. Il paraît, par le mémoire des officiers du génie, que cette notion est fausse ; mais il faudrait en être certain. Il est dit positivement dans le mémoire que l'inondation est impossible pendant l'été ; mais il n'est pas dit qu'elle ne puisse avoir lieu dans les autres saisons de l'année. On sait que les siéges se font souvent dans le printemps ou l'automne, qui sont très-rudes dans ces climats.

Wesel est la position juste que je pourrais désirer pour flanquer la Belgique et soutenir le nord de nos frontières. Elle est, pour l'offensive, la véritable position pour appuyer l'armée qui ferait la guerre à la Prusse. Mais si une fois l'armée française avait repassé le Rhin, la place se trouverait trop isolée, trop hermétiquement bloquée. L'occupation de l'île Büderich et la construction d'une forteresse sur la rive gauche peuvent seules donner à Wesel l'importance nécessaire pour que cette place soit une barrière pour la France, comme sont Strasbourg et Mayence. Il faudrait que cette citadelle et l'ouvrage qu'on ferait pour occuper l'île eussent une communication directe avec la citadelle, de manière que, la ville prise, l'ennemi ne pût empêcher la communication, sinon de jour, au moins de nuit, sinon sur un pont de radeaux, du moins sur des bateaux isolés. Je désirerais qu'on me présentât un projet d'un pont de radeaux qui irait de la rive gauche à l'île de Büderich et de l'île à la citadelle ; les voyageurs payeraient un droit de passe et couvriraient la dépense.

Il faudrait que les ouvrages de Büderich fussent faits de manière qu'ils pussent se rattacher aux ouvrages qu'on construirait sur la rive gauche, ou bien à la citadelle, si les nouveaux ouvrages étaient pris. La nature de ces ouvrages, leur position, la manière de conduire progressivement les ouvrages, année par année, de manière que chaque 500,000fr. qu'on dépensera fassent faire un pas vers le but proposé, doivent être l'objet des méditations du corps du génie. Strasbourg, Mayence et Wesel, voilà les brides du Rhin. Ce n'est pas un système de frontières comme en Flandre, système que plusieurs siècles de rivalité entre deux puissances ont pu seuls établir, mais c'est un système de trois grandes places de dépôt, pouvant gagner une campagne et donner à l'Empire une année de répit. Il ne faut

pas cependant que les ouvrages qu'on propose
passent trois à quatre millions. Je ne comprends
dans cette dépense aucune espèce de caserne, si ce
n'est.les souterrains, qui entreraient dans la construction même de la place. Ainsi je désire que le
premier inspecteur du génie réponde sur ces trois
questions après avoir vu la place : Wesel peut-il
avoir la même force que Mayence et que Strasbourg ?
Peut-il jouer le même rôle ? Quels sont les ouvrages
nouveaux à établir pour lier la place avec la rive
gauche ? La première réflexion qui se présente,
c'est que les petits forts qu'on établit à Büderich et
sur la rive gauche, il aurait fallu les établir à
Wesel, quand même nous n'aurions pas eu Wesel.
Cette place prise, ils présenteront encore une résistance considérable. On aura soin de projeter les
choses de manière que, par la suite, on puisse constamment les améliorer et donner à ces ouvrages un
nouveau degré de force et de résistance qui ait été
calculé et prévu au moment où on posera la pre
mière pierre. C'est avec les siècles que les millions
ne sont rien. Luxembourg aura coûté plus de
soixante millions ; mais la France et l'Autriche ont
été deux cents ans à y dépenser beaucoup d'argent,
chacun à son tour.

Il est aussi une question qui doit être le résultat
du calcul : c'est de savoir où on doit faire la dépense des établissements militaires. Pas de doute

que ce ne soit dans la citadelle plutôt que dans la ville ; mais faut-il les faire dans la citadelle actuelle ou dans les nouveaux ouvrages ? C'est une question qui peut se résoudre. Je désirerais aussi connaître combien il faudrait d'argent pour construire sur la rive gauche une citadelle aussi forte que celle de Wesel. Une citadelle qui me paraîtrait imprenable serait celle qu'on pourrait faire dans l'île de Büderich. Il y a cent vingt toises de l'extrémité de l'île à la rive gauche, et à peu près autant à la rive droite. Cette idée mérite d'être méditée. La nature du terrain de l'île, la possibilité d'y fonder, et beaucoup d'autres considérations doivent décider l'ingénieur. Il semble qu'en occupant en force la rive de l'île Büderich qui regarde la rive gauche du Rhin, l'ouvrage qu'on ferait sur la rive gauche serait soutenu à cent vingt toises par des batteries disposées dans l'île sur une longueur de trois à quatre cents toises. NAPOLÉON.

Dépôt de la guerre.
(En minute aux Arch. de l'Emp.)

---

756. — INSTRUCTIONS POUR LE SIÉGE DE GAETE.

AU ROI DE NAPLES.

Saint-Cloud, 19 mai 1806.

Mon Frère, je reçois votre lettre du 8 mai. Je

4.

vois avec plaisir que vous êtes assez content de l'esprit des Napolitains. Ne faites pas commencer le feu du siége de Gaëte que vous n'ayez beaucoup de pièces en batterie et que vous n'ayez réuni au parc un grand nombre de munitions. Quoi qu'on puisse vous dire, ne croyez pas que l'on se batte à coups de canon comme à coups de poing. Une fois le feu commencé, le moindre manquement de munitions pendant l'action rend inutile ce qu'on avait fait d'abord. Vous n'aurez Gaëte qu'avec un siége en règle. Deux affûts par pièce ne sont pas de trop. Il vous faut une grande quantité de sacs à terre, de fascines, de saucissons préparés d'avance. Au moment où le feu commencera, qu'il y ait 9 à 10,000 hommes d'infanterie devant la place, pour pouvoir suffire aux tranchées et aux assauts. Établissez des batteries de mortiers et de boulets rouges pour éloigner les vaisseaux. Rien de tout cela ne doit commencer à tirer qu'au dernier moment. Il faut que, pendant douze jours que doit durer le siége de Gaëte, le feu aille toujours croissant. En attendant, il faut y avoir un bon commandant et au moins 5 ou 6,000 hommes, partie Français, partie Italiens. Il faut élever les batteries, construire des places d'armes, pour être à l'abri des redoutes, pour s'opposer aux sorties; enfin réunir tous les moyens. Désormais rien ne vous presse pour prendre Gaëte; l'Europe est et sera tranquille. Il y a peu de Russes à Corfou; la moitié même est déjà arrivée en Crimée. Les 2 ou 3,000 hommes que les Anglais pourront envoyer à Gaëte ne seront pas en Sicile.

Dans la situation actuelle de l'Europe, où la guerre n'est pas à craindre, la Sicile est tout, et Gaëte n'est rien ; quand j'entends rien, pour ces deux mois : il faut l'avoir avant le mois de septembre ; jusque-là rien n'est à craindre ; et, si d'ici là vous pouvez entrer en Sicile, les vaisseaux de guerre et bâtiments de toute espèce qu'on aura devant Gaëte, on ne les aura pas en Sicile, et c'est là le grand point. Ce qui est aussi très-important pour vos opérations, c'est d'être maître de Città-Vecchia et de toute la côte jusqu'à Piombino. Je vous ai écrit d'y envoyer un régiment d'infanterie, un de cavalerie, et un général. Il paraît que vous aimez à garder toutes vos troupes. Vous avez certainement trop de cavalerie. Dans le doute de ce que vous ferez, j'ai ordonné qu'on envoyât à Città-Vecchia un bataillon suisse qui est à Ancône. Un bataillon du régiment de la Tour d'Auvergne doit être à Ancône. Le général Lemarois doit y être arrivé ; il a besoin d'un régiment de cavalerie ; j'imagine que vous le lui avez envoyé. Il faut boucher hermétiquement toute la côte d'Italie aux Anglais et toute communication avec Corfou. Ordonnez au général qui commande devant Gaëte de n'avoir aucun parlementaire avec Sidney Smith ; c'est un bavard et un intrigant qui ne cherche qu'à tromper.

Si vous ne chargez pas Masséna de l'expédition de
Sicile, envoyez-le à Gaëte, et qu'il y demeure de sa
personne. Jourdan a l'activité et la prudence nécessaires pour garder Naples et les côtes environnantes.
Reynier est tout aussi capable que tout autre de
prendre la Sicile. Je ne saurais trop vous recommander d'avoir beaucoup d'officiers d'artillerie et
du génie. Ne faites pas commencer le siége de
Gaëte que vous n'ayez des pièces, des affûts, des
munitions, des gabions, des outils, des sacs à terre,
etc., et 10,000 hommes d'infanterie; sans cela on
aura l'opinion d'un échec, on retardera la prise de
la place, et on consommera des munitions pré-
cieuses. Quand vous en serez là, on pourra tirer du
château Saint-Ange, d'Ancône, etc., de la poudre
et tout ce qui est nécessaire pour augmenter vos
moyens. Quant à moi, je pense qu'il eût été possible de prendre Gaëte il y a deux mois. Dans la
situation des choses, peut-être vaut-il mieux qu'elle
ne soit pas prise, si vous entrevoyez le moment de
bientôt entrer en Sicile. Que Gaëte ne diminue en
rien vos ressources et n'affaiblisse point vos moyens
pour l'expédition de Sicile. Gaëte ne résistera pas à
une attaque suivie, si vous ne manquez pas d'artillerie ni de munitions. Sans aucune espèce de doute,
vous pouvez l'enlever en douze jours; mais, pour
cela, il faut bien des milliers de poudre, bien des
affûts, des gabions, des fascines, des outils et un bon

nombre d'officiers du génie. Il faut, au siége de
Gaëte, au moins vingt officiers du génie et beaucoup d'officiers d'artillerie. Je désire bien avoir
votre situation au 15 mai, votre répartition, et que
vous me fassiez connaître comment vous organisez
votre expédition de Sicile. Par les états de situation
que j'ai, je vois qu'il n'y a que les 10ᵉ et 60ᵉ, formant
moins de 3,000 hommes, devant Gaëte. Je ne vois pas
qu'en général il y ait là tous les moyens nécessaires
pour faire les travaux préparatoires du siége. Je ne
vois pas assez de compagnies d'artillerie, pas assez
d'infanterie. Il faut aussi quelque cavalerie pour
surveiller les côtes. Vous pouvez mieux placer votre
armée, qui ne laisse pas que d'être considérable. La
cavalerie pourra vous servir sur plusieurs points de la
côte. J'ai toujours eu l'habitude, à Boulogne et sur
toutes les côtes de la Bretagne, de la Normandie, etc.,
de faire exercer les chasseurs et les hussards aux
manœuvres du canon, de manière qu'ils accouraient
partout où il était nécessaire pour aider au service
des batteries.

Il faut mettre devant Gaëte un de vos principaux
généraux. Je n'y vois que le général de brigade
Lacour; c'est bien peu de chose. Girardon vaudrait
mieux que Lacour. Il faut mettre quatre ou cinq
généraux de brigade pour commander à la tranchée
et faire vraiment le service. La plus grande partie
de vos officiers de génie doit être au siége de Gaëte.

Malgré tout le bon esprit qui règne dans votre royaume, ne vous y fiez pas trop; n'armez pas trop de monde, cela vous est inutile et ne peut être que dangereux. Au moindre mouvement qu'il y aurait sur le continent, cela tournerait contre vous; au lieu qu'avec une armée de 40,000 hommes, que vous avez en infanterie, cavalerie, artillerie, Français, Italiens et Polonais, vous pouvez disposer de 15,000 hommes pour l'expédition de Sicile, en mettre 9,000 devant Gaëte, et vous trouver encore avec une réserve de 16,000 hommes. Il n'y a pas de jour que je n'écrive pour organiser comme il faut vos dépôts de cavalerie et d'infanterie; on m'en envoie l'état de situation tous les cinq jours, et on y porte une grande attention.

Renvoyez les généraux et officiers isolés dont vous n'avez pas besoin; gardez moins de cavalerie, si elle vous coûte trop cher; mais veillez à ce que les régiments de dragons et de chasseurs achètent des chevaux dans le royaume de Naples. Il serait malheureux que les régiments de cavalerie que j'ai là se perdissent. Tenez la main à ce qu'ils aient toujours au moins 500 chevaux; ce sera une petite dépense, et cela maintiendra ma cavalerie en haleine et en bon état. Quand on est ensuite pressé, on n'a plus le temps. J'imagine que vous avez de la cavalerie autour de Gaëte, et que le service se fait bien sur toute la côte de Cività-Vecchia et de Gaëte à Naples.

Mes troupes sont toujours en Allemagne, que je ne veux pas évacuer que je n'aie les bouches de Cattaro; mais un courrier parti de Saint-Pétersbourg a porté l'ordre de me les remettre; ainsi je crois que cela va bientôt finir. Si j'étais menacé de la guerre, je vous dirais : Prenez Gaëte, concentrez-y tous vos moyens, et ajournez l'expédition de la Sicile. Dans ma position actuelle, je vous dis l'inverse.

Moins vous ferez attention à Sidney Smith, moins vous en parlerez, et mieux cela vaudra.

Il faudrait punir les officiers qui étaient chargés de conduire les prisonniers et les ont laissés échapper. Cette manière insouciante de servir est bien coupable.

Les affaires avec la Hollande sont arrangées, et avant peu Louis sera roi de Hollande. Il a bonne volonté, mais sa santé continue à être médiocre.

Il paraît que l'escadre où se trouve Jérôme, qui a été aux Grandes Indes, a pris un grand convoi anglais et trois vaisseaux de guerre. Je n'ai point d'inquiétude sur cette escadre.

Vous ne me parlez point encore de l'établissement de l'estafette; j'imagine cependant qu'elle doit vous arriver.

NAPOLÉON.

Dépôt de la guerre.
(En minute aux Arch. de l'Emp.)

757. — CONSEILS DE NE PAS SE LAISSER ENIVRER
PAR LES DÉMONSTRATIONS DES NAPOLITAINS ET DE
NE PAS COMPTER SUR LES SENTIMENTS D'UN PEUPLE
CONQUIS.

AU ROI DE NAPLES.

Saint-Cloud, 24 mai 1806.

Mon Frère, je reçois votre lettre du 15 mai 1806.
Vous ne connaissez pas le peuple en général, moins
encore les Italiens. Vous vous fiez beaucoup trop
aux démonstrations qu'ils vous font. N'alarmez pas
trop et prenez bien vos précautions. Au moindre
mouvement sur le continent, c'est-à-dire au moment où vous aurez le plus besoin de preuves de
leur attachement, vous verrez combien peu vous
pouvez compter sur eux. Je ne répondrai pas à ce
que vous me dites des gardes du corps. Vous ne me
croyez pas assez ignorant de la situation actuelle de
l'esprit de l'Europe pour croire que Naples est tellement philosophe qu'il n'y ait aucun préjugé de
naissance ; et, si Naples se présente ainsi à vos yeux,
c'est qu'ainsi se présentent tous les peuples conquis,
déguisant leurs sentiments et leurs mœurs, et se
prosternant avec respect devant qui a leurs biens et
leurs vies dans les mains. Vous croyez bien qu'il y
avait des préjugés de noblesse à Vienne ; eh bien,

les familles princières invitaient à leur table les
soldats. D'ailleurs, c'est moins pour Naples que
pour la France, où j'ai besoin de fonder une union
de toutes les classes de citoyens et de tous les préjugés. Quant à l'armée, j'espère que, quand on leur
aura dit que c'est moi qui l'ordonne, elle voudra le
trouver bon ; je ne l'ai point accoutumée à se mêler
de ce que je fais.

Ce qui vous est arrivé à l'île de Caprée, je l'avais
prévu ; en fait d'îles isolées, il n'y a qu'un principe,
c'est d'y mettre beaucoup de troupes ou point du
tout.

Il n'est arrivé à Alexandrie que 800 galériens ; si
vous en avez en effet fait partir 4,000, et qu'on les
ait laissés s'échapper en route, votre royaume se
trouvera empesté.

Il n'y a point de doute qu'il vous faut vous former
des compagnies de gardes du corps de la noblesse
de Naples ; ce que je vous envoie de Français est
peu de chose.

Je vous le recommande encore, ne vous laissez
point enivrer par les démonstrations des Napolitains ;
la victoire produit sur tous les peuples le même effet
qu'elle produit aujourd'hui sur eux. Ils vous sont
attachés parce que les passions opposées se taisent ;
mais, au premier trouble du continent, lorsque les
40,000 Français qui se trouvent à Naples (cavalerie,
infanterie, artillerie) se trouveraient réduits à quel-

ques mille hommes, et que la nouvelle se répandrait que je suis battu sur l'Isonzo, que Venise est évacuée, vous verriez ce que deviendrait ce bel attachement. Et comment cela serait-il autrement? Comment les connaissez-vous? Ils voient la puissance actuelle de la France ; ils croient que, puisque vous êtes nommé roi de Naples, tout est fini, parce que la nature des choses l'ordonne, parce que c'est de la nouveauté, et parce que c'est sans remède.

Vous avez tort d'envoyer les Corses qui ont été au service des Anglais dans leurs départements ; ils me les empesteront. Dirigez-les sur Alexandrie et faites-m'en passer l'état ; je verrai à en former un corps.

NAPOLÉON.

Archives de l'Empire.

---

758. — INSTRUCTIONS POUR L'EXPÉDITION DE SICILE.

AU ROI DE NAPLES.

Saint-Cloud, 6 juin 1806.

Je reçois votre lettre du 27 mai. Il serait bien important que vous pussiez enfin opérer votre descente en Sicile. La paix pourrait se faire d'un moment à l'autre, et l'incertitude de vos opérations y porterait du retard. Votre lettre ne me dit pas le

nombre des bateaux que vous avez, et n'entre dans
aucun développement, de sorte que je ne sais pas si
votre expédition est prête ou éloignée. Il devient
cependant très-nécessaire que j'aie des renseignements très-précis là-dessus. Comment comptez-vous
embarquer vos troupes ? Dans quel port les placez-
vous pour attendre le moment favorable ? Il faut
que vous débarquiez 9,000 hommes de troupes à la
fois avec dix pièces de canon, et trois cents coups à
tirer par pièce, et avec quinze rations de biscuit et
200 cartouches par homme. Le maréchal Jourdan
est beaucoup plus capable de commander des
troupes dans l'intérieur que le maréchal Masséna,
lequel, à son tour, est beaucoup plus capable de
vous aider dans une expédition de Sicile. Pour un
coup de main, le commandement de 9,000 hommes
qui doivent débarquer les premiers en Sicile exige
un homme ferme et ayant été dans de grands événements. Le général Verdier vaut peut-être mieux
que Reynier; si vous ne mettez pas Masséna, mettez-
les tous les deux. Dans le métier de la guerre,
comme dans les lettres, chacun a son genre. S'il y
avait des attaques vives, prolongées et où il fallût
payer de beaucoup d'audace, Masséna serait plus
propre que Reynier. Pour garantir le royaume de
toute descente pendant votre absence, Jourdan est
préférable à Masséna. Il faut qu'au moment où
l'expédition sera prête les attaques deviennent vives

à Gaëte, afin d'y attirer la plus grande quantité possible de vaisseaux anglais. Une fois la descente faite, je regarde le pays comme conquis. Voici ce qui arrivera : l'ennemi s'opposera au débarquement; s'il est forcé, il attaquera dans les trente-six heures; et, s'il est battu, alors les Anglais se retireront pour s'embarquer. Quoique le détroit ne soit que d'une ou deux lieues, les courants sont tels, dans ces parages, qu'il est impossible que, dans ces trente-six heures, les mêmes bâtiments ne puissent pas aller, revenir et retourner en Sicile. Il vous faut des bateaux, ensuite un port, et, ayant un port, quinze jours plus tôt ou quinze jours plus tard, vous aurez des bâtiments; car les spéronares, les felouques napolitaines, tout est bon pour le passage. Quel est le port que vous avez choisi? Combien peut-il contenir de bâtiments de toute espèce? Quels sont vos moyens de bâtiments? Je désirerais beaucoup avoir mes idées fixées là-dessus. Toute opération qui tendrait à faire passer une avant-garde de 9 à 10,000 hommes serait une folie. Selon les renseignements que j'ai, il y a en Sicile près de 6,000 Anglais. En relisant avec attention votre lettre, j'y trouve des choses que je ne comprends point. Vous dites que le général Reynier, de l'autre côté, établirait une batterie vis-à-vis Pezzo, et qu'alors le reste de l'armée passerait. En ayant quelques chaloupes canonnières, cette batterie sera sans doute

bientôt établie; mais encore il ne faudrait pas l'attendre. Dans cette hypothèse, les deux tiers de vos
bâtiments ne doivent être chargés que de troupes,
chaque homme ayant ses 50 cartouches et 50 en
caisse distribuées aux compagnies, douze à quinze
rations de biscuit et quelques rations d'eau-de-vie.
L'autre tiers doit être chargé d'artillerie, de manière
que, deux heures après le débarquement, les bateaux qui ne sont chargés que de troupes puissent
retourner pour en prendre de nouvelles, sans faire
attention s'il y a des batteries ou non et attendre
qu'elles soient dressées. 9 à 10,000 hommes choisis
valent autant que 20,000. Nécessairement, s'il n'y
a que 6 ou 7,000 Anglais, ils sont indubitablement
suffisants pour prendre la Sicile, non que je m'op-
pose à ce que 5 ou 6,000 hommes passent après. Il
ne faut vous en rapporter à personne pour l'organisation de vos troupes de passage. Il faut composer
vos 9,000 hommes de l'élite de 20,000 bien armés,
divisés en trois divisions, chaque division commandée
par un général de division et deux de brigade, tous
hommes de guerre et vigoureux. Chaque division
doit avoir trois pièces d'artillerie et des officiers du
génie. Mais avec cela, que le reste passe ou ne passe
pas , on se trouve maître du pays. Je crois Masséna plus capable de commander ces trois divisions,
dans ce cas donné, qu'aucun autre. Si vous aviez
vraiment l'habitude de la guerre, je vous engage-

rais à passer avec ces trois divisions ; mais il est plus convenable que vous restiez à Naples ; c'est jouer trop gros jeu, et vous n'y seriez d'aucune utilité, car enfin votre présence n'accroîtra pas la force de ces divisions. Vous n'avez pas assez l'habitude de la guerre pour que le mal qu'il y aurait à ce que vous soyez battu fût compensé par le bien que pourrait faire votre présence. Je crois que vous devez vous établir à Reggio pour diriger vous-même l'embarquement. Votre présence deviendra sans doute nécessaire après, mais ce sera dans l'intérieur de la Sicile, quand vos 9,000 hommes seront débarqués. Il est à penser que l'expédition ne sera pas plus forte. Lorsque votre personne sera nécessaire en Sicile, ce sera, comme elle l'a été en Calabre, pour traiter les affaires politiques et intérieures. Il faut aspirer au genre de gloire qui vous appartient, et ne pas risquer de tout compromettre pour courir après un genre de gloire qui n'est pas le vôtre. Quand vous aurez organisé l'expédition, vous en aurez réellement toute la gloire, et un général, homme de guerre, fera mieux seul qu'avec vous. Si vous organisez l'expédition de Sicile comme devant y passer, et que, par des événements de mer, vous ne puissiez pas joindre votre avant-garde, cela peut vous exposer à des affronts. Je pense donc qu'il est plus convenable que l'expédition soit organisée de manière que vous ne deviez pas passer

avec elle; qu'elle se fasse tout d'un coup par le
débarquement de l'avant-garde, et que les 5 ou
6,000 hommes qui doivent renforcer ou alimenter
cette avant-garde soient prèts à passer après. Vous
n'êtes militaire que comme doit l'être un roi. Si
vous vous chargez des détails de l'expédition, vous
vous exposez à des choses très-désagréables, et
sans raison. Si la Sicile était moins loin, et que je
me trouvasse avec l'avant-garde, je passerais avec
elle; mais mon expérience de la guerre ferait
qu'avec ces 9,000 hommes je pourrais battre
30,000 Anglais. Si donc je courais des risques, ils
seraient compensés par des avantages réels, et ces
avantages donneraient tant de chances qu'il n'y
aurait presque aucun danger à courir. Supposons
que Masséna ou Reynier passe avec les 9,000 hommes : s'ils réussissent, bien; s'ils ne réussissent pas,
ce n'est qu'un échec médiocre. Passez-y, vous, cela
ne donnera aucune chance pour réussir, peut-être
cela en diminuerait-il; et, venant à ne pas réussir,
ce serait un échec très-considérable. Je désire que
vous m'écriviez avec un peu plus de développement
là-dessus.

Le jeune aide de camp que vous m'avez envoyé,
et avec qui j'ai causé pour connaître l'opinion de
l'armée, m'a dit beaucoup d'extravagances.

L'expédition de Sicile est facile, puisqu'il n'y a
qu'une lieue de trajet à faire; mais elle demande

à être faite par un système, parce que le hasard ne fait rien réussir. Votre entrée en campagne a été si fautive, qu'il est probable que, si les Anglais et les Russes fussent restés, vous eussiez été battu. A la guerre, rien ne s'obtient que par calcul. Tout ce qui n'est pas profondément médité dans ses détails ne produit aucun résultat. Après la descente, il faut bien calculer la position que doivent occuper vos troupes, afin qu'aucun échec ne puisse porter coup à mon armée à Naples. Je le répète : trente-six heures après que les 9,000 hommes seront débarqués, les Anglais seront culbutés ; s'ils sont battus, ils se rembarqueront ; et, comme la Cour elle-même les suivra, il ne paraît pas que la résistance puisse être bien longue.

NAPOLÉON.

Archives de l'Empire.

---

759. — OBSERVATIONS SUR LES FORTIFICATIONS DE MAYENCE, DE CASSEL ET DE RUREMONDE.

Saint-Cloud, 9 juin 1806.

Il faut distinguer les travaux de Mayence et Cassel en deux classes : la première, de travaux urgents à faire cette année et l'année prochaine ; la seconde, de ceux à faire graduellement chaque année.

Cassel pris, Mayence n'a plus que la moitié de son jeu. Il faut donc mettre Cassel en bon état de défense. On fera, pour cet objet, un fonds de 300,000 francs cette année, et un autre fonds pareil l'année prochaine pour l'achever entièrement.

Mais, quelque chose qu'on fasse, Cassel ne sera jamais qu'une petite place, et, pour que Mayence ait toute sa propriété, il faut être maître non-seulement du Rhin, mais encore du Mein. Il faut aussi, pour protéger le pont de Cassel, être le maître du Mein. On oblige alors l'ennemi qui veut faire le siége de Mayence à avoir trois ponts de communication, deux sur le Rhin et un sur le Mein.

Il faut être maître du Mein, de manière que l'ouvrage que l'on établira protége Cassel, et, au lieu de l'investissement d'une petite place comme est Cassel, oblige l'ennemi à un siége plus considérable. Il faut donc que Cassel ne puisse être investi du côté du Mein sans qu'on investisse en même temps le nouveau fort.

L'ennemi ne pourra pas s'établir entre Cassel et le nouveau fort. Le terrain entre deux pourra être occupé par des lignes de contre-attaque, qui n'exigeront ni audace ni grands travaux de la part de la garnison, puisque sa droite et sa gauche seront appuyées par deux forts.

On voudrait que, Cassel pris, le fort restât intact et eût sa communication immédiate avec Mayence,

5.

et que, le fort du Mein pris, il fallût encore prendre Cassel.

Enfin, pour compléter les fortifications de Mayence, il faudrait encore un fort vis-à-vis l'île de Saint-Pierre, de manière que la garnison puisse se porter sur l'autre rive par trois ponts, le pont actuel, celui du fort du Mein et celui de l'île de Saint-Pierre.

Le terrain ne doit pas être fort élevé au-dessus des eaux du Mein, puisque ce fleuve a passé autrefois près de Cassel. Il faudrait niveler, lever le terrain à 1,200 toises des forts, et faire des projets là-dessus. Peut-on se procurer des inondations par le Mein? Cela aurait deux avantages : celui de rendre les trois forts inattaquables et de pouvoir économiser plusieurs dépenses de revêtements en maçonnerie. Pourrait-on changer le confluent du Mein, et alors construire sans épuisement ni batardeaux le pont éclusé sur le Mein, dans le nouveau lit qui lui serait préparé, comme on le fait à Alexandrie pour le pont sur la Bormida? Pourrait-on se donner autour des forts un espace d'environ 100 toises de largeur, rempli par les eaux de l'inondation, et qui envelopperait les trois forts? On aurait trois forts indépendants les uns des autres, ayant chacun leur communication séparée avec Mayence; on serait maître du Rhin et du Mein, et Mayence ne serait plus attaquable que sur la rive gauche.

Le côté de Monbach est défendu par un marais ; l'attaque de Mayence se réduirait donc à l'attaque du fort Meusnier et du fort 51.

Strasbourg, Mayence et Wesel, voilà les places où on doit constamment travailler, sans dépenser davantage à des places de l'intérieur, ou à de petites places qui, en dernière analyse, ne sont que d'un intérêt secondaire. Il faut, avec dix ou douze millions, c'est-à-dire en quinze ou vingt ans, mettre Mayence en tel état qu'il n'y ait autre chose à faire qu'à le bloquer. Il faut donc que le premier inspecteur fasse lever et niveler les terrains autour de Cassel. Qu'on s'occupe cet été de rédiger un bon projet. S'il n'y a pas moyen d'inonder, le faible de Mayence sera toujours Cassel.

Le ministre est invité à faire un mémoire sur la situation actuelle de Ruremonde, et à rédiger un projet pour en faire une petite place, de 2 à 3,000 hommes de garnison, qui puisse flanquer la Belgique.

NAPOLÉON.

Archives de l'Empire.

760. — OBSERVATIONS SUR LA PLACE DE PESCHIERA.

AU GÉNÉRAL DEJEAN.

Saint-Cloud, 27 juin 1806.

Monsieur Dejean, voici quelques observations sur le projet de Peschiera. En supposant les ouvrages UX et SR achevés et perfectionnés, Peschiera n'offre pas une résistance assez considérable pour qu'on puisse y confier une garnison de 3,000 hommes. Ainsi on se propose d'employer 2,400,000 francs, qui ne seront que la moitié de la dépense, puisqu'il faudra des casernes et des établissements militaires qui iront à pareille somme, et cela pour avoir une place qui sera toujours une très-mauvaise place. Si on met dans Peschiera 3,000 hommes de bonnes troupes, ce sont 3,000 hommes qu'on donne à l'ennemi, après un mois de résistance.

Il faut ici fixer les idées sur l'utilité des places fortes. Il est des places fortes qui défendent une gorge et qui, par cela seul, ont un caractère déterminé; il est des places fortes de dépôt et qui, pouvant contenir de grandes garnisons et résister longtemps, donnent moyen à une armée inférieure d'être renforcée, de se réorganiser et de tenter de nouveaux hasards. Dans le premier cas, un fort ou une petite place peuvent être indiqués; dans le second cas, une grande place où il ne faut épargner ni argent ni ouvrages.

Hors ces deux cas, il en est un troisième, c'est la fortification entière d'une frontière. Ainsi la frontière depuis Dunkerque jusqu'à Maubeuge présente un grand nombre de places de différentes grandeurs et de différentes valeurs, placées en échiquier sur trois lignes, de manière qu'il est physiquement impossible de passer sans en avoir pris plusieurs Dans ce cas, une petite place a pour but de soutenir l'inondation qui va d'une place à l'autre, ou de boucher un rentrant. Il s'établit alors, au milieu de toutes ces places, un autre genre de guerre. L'enlèvement d'un convoi, la surprise d'un magasin, donnent à une armée très-inférieure l'avantage, sans se mesurer ni courir aucune chance, de faire lever un siége, de faire manquer une opération. C'est, en peu de mots, l'affaire de Denain, affaire de peu de valeur en elle-même, et qui cependant sauva bien évidemment la France des plus grandes catastrophes.

Voyons dans lequel de ces cas se trouve Peschiera.

Elle n'est et ne peut être une place de dépôt, dominée de tous côtés, n'ayant que la capacité d'une place de quatre ou cinq bastions, étant enfin voisine de Mantoue, qui a évidemment cette destination. Une place de dépôt suffit pour une frontière. Sous ce point de vue, on ferait donc mieux de renfermer à Mantoue l'artillerie, les vivres et la garnison, et d'y dépenser tout l'argent que coûterait Peschiera, soit en faisant un fort à Saint-Georges, soit en fortifiant les divers points d'attaque.

Par sa capacité, Peschiera serait dans le cas d'être considérée comme ayant une destination spéciale, celle de donner un pont sur le Mincio; mais le Mincio est une si petite rivière que cela ne mérite aucune considération.

Comme frontière, la ligne de l'Adige n'est point fortifiée. Si on proposait de faire une place de Peschiera, une à Valeggio, une à Goito, une à Governolo, et qu'on en proposât autant sur l'Adige, et qu'en troisième ligne on en proposât à Lonato, Montechiaro, Castiglione, Solferino, on aurait alors, en Italie, une frontière pareille à celle de Flandre; l'ennemi, eût-il une armée quadruple, ne pourrait passer sans avoir pris deux ou trois places.

Mais ici, au contraire, l'ennemi laisserait devant Peschiera un corps de troupes, en laisserait un autre devant Mantoue, passerait à Valeggio et Goito, ou par tout autre point, et continuerait ses opérations sur le Mincio et sur l'Adda, si, d'ailleurs, sa supériorité était bien décidée. En masquant ces deux places, il se serait affaibli de peu de chose,

peut-être pas de 14,000 hommes, ce qui, dans l'hypothèse de supériorité où nous l'avons placé, serait
beaucoup moins considérable que l'affaiblissement
qu'auraient occasionné à l'armée française les garnisons de Mantoue et de Peschiera, en supposant
3,000 hommes dans Peschiera et 7,000 dans Mantoue, total 10,000 hommes. On conviendra que
l'ennemi n'aurait pas besoin d'en laisser plus de
14,000, et même, si une bataille devait avoir lieu
dans les environs de Castiglione ou dans les plaines
de Montechiaro, l'ennemi, s'il est habile, fera en
sorte, au moment décisif de la bataille, de retirer
8,000 hommes de son corps d'observation, tandis que
les garnisons ne feront rien que des sorties devant
des corps légers qui fuiront devant elles. C'est ainsi
que nous avons vu dans les dernières guerres d'Allemagne que les grandes garnisons que l'Autriche
avait laissées à Philippsburg, Mayence, Manheim,
n'avaient jamais exigé un nombre égal de troupes
pour les observer.

Cependant l'ennemi assiégera Peschiera; il la
prendra en douze ou quinze jours de tranchée
ouverte : on perdra beaucoup d'artillerie, de munitions, 3,000 hommes et l'argent qu'on aura employé
pour défendre cette place.

La place de Peschiera est-elle donc sans utilité ?
Faut-il donc n'avoir pas de place à Peschiera ? Dans
ce cas, toutes les fortifications qu'on doit y faire

seraient superflues. C'est ici une autre question, que nous allons examiner.

Si on pouvait me proposer de placer Peschiera à Saint-Georges, ou dans tout autre point de la sphère de Mantoue, c'est-à-dire que, dans toute autre position telle qu'on ne pût pas en couper la communication avec Mantoue, on pût trouver une place de la valeur de Peschiera, il n'y aurait pas à hésiter un moment. On donnerait un nouveau degré de force à l'artillerie, à la garnison de la grande place de dépôt, qui doit donner le temps à une armée de revenir, de se reformer et de ressaisir la supériorité.

Mais Peschiera existe où elle est; elle est de la plus grande utilité sous le point de vue offensif. Son enceinte met à l'abri des courses de l'ennemi des dépôts, des hôpitaux, des munitions de guerre, une flottille qui transporte à Torbole, dans tous les points du lac, des troupes et des munitions, et qui favorise singulièrement une armée qui est à Trente; elle barre la route directe de Vérone à Brescia, sert de point d'appui à l'armée qui défend le Monte-Baldo et le haut Adige; elle appuie la gauche d'une armée qui agit sur le Mincio, lui facilite les moyens de porter toutes ses forces sur Mantoue, ou de faire toute autre opération, en offrant un refuge assuré aux troupes qu'on laisserait derrière le Mincio, pendant deux ou trois fois vingt-quatre heures,

pour tromper l'ennemi. Quoique place de fortification permanente, Peschiera est une place que j'appelle une place de campagne, qu'un général habile
fera beaucoup valoir, qui ne sera d'aucune utilité à
un général malhabile.

Lors des affaires de Castiglione, Peschiera fut
laissée avec 500 hommes et la plupart estropiés, et
abandonnée à ses propres forces pendant sept à
huit jours; elle fut d'un grand avantage à l'armée
française, parce qu'au lieu de 500 hommes l'ennemi dut supposer qu'il y en avait 1,500, et laissa
4,000 hommes devant Peschiera, parce que cela
masquait les opérations de l'armée, et qu'enfin,
lorsque après Castiglione une division française
retourna à Peschiera, l'ennemi, qui ne pouvait pas
retarder d'une heure le passage du Mincio, crai-
gnit pour sa retraite et manqua effectivement d'être
coupé.

Le général français y laissa 500 hommes; un
général pusillanime aurait pu en laisser 1,000;
mais un général habile n'y aurait laissé de garnison qu'autant que l'ennemi n'aurait pas pris de
supériorité décidée, que l'on se battrait encore, et
que dès lors il y aurait des chances pour que l'armée revînt.

Mais dans ces événements, où Peschiera a joué un
si grand rôle, supposons que le général français se
fût résolu à réunir toutes ses troupes à Rivoli, à

livrer là une bataille décisive; qu'il y eût perdu, en tués ou prisonniers, une portion de son armée; qu'il n'y eût plus eu aucun espoir de recevoir des renforts qui n'existaient pas au delà des Alpes et de repasser le Mincio, croit-on qu'il eût donné des prisonniers à l'ennemi? Il eût fait sauter deux ou trois bastions de Peschiera, ou tout au moins l'aurait évacuée, s'il eût été impossible de la faire sauter; il n'eût pas diminué d'un homme son armée.

Si on demande ce que veut dire une place de campagne en fortification permanente, qu'on jette un coup d'œil sur les événements qui se sont passés en vendémiaire dernier; que l'on voie de quelle utilité a été ce mauvais château de Vérone : peut-être a-t-il eu dans les événements une influence incalculable. Ce mauvais château a rendu maître de l'Adige, ce qui a tout de suite donné une autre physionomie à toutes les affaires de la campagne. Cette mauvaise place de Legnago n'est aussi qu'une place de campagne.

Si, au lieu de cela, le prince Charles eût passé l'Adige à Ronco ou sur tout autre point, qu'il eût battu l'armée française, à peu près comme Scherer fut battu en l'an VII, les châteaux de Vérone et Legnago seraient tombés tout d'abord.

Or, pendant tout le temps qu'une armée manœuvre, évacue une aile pour se porter sur une autre aile, fait quelques marches en arrière pour se réunir à des secours ou renforts qui sont restés sur le Tessin ou l'Adda, ou qui arrivent d'Alexandrie, peut-être même de Boulogne, pendant toutes ces manœuvres, l'ennemi n'a ni le temps ni les moyens de faire un siége ; il bloque toutes les places, tire quelques obus, quelques salves d'artillerie de campagne ; c'est juste le degré de force que doit avoir une place de campagne.

Peschiera doit être une place de campagne et avoir le degré de force suffisant ; mais elle n'a pas les qualités d'une place de cette nature ; ces qualités doivent être de pouvoir donner protection à une division qui arriverait de Vérone et serait poursuivie : elle serait obligée d'évacuer les hauteurs, les feux de la place ne pouvant pas découvrir là et l'y protéger.

Peschiera n'est pas une place de campagne, parce qu'elle n'a pas le degré de force convenable pour donner quelque sûreté à un commandant d'un courage ordinaire. Le bastion C est tout d'abord découvert des hauteurs, mis en brèche ; de sorte qu'on n'est pas certain qu'un ennemi entreprenant, et ayant quelques pièces de 18 ou de 24, n'ait pas la possibilité de l'enlever pendant les douze ou quinze jours de manœuvres. Ce sont là seulement les qualités et le degré de force qu'il faut donner à Peschiera ; point, ou très-peu d'accroissement de garnison, car une place de campagne doit pouvoir être gardée par la moindre garnison possible.

Quel est le parti à prendre aujourd'hui ? L'ouvrage X existe; il faut le finir, mais de la manière la plus économique. Il donne assez de force à tout le front ED, même DC; il n'est pas situé à plus de deux cents toises du point N, et seulement à trois cents toises de l'extrémité I. L'ouvrage R doit également être fini de la manière la plus simple. Ce sera une redoute intermédiaire, car il faut occuper la hauteur en avant de la Mandella par une autre redoute. Ces deux ouvrages nous paraissent suffisants. Le chemin couvert ou une contre-garde au bastion C nous paraît surtout indispensable.

Quant à l'inondation de l'ouvrage O, cela dépend des ouvrages qui sont faits. Le mémoire ne fait pas assez connaître l'état actuel des ouvrages d'eau, écluses, etc., et ce qu'il en coûterait pour les faire, pour qu'on puisse décider. Il faut donc que l'officier du génie fasse bien connaître le système des ouvrages d'eau et écluses, leur situation au 1er juin 1806; et, quand on saura ce que tout cela coûtera, on décidera. Il ne faut pas outre-passer les fonds faits pour cette année.

Moins on proposera de dépenses pour Peschiera, mieux cela vaudra, car, la somme d'argent qu'on peut dépenser aux fortifications étant déterminée, c'est autant de moins qu'on pourra employer à Legnago, Mantoue; et c'est surtout à Mantoue, comme on le sent bien, qu'il serait plus nécessaire de dépenser de l'argent. Il faudrait, avec un million réparti en trois années, sans compter ce qui a été accordé pour l'année courante, qu'on pût parfaitement achever Peschiera.

Il faut rendre les ouvrages X et R le plus petits qu'on pourra.

NAPOLÉON.

Dépôt de la guerre.
(En minute aux Arch. de l'Emp.)

---

761. — DÉCRET DE RÉORGANISATION DU PRYTANÉE MILITAIRE.

Saint-Cloud, 8 juillet 1806.

TITRE PREMIER.

ARTICLE PREMIER. — Le Prytanée militaire est placé, à dater du 1ᵉʳ janvier 1807, dans les attributions du ministre de la guerre.

TITRE II.

DE L'ADMINISTRATION ÉCONOMIQUE.

ART. 2. — L'administration des masses est confiée à un conseil d'administration.

ART. 3. — Le conseil d'administration est composé :

Du commandant militaire, président;

Du directeur des études,

Du chef de bataillon attaché au Prytanée,

Et d'un quartier-maitre secrétaire.

ART. 4. — Le conseil rend chaque année compte de sa gestion.

ART. 5. — Tous les actes de l'administration sont écrits et consignés dans des registres à ce destinés.

ART. 6. — Le procureur gérant fait les fonctions d'économe.

TITRE III.

DU COMMANDANT MILITAIRE.

ART. 7. — Le commandant militaire commande en chef le Prytanée.

Il correspond seul avec le ministre de la guerre et lui rend compte de la situation de l'établissement.

ART. 8. — Sa surveillance en embrasse toutes les parties, et il est spécialement chargé du maintien de l'ordre, de la police et de la discipline dans l'intérieur.

ART. 9. — Il reçoit les élèves, les fait enregistrer et classer par le directeur des études, et entretient la correspondance avec les parents.

ART. 10. — Il nomme aux différents grades parmi les élèves, d'après les notes qui lui sont remises par le directeur des études.

ART. 11. — Il a la nomination et la révocation de

tous les employés et servants qui ne sont pas comptables directs.

ART. 12. — Il donne les ordres pour la marche de l'administration, d'après les règlements et les délibérations du conseil.

TITRE IV.
DU DIRECTEUR DES ÉTUDES.

ART. 13. — Le directeur des études est chef de l'enseignement. Il a sous ses ordres le sous-directeur des études, les professeurs et maîtres de quartiers.

ART. 14. — Sa surveillance embrasse toutes les parties de l'enseignement, et il est spécialement chargé du maintien de l'ordre, de la police et de la discipline dans l'intérieur des classes et salles d'étude.

ART. 15. — Il rend compte au commandant militaire des fautes commises par les élèves, les professeurs et maîtres de quartiers.

ART. 16. — Il lui présente les sujets susceptibles d'être placés dans les régiments ou envoyés à l'école de Fontainebleau ou à celle de Metz.

TITRE V.

ART. 17. — Les dispositions de notre décret du 13 fructidor an XIII, qui ne sont pas contraires au présent décret, sont maintenues.

Art. 18. —Notre ministre de la guerre est chargé de l'exécution du présent décret.

NAPOLÉON.

Archives de l'Empire.

---

762. — NOTE CONCERNANT L'ORGANISATION DE QUATRE RÉGIMENTS D'ÉCLAIREURS.

Saint-Cloud, 9 juillet 1806.

Présenter un projet d'organisation de quatre régiments d'éclaireurs, composés chacun de quatre escadrons et de 200 hommes par escadron.

La taille des éclaireurs sera au plus de 5 pieds.

La taille des chevaux sera de 4 pieds à 4 pieds et 3 pouces 1/2 au plus.

Les chevaux ne seront ferrés que des deux pieds de devant.

La bride sera le plus simple possible.

Ils auront un coussin au lieu et place de selle ; bien entendu qu'on adaptera à ce coussin des étriers et les autres accessoires indispensables.

Les éclaireurs auront un habit, une veste et une culotte ou pantalon, et, en outre, une veste d'écurie. Ils auront aussi une capote pour leur servir et tenir lieu de manteau. Le portemanteau sera le plus petit possible, et les effets à y renfermer ne pourront peser plus de 4 livres.

Les bottes seront approchant celles des hussards, mais sans aucun ornement.

Dans cette nouvelle institution, l'intention de l'Empereur est d'utiliser les petits chevaux et de diminuer la consommation des grandes espèces.

Ces corps pourront rendre les mêmes services comme éclaireurs que l'ont fait jusqu'à ce jour les hussards et les chasseurs. On pourra partout les multiplier avec la plus grande facilité, parce qu'on trouvera à se procurer en tout temps et presque partout des chevaux de cette taille, et qu'en campagne ces corps pourront se remonter avec toute espèce de chevaux.

Pour suite de cette institution, les hommes au-dessous de la taille de 5 pieds, trop petits pour servir dans les dragons, pourront être utilisés dans la cavalerie, ainsi qu'ils le sont déjà dans l'infanterie par la création des compagnies de voltigeurs, et néanmoins ces régiments seraient en proportion beaucoup moins chers.

Il importe, pour répondre aux ordres de l'Empereur, d'évaluer leur dépense pour la partie afférente à chacun des deux ministères.

L'intention de l'Empereur serait que les chevaux des éclaireurs fussent tenus en tout temps en plein air et nourris à la prairie, sans avoine. C'est un essai qui mérite d'être tenté ; il ne présente en France aucun inconvénient pendant huit ou neuf mois de l'année ; mais, pendant trois ou quatre mois d'hiver, cet essai devra être modifié dans presque toute la France à raison des fortes gelées et des neiges, et, à mon avis, il deviendra indispensable d'avoir des hangars fermés sur deux ou trois de leurs côtés dans les lieux de pacage, et d'y nourrir les chevaux au fourrage sec pendant la durée du grand froid ou des neiges.

L'île de la Camargue est le seul endroit que je sache, en France, qui fasse exception à ce que je viens de dire ; les moutons et les chevaux y paissent tout l'hiver en plein air et sans abri.

L'intention de l'Empereur serait d'avoir pour chacun de ces corps une garnison fixe, où l'on achèterait, avec le temps, le terrain nécessaire pour fournir les herbages.

L'île de la Camargue serait un de ces quatre dépôts.

Tous les six ou huit ans, ces corps changeraient entre eux de garnison.

En route, les chevaux seraient placés dans des écuries ou des granges.

Sa Majesté Impériale a été déterminée au projet proposé par les considérations ci-dessus détaillées et, en outre, par ce qu'elle a vu à l'armée d'Italie et à celle d'Égypte. Le 22ᵉ régiment de chasseurs à amené à l'armée d'Italie 200 chevaux de la Camargue, achetés à raison de 150 francs l'un ; la taille de ces chevaux n'excédait pas 4 pieds 2 pouces, et ils n'étaient ferrés que des deux pieds de devant. Par suite de leur éducation ils ont résisté, dans la campagne d'Italie, à toute la misère des montagnes ; passés depuis en Égypte, ils y ont plus résisté que les autres chevaux.

Le général Dejean, par ordre de l'Empereur.

Dépôt de la guerre.

---

763. — ORDRES DIVERS EN VUE DE REPRENDRE RAPIDEMENT L'OFFENSIVE.

AU MARÉCHAL BERTHIER.

Saint-Cloud, 11 juillet 1806.

Mon Cousin, vous verrez, par les deux lettres que je vous ai adressées aujourd'hui, les différentes dispositions que j'ai prescrites pour compléter mon armée et la mettre en situation de tout entreprendre.

Vous ordonnerez au bataillon corse de rejoindre le corps d'armée du maréchal Soult. S'il est convenable de faire garder le parc à Augsbourg, il faut le faire garder par d'autres troupes que par des troupes légères. On peut y destiner le 3ᵉ bataillon du 76ᵉ du corps du maréchal Ney.

Après que tous les mouvements ordonnés par mes deux dépêches seront effectués, j'ai calculé que je devais avoir, sans comprendre le 2ᵉ ni le 8ᵉ corps de la Grande Armée, pour lesquels j'ai envoyé des ordres directement au prince Eugène, mais en comprenant ce qui sera sur le Danube et au delà du Rhin, 140,000 hommes d'infanterie, 32,000 hommes de cavalerie bien montés et en bon état, et 20,000 hommes d'artillerie à pied et à cheval, des bataillons du train, sapeurs, mineurs, ouvriers, parmi lesquels il y a 1,500 chevaux d'artillerie légère et 12,000 chevaux du train : ce qui me ferait un total de 192,000 hommes. Le 2ᵉ et le 8ᵉ corps doivent former 40,000 hommes. J'aurais donc en ligne, et presque sur Vienne, 232,000 hommes. Faites-moi connaître si je me suis trompé dans quelqu'un de ces calculs.

Je suis dans l'idée que j'ai 3,000 chevaux de la compagnie Breidt, c'est-à-dire 600 voitures; que j'ai à Braunau 12 à 1,500,000 rations de biscuit; que chaque soldat de mon armée a trois paires de souliers, une aux pieds et deux dans le sac. Donnez ordre aux dépôts d'envoyer tout ce qui est nécessaire pour les corps.

Prescrivez que l'on suive deux routes, toutes deux aboutissant sur Augsbourg, qui sera le dépôt général, et de là sur Braunau. Il faut qu'avec le moindre bruit possible ces mouvements s'opèrent, en les attribuant à des affaires d'ordre intérieur des corps, et que je sois cependant en mesure, au 15 août, de me trouver à Linz. Comme c'est le maréchal Soult qui forme l'avant-garde, il faut que son corps d'armée soit le plus tôt prêt et le mieux organisé en tout. Le génie, j'espère, ne sera point pris au dépourvu, et aura ses outils, ses pontonniers, etc., pour réparer les ponts et les chemins rapidement. Que tout ce qui serait évacué sur Strasbourg se rende à Augsbourg, où doit être le quartier général.

Il serait cependant utile que les corps s'embarrassassent de tous leurs bagages. En retournant à Vienne, on ne manquera pas d'effets d'habillement; il suffit de se munir de souliers. Les dépôts seront Augsbourg et Braunau.

J'ai à Strasbourg douze millions : faites-les venir à Augsbourg, et faites payer quatre mois de solde, en veillant à ce que ceux qui l'ont reçue ne la reçoivent pas double; je suppose qu'ils sont dus au corps du maréchal Soult. Je crois que le maréchal Augereau s'est fait solder à Francfort, et que le maréchal Lefebvre a toujours été au courant. Je suppose que le matériel de l'artillerie est parfaitement en règle. Je donne ordre au 21ᵉ léger et au 22ᵉ de ligne, qui sont en Hollande, de se rendre à Wesel. Mon intention est de les diriger sur Würzburg, pour y faire partie de la division Gazan et remplacer les 12ᵉ et 58ᵉ de ligne. Vous pouvez dire

6.

au maréchal Mortier que cette division sera de
9,000 hommes.

NAPOLÉON.

Dépôt de la guerre.
(En minute aux Arch. de l'Emp.)

---

764. — ORDRES RELATIFS A L'ORGANISATION ET A LA REPARTITION DE L'ARTILLERIE EN ITALIE.

AU GÉNÉRAL DEJEAN.

Saint-Cloud, 18 juillet 1806.

J'ai lu le rapport du général Sorbier sur la situation de l'artillerie française en Italie. L'équipage de l'artillerie de campagne en Italie doit être divisé en trois : l'un de vingt-deux pièces de canon, qui se réunira à Palmanova, que l'on pourra même placer de préférence à Osoppo, lorsque cette place sera en état ; le second équipage de trente pièces, qui sera réuni à Vérone, et le troisième de trente pièces, qui sera réuni à Pavie.

Il y aura dans les départements au delà des Alpes deux équipages de campagne, dont l'un, de trente pièces de canon, sera réuni moitié à Gênes et moitié à Fenestrelle.

L'équipage qui doit se réunir à Palmanova sera composé de ce qui forme aujourd'hui l'équipage du

second corps de la Grande Armée commandé par le
général Marmont. Mais on changera les pièces hollandaises et on les remplacera par des pièces conformes aux modèles d'Italie. Cet équipage sera composé de quatre pièces de 12, six obusiers, et douze
pièces de 6, avec soixante caissons d'infanterie et un
double approvisionnement de campagne.

L'équipage de Vérone sera composé de six pièces
de 12, de quatre obusiers et de vingt pièces de 6,
avec cent caissons d'infanterie. Il sera composé de
l'artillerie qui se trouve aujourd'hui à Vérone et à
l'armée d'Italie.

L'équipage de Pavie sera composé de l'équipage
qui est aujourd'hui à l'armée de Naples et qui en reviendra après que la conquête de ce royaume sera
achevée, l'artillerie napolitaine étant alors suffisante
pour le service. Cet équipage sera composé de six
pièces de 12, de six obusiers et de dix-huit pièces
de 6.

L'équipage d'Alexandrie sera composé, de la
même manière, avec les pièces qui seraient aujour-
d'hui à Plaisance et qui se trouvent en Piémont. Un
égal nombre de pièces sera placé moitié à Gênes et
à Fenestrelle. Il sera formé de pièces de 3, pour
servir dans les montagnes des Alpes.

Toutes les pièces de 4, de 8, les obusiers d'ancien
modèle et les pièces hollandaises du corps du général Marmont, seront répartis entre Osoppo, Palma-

nova, Venise, Legnago, Peschiera, Mantoue, la citadelle de Plaisance, Alexandrie, etc., pour servir à
la défense de ces places. Toute l'artillerie italienne
se réunira à Pavie et devra toujours avoir vingt
pièces de campagne mobiles avec double approvisionnement et soixante caissons d'infanterie pour se
porter où il sera nécessaire.

On n'enverra en Istrie que le nombre de fusils
nécessaire pour la défense des principaux ports et
points de la côte. On n'y tiendra aucun magasin ni
dépôt, mais seulement les munitions suffisantes pour
fournir cent coups à tirer par pièce. On n'y tiendra
qu'une division de six pièces attelées pour suivre les
mouvements des troupes. On organisera ces pièces
comme l'artillerie le jugera convenable, et on se
servira des affûts les plus propres au pays. Il faut
donc n'avoir en Istrie aucun magasin de fusils ni
autres, et s'y considérer comme dans une position
en l'air qu'on pourra évacuer en quarante-huit heures
en laissant le moins possible à l'ennemi. Ainsi les
fusils qui s'y trouvent actuellement doivent être
évacués sur Palmanova ou sur Zara. Il n'y a de véritable place en Dalmatie que Zara; les poudres,
cartouches, et tous les moyens de la division doivent
être réunis dans cette place, et on ne doit laisser
dans les autres points que ce qui est nécessaire pour
défendre la côte. Une portion des affûts et du train
qui sont à Vérone peut être envoyée en Dalmatie.

Toutes les pièces de campagne qu'on enverra en Istrie et en Dalmatie ne compteront pas dans les équipages réguliers ci-dessus annoncés.

Quant au personnel, les deux régiments d'artillerie à pied doivent continuer à rester dans les royaumes de Naples et d'Italie, ainsi que les deux régiments d'artillerie à cheval. Les trois bataillons du train qui doivent rester en Italie sont les 4e, 6e et 7e bataillons, qui y sont avec les bataillons *bis,* ce qui fait six bataillons. Le dédoublement ne se fera qu'à la paix générale et lorsque j'en aurai donné l'ordre.

Le 6e bataillon restera avec le corps de troupes qui restera à Naples, et les 4e et 7e resteront dans la haute Italie. Il faut donner l'ordre aux 4e et 7e, qui sont en Italie, d'acheter 300 nouveaux chevaux, et leur envoyer les fonds nécessaires pour cet achat, car ils commencent à être réduits à peu de chose ; et il faut qu'il y ait dans la haute Italie 2,000 chevaux d'artillerie mobile et en bon état et pouvant seconder les opérations de l'armée.

Je vois du reste avec peine qu'on dégarnisse Mantoue, de manière que cette place se trouve désapprovisionnée et hors d'état de se défendre. Donnez donc des ordres précis pour que tout ce qui en aurait été ôté y soit remplacé sur l'heure, et rendez responsable le commandant de l'artillerie de tout envoi qui dégarnirait cette place, qu'on doit toujours considérer comme devant être assiégée à un mois de distance. On doit envoyer en Dalmatie les pièces et boulets que Mantoue aurait de trop ; mais c'est à Venise qu'on doit trouver une grande quantité d'affûts marins qu'on peut envoyer en Dalmatie. La Dalmatie est un pays de bois ; Venise a un grand arsenal, des affûts y seront bientôt construits. Qu'on n'aille donc pas dégarnir Mantoue. Demandez des détails et rassurez-moi sur la crainte que j'ai qu'on ne dégarnisse entièrement la défense de cette place. Je désire qu'aucun envoi qui pourrait nuire à son armement et à ses approvisionnements ne se fasse sans mon ordre, laissant le commandant de l'artillerie et le général en chef de mon armée les maîtres d'en laisser sortir ce qui serait au-dessus de l'armement ou inutile à la défense de la place.

Comme je désire que mes ordres soient fixes, je vous prie de me présenter un projet de décret, avec les états à l'appui de tout ce que doit contenir chaque place, pour que la répartition que j'ai ordonnée soit constamment maintenue, car il peut échapper à un officier particulier d'encombrer trop d'artillerie de campagne sur un seul point.

Donnez ordre que tous les bronzes de rebut qui sont dans la place de Venise, en Istrie et Dalmatie, soient dirigés sur Ferrare pour être embarqués sur le Pô, d'où ils seront envoyés sur des bateaux à l'arsenal de Turin.

NAPOLÉON.

Archives de l'Empire.

765. — RÉFLEXIONS SUR LE SYSTEME DE PLACES FORTES COUVRANT LA BELGIQUE CONTRE LA PRUSSE.

AU GÉNÉRAL DEJEAN.

Saint-Cloud, 20 juillet 1806.

Monsieur Dejean, les places de Wesel, Venloo, Maestricht et celle intermédiaire de Stevensweert me forment une ligne de places fortes sur un espace de vingt-quatre lieues.

La place de Juliers se trouve en avant de six lieues sur cette ligne, vers Cologne, également appuyée par Maëstricht, Stevensweert et Venloo.

Une armée prussienne qui voudrait arriver à Bruxelles pour se réunir à une armée anglaise, et ainsi isoler la Hollande, serait d'abord obligée de bloquer Wesel.

En supposant qu'elle passât le Rhin entre Wesel et Cologne, et qu'elle voulût cheminer par Venloo, elle aurait sur son flanc Juliers, et ne pourrait passer la Meuse sans s'être emparée de Juliers et de Venloo.

Si, au contraire, cette armée passait le Rhin à Cologne, afin d'être moins dans la sphère d'activité de Wesel, elle serait obligée de bloquer Juliers. En supposant qu'elle prît le chemin de Liége, elle aurait sur son flanc Maëstricht, Stevensweert,

Venloo et Wesel; elle serait donc obligée nécessairement de prendre Juliers pour avoir un point d'appui, et, pendant le siége, la principale armée se rangerait vis-à-vis cette place, la droite au Rhin, la gauche vis-à-vis la Meuse, pour soutenir le siége de Juliers; et, Juliers pris, elle arriverait à Liége prêtant toujours le flanc à toutes ces places, et il faudrait qu'il y eût bien peu de forces pour que l'armée française ne manœuvrât pas derrière ces places pour déboucher par Wesel et inquiéter toute la ligne d'opération de l'ennemi; elle ne passerait problablement pas outre sans avoir aussi pris Maëstricht.

Les places de Nimègue et Grave, celles de Wesel, Venloo, Juliers, Stevensweert et Maëstricht, commencent donc à nous donner une frontière qui flanque la Belgique, protége la Hollande, et presque déjà assez forte pour obliger l'ennemi à perdre une campagne.

Un ennemi qui passerait le Rhin à Coblentz s'approcherait d'abord de la sphère d'activité de Mayence, trouverait des obstacles dans toutes les gorges de la Moselle, ne pourrait pénétrer jusqu'à Liége sans passer par Bonn, parce qu'il n'y a pas de chemin : il rentrerait alors dans le système qu'on vient d'examiner.

S'il arrivait à Trèves, il n'aurait fait que la conquête d'un pays peu important et ne se combinant avec aucune grande opération, et viendrait s'arrêter tout court sur Luxembourg et les places de la Sarre.

Ce n'est pas un territoire comme celui de la France qu'on peut avoir la prétention de fermer hermétiquement ; le plan de campagne que nous venons de supposer ne produirait que la dévastation de quelques provinces qui ne vaudrait pas les frais et les risques, et ne pourrait offrir aucun but à l'ennemi, qui n'espérerait jamais pouvoir prendre Luxembourg. La trouée par Cologne, au contraire, qui conduit à Bruxelles, et de là à Anvers et Ostende, donne la possession d'un beau pays, coupe la Hollande, combine l'opération avec nos éternels ennemis. On peut dire qu'on a réussi, lorsqu'on est arrivé à Ostende ou Anvers, à procurer aide au débarquement des Anglais.

De tous les plans de campagne que des puissances combinées puissent tenter contre nous, c'est celui auquel il faut le plus s'opposer.

Il est fâcheux cependant qu'on ait démoli Ehrenbreitstein ; que faudrait-il cependant pour le remplacer ?

Il est aussi des positions sur la Moselle qui de tout temps ont été considérées comme extrêmement faciles à fortifier, et qui donnent des appuis à cette ligne et à toute armée qui, destinée dans des opérations de cette espèce à protéger l'Alsace et le pays derrière Mayence, borderait la Moselle et se trouverait sur les flancs de l'ennemi, pendant que Mayence et les places du Rhin l'empêcheraient de pénétrer en Alsace.

Je désire avoir des plans et mémoires sur Montréal et autres positions dans cette situation.

Il serait peut-être aussi à désirer d'avoir une petite place entre Juliers et Bonn à quelque distance du Rhin ; son but serait d'intercepter la route de Bonn à Liége.

On peut même mettre en discussion si cette place doit être située entre Juliers et Bonn, ou bien dans les montagnes, de manière cependant toujours à arrêter l'ennemi qui voudrait tourner Juliers pour arriver à Liége ; alors il serait bien difficile qu'on pût tenter une opération sérieuse avant d'avoir pris trois places, au moins deux.

Le premier inspecteur avait déjà fait des projets pour Bonn avec des devis ; je désirerais que ces projets me fussent mis sous les yeux.

NAPOLÉON.

Archives de l'Empire.

766. — REPROCHES SUR LA MAUVAISE DIRECTION DONNÉE AUX OPÉRATIONS MILITAIRES.

AU ROI DE NAPLES.

Saint-Cloud, 26 juillet 1806.

Je reçois votre lettre du 17. Je vois que vous dirigez toutes vos opérations de guerre à contre-pied. Je ne puis concevoir qu'ayant autour de vous tant de personnes qui ont l'expérience de la guerre, il y en ait si peu qui puissent vous donner un bon conseil. Vous avez une armée telle que non-seule-ment vous pouvez faire le siége de Gaëte et garder Naples, mais encore repousser tout débarquement et reconquérir la Calabre. Mais tout cela n'a point de mouvement ni de vie, point d'organisation ni de direction. Jusqu'à cette heure, vous prenez le mau-vais parti. Mais j'ai tort de vous affliger. Je vous avais prévenu de ne pas trop écouter Dumas, qui n'a aucune habitude de la guerre. Il paraît que per-sonne ne sait où sont vos troupes, qu'elles sont disséminées partout, et en force nulle part. Le général Reynier a mal fait ses dispositions de bataille et n'a pas su diriger 6,000 hommes contre l'ennemi. Mais depuis il a été abandonné d'une manière affligeante; qu'est-ce qu'il deviendra, n'ayant pas même contenu le chef-lieu de la province? Quant à moi, tout ce qui arrive en Calabre ne m'étonne pas; il y a longtemps que je connais ce genre d'esprit, la politique que vous suivez avec les peuples de Naples est l'inverse de la politique à suivre avec les peuples conquis.

Marchez donc en force. Ne disséminez donc point vos troupes. J'imagine que vous avez armé tous les châteaux de Naples. Que veut dire cette garde nationale de Naples? C'est s'appuyer sur un roseau, si ce n'est pas donner une arme à ses ennemis. Oh! que vous connaissez peu les hommes! Prenez donc enfin un parti vigoureux et tenez vos troupes dans vos mains, en échelons, de manière à pouvoir réunir 18,000 hommes sur un point et écraser vos ennemis. Je ne vois dans votre lettre aucune réunion de forces; tout cela ne me paraît pas clair.

NAPOLÉON.

La Sicile, à ce qu'il paraît, est accordée et n'est plus un obstacle. Il serait possible qu'avant dix jours tout cela fût à vous.

Archives de l'Empire.

767. — INSTRUCTIONS POUR LE GÉNÉRAL MARMONT COMMANDANT EN DALMATIE.

AU PRINCE EUGÈNE.

Saint-Cloud, 28 juillet 1806.

Mon Fils, j'ai reçu votre dépêche de Venise, en date du 21. Le commandant de la marine a montré en général peu d'activité. Il n'avait pas besoin de grand ordre pour expédier à Raguse quelques chaloupes avec des munitions, du moment qu'on a su que cette place était bloquée. Je vous ai écrit, par ma dernière lettre, que mon intention n'était pas qu'on évacuât Raguse. Écrivez au général Marmont qu'il en fasse fortifier les hauteurs. Qu'il organise son gouvernement et laisse son commerce libre ; c'est dans ce sens que j'entends reconnaître son indépendance. Qu'il fasse arborer à Stagno mes drapeaux italiens ; c'est un point qui dépend aujourd'hui de la Dalmatie. Donnez-lui ordre de faire construire sur les tours de Raguse les batteries nécessaires, et de faire construire au fort de Santa-Croce une redoute fermée en maçonnerie. Il faut également construire dans l'île de Lacroma un fort ou redoute ; les Anglais peuvent s'y présenter, il faut être dans le cas de les y recevoir.

Le général Marmont fera les dispositions qu'il

jugera nécessaires ; mais recommandez-lui bien de
laisser les 3ᵉˢ et 4ᵉˢ bataillons des 5ᵉ et 23ᵉ à Raguse,
car il est inutile de traîner loin de la France des
corps sans soldats. Aussitôt qu'il le pourra, il renverra en Italie les cadres des 3ᵉˢ et 4ᵉˢ bataillons. Si
cela pouvait se faire avant l'arrivée des Anglais, ce
serait un grand bien. Écrivez au général Marmont
qu'il doit faire occuper les bouches de Cattaro par
le général Lauriston, le général Delzons et deux
autres généraux de brigade, par les troupes italiennes que j'ai envoyées et par les troupes françaises, de manière qu'il y ait aux bouches de Cattaro
6 ou 7,000 hommes sous les armes. Ne réunissez à
Cattaro que le moins possible des 5ᵉ et 23ᵉ ; mais
placez-y les 8ᵉ et 18ᵉ d'infanterie légère et le 11ᵉ de
ligne, ce qui formera six bataillons qui doivent faire
5,000 hommes ; et, pour compléter 6,000 hommes,
ajoutez-y le 60ᵉ.

Laissez les bataillons des 5ᵉ et 23ᵉ à Stagno et à
Raguse, d'où ils pourront se porter sur Cattaro au
premier événement.

Après que les grandes chaleurs seront passées et
que le général Marmont aura rassemblé tous ses
moyens et organisé ses forces, avec 12,000 hommes
il tombera sur les Monténégrins pour leur rendre
les barbaries qu'ils ont faites ; il tâchera de prendre
l'évêque, et, en attendant, il dissimulera autant
qu'il pourra. Tant que ces brigands n'auront pas

reçu une bonne leçon, ils seront toujours prêts à se déclarer contre nous. Le général Marmont peut employer le général Molitor, le général Guillet et les autres généraux à ces opérations. Il peut laisser pour la garde de la Dalmatie le 81ᵉ.

Ainsi le général Marmont a sous ses ordres, en troupes italiennes, un bataillon de la Garde, un bataillon brescian et un autre bataillon ; ce qui, avec les canonniers italiens, ne fait pas loin de 2,400 hommes. Il a, en troupes françaises, les 5ᵉ, 23ᵉ et 79ᵉ, qui sont à Raguse et qui forment, à ce qu'il paraît, 4,500 hommes, le 81ᵉ, et les hôpitaux et détachements de ces régiments, qui doivent former un bon nombre de troupes. Il a enfin les 8ᵉ et 18ᵉ d'infanterie légère et les 11ᵉ et 60ᵉ de ligne.

Je pense que le général Marmont, après avoir bien vu Zara, doit établir son quartier général à Spalatro, faire occuper la presqu'île de Sabioncello, et se mettre en possession de tous les forts des bouches de Cattaro. Il doit dissimuler avec l'évêque de Monténégro, et, vers le 15 ou le 20 septembre, lorsque la saison aura fraîchi, qu'il aura bien pris ses précautions et endormi ses ennemis, il réunira 12 ou 15,000 hommes propres à la guerre des montagnes, avec quelques pièces sur affûts de traîneaux, et écrasera les Monténégrins. L'article du traité relatif à Raguse dit que j'en reconnais l'indépendance, mais non que je dois l'évacuer.

Des quatre généraux de division qu'a le général Marmont, il placera Lauriston à Cattaro et Molitor à Raguse, et leur formera à chacun une belle division. Il tiendra une réserve à Stagno, fera travailler aux retranchements de la presqu'île et au fort qui doit défendre Santa-Croce, ainsi qu'à la fortification du vieux Raguse et aux redoutes sur les hauteurs de Raguse. Il est fâcheux que le général Molitor ait emmené des troupes ; il aurait mieux fait de laisser tous ses renforts à Lauriston.

Faites-moi connaître où se trouvent les 3es bataillons du 11e et du 60e, les 3es bataillons des 8e et 18e légers, et si les ordres que j'ai donnés pour la formation des réserves en Dalmatie sont déjà exécutés.

Vous ne m'avez pas envoyé l'état de situation depuis le 1er juillet. Demandez au général Lauriston des plans des ports et du pays de Raguse. J'ai accordé 400,000 francs pour l'approvisionnement de cette place. Faites-y passer tout cela en munitions de bouche.

Écrivez au sénat de Raguse qu'il fasse faire l'évaluation des pertes de la ville, mon intention étant de lui accorder un secours.

NAPOLÉON.

Comm. par S. A. I. Mme la duchesse de Leuchtenberg.
(En minute aux Arch. de l'Emp.)

768. — CONSEILS POUR RÉPARER LES FAUTES MILI-
TAIRES QUI ONT ÉTÉ FAITES. — CARACTÈRE D'UNE
BONNE DÉFENSIVE.

AU ROI DE NAPLES.

Saint-Cloud, 28 juillet 1806.

Je suis dans la confiance que vous ne tarderez pas
à avoir Gaëte. Cette place vous devient importante.

Le général Reynier a dû s'attendre qu'on irait à
son secours. Il peut avoir manœuvré en conséquence
et se trouver très-exposé. Il est important que, le
plus tôt possible, une force imposante de 10,000 hommes, infanterie, cavalerie, artillerie, se rende à
Cassano pour dégager ce général et se réunir à lui,
car ils sont incalculables les événements qui peuvent
lui être arrivés. La première cause de tout ceci, c'est
d'avoir tenu des troupes à Naples. Je vous en avais
prévenu. Des commandants dans les forts, des vivres,
des munitions, des dépôts, voilà tout ce qu'il faut à
Naples, avec un ou deux régiments de cavalerie et
un d'infanterie. On s'est trop établi comme en pleine
paix. Vous avez trop ajouté confiance aux Napolitains. C'est une première faute qui a eu des suites.
Il faut s'en corriger, entrer en Calabre, désarmer
les rebelles et faire des exemples qui restent. L'ancienne reine, en faisant ce qu'elle fait, fait son

7.

métier de reine. C'est par de la vigueur et de l'éner-
gie qu'on sauve ses troupes, qu'on acquiert leur
estime et qu'on en impose aux méchants. Une fois
le général Reynier dégagé et réuni à vos renforts,
il faut tenir vos troupes en échelons, par brigades,
à une journée de distance entre elles de Naples à
Cassano, de manière qu'en trois jours quatre brigades formant 10 ou 12,000 hommes puissent se
réunir. Vous avez trois régiments français qui ont
donné avec Reynier. Il vous en reste onze qui n'ont
rien fait; en y réunissant deux régiments d'infanterie
et un de cavalerie, les Italiens, les Corses et vos Napolitains, cela peut très-bien vous faire huit brigades
de plus de 3,000 hommes chacune, sous les ordres
de deux lieutenants généraux et de quatre généraux
de division, qui peuvent se correspondre et se
réunir en peu de temps. C'est par ce placement en
échelons qu'on est sur la défensive, à l'abri de tous
les événements; en ce que, lorsqu'on veut ensuite
prendre l'offensive pour un but déterminé, l'ennemi
ne peut le savoir, parce qu'il vous a vu sur une défensive redoutable, et qu'avant les changements qui
se sont passés sur la défensive, les dix ou douze
jours d'opérations seront terminés. Je ne sais si l'on
comprendra quelque chose à ce que je dis là. On a
fait de grandes fautes dans la défensive; on n'en fait
jamais impunément; l'homme exercé s'en aperçoit
du premier coup d'œil; mais les effets s'en font

sentir deux mois après. Puisque les deux points importants étaient Gaëte et Reggio, et que vous avez
38,000 hommes, il fallait avoir en échelons des
brigades formant cinq divisions qui, placées à une
journée ou deux s'il le fallait, pouvaient se correspondre. L'ennemi vous eût trouvé dans une position
telle qu'il n'eût pas osé bouger, car dans un
moment vous eussiez pu réunir vos troupes à Gaëte,
à Reggio, à Sainte-Euphémie, et sans qu'il y eût un
jour de perdu. Voilà les dispositions qu'il faut
prendre pour l'expédition de Sicile. Vous devez
partir d'un ordre défensif tellement redoutable que
l'ennemi n'ose vous attaquer, et abandonner toute
position derrière vous, hormis les dispositions défensives de votre capitale, et être tout offensif contre
l'ennemi, qui, la descente faite, ne pourrait rien
tenter. C'est là l'art de la guerre. Vous verrez beaucoup de gens qui se battent bien et aucun qui sache
l'application de ce principe. S'il y avait eu à Cassano
une brigade de 3 ou 4,000 hommes, rien de ce qui
est arrivé n'aurait eu lieu. Elle aurait été à Sainte-
Euphémie en même temps que le général Reynier,
et les Anglais auraient été culbutés, ou plutôt ils
n'auraient pas débarqué. C'est la fausse position de
votre défensive qui les a enhardis.

Quand je vous enverrais des recrues mal organisées, qui dans cette saison tomberont malades, cela
achèverait de perdre votre armée. J'ai organisé en

réserve vos dépôts; j'en forme deux corps, qui se réuniront avec de l'artillerie à Ancône, pour se joindre aux troupes du général Lemarois et être à même de se porter à votre secours partout où il sera nécessaire.

Enfin je ne ferai jamais la paix sans avoir la Sicile. S'il est nécessaire, je me rendrai à Naples au moment où il sera convenable de le faire; mais je ne suis pas sans espérance qu'avant dix ou douze jours la paix sera signée avec cette cession.

Je dois vous dire que le général Mathieu Dumas emploie dans les administrations des jeunes gens d'un mauvais esprit, dans le genre réacteur, entre autres les enfants de Lafont-Ladebat; tout cela a un esprit détestable.

Les fausses dispositions de la Calabre me coûteront plus de monde que ne m'en a coûté la Grande Armée. Tout l'art de la guerre consiste dans une défensive bien raisonnée, extrêmement circonspecte, et dans une offensive audacieuse et rapide.

Aussitôt que vous aurez Gaëte, retirez vos troupes de Naples, garnissez vos châteaux, approvisionnez-les pour un mois; laissez-y un régiment de cavalerie, 1,500 hommes d'infanterie pour faire la police. Laissez votre première brigade à deux journées de Naples et en échelons comme je vous l'ai dit, en consultant un peu les localités.

NAPOLÉON.

Archives de l'Empire.

769.— OBSERVATIONS SUR LES DIFFÉRENCES EXISTANT
ENTRE LE LIVRET FOURNI PAR LE GÉNÉRAL ET LES
ÉTATS DE SITUATION.

AU GÉNÉRAL RAPP, COMMANDANT LA 5ᵉ DIVISION MILITAIRE,
A STRASBOURG.

Saint-Cloud, 1ᵉʳ août 1806.

J'ai reçu votre lettre avec le livret, qui y était
joint, des trois colonnes que vous avez fait partir
pour la Grande Armée, se montant à 4,200 hommes
d'infanterie et 2,000 chevaux. Je désire que vous
me fassiez connaître, par un livret pareil, ce qui reste
aux dépôts en officiers, sous-officiers et soldats, et en
chevaux, et ce qui leur manque pour qu'ils fournissent un plus grand nombre de troupes et de chevaux.

J'ai confronté votre livret avec mes états de situation ; j'y vois :

Que le 3ᵉ de ligne devait avoir 800 hommes à
son dépôt : vous en avez fait partir 400, il doit en
rester 400 ;

Que le 4ᵉ de ligne devait avoir 500 hommes : il
n'en est rien parti ;

Que le 18ᵉ de ligne avait 600 hommes : il en est
parti 300, il en doit rester 300 ;

Que le 24ᵉ de ligne avait 470 hommes : il n'en
est parti que 140, je suis étonné que vous n'ayez
pas fourni les 200 hommes demandés ;

Que le 34ᵉ avait 650 hommes : il n'en est parti que 270; pourquoi n'a-t-il pas fourni les 300 demandés? est-ce défaut d'habillement ou d'équipement? que le 40ᵉ avait 800 hommes : il n'en a fourni que 400, est-ce par la même raison?

Que les 57ᵉ, 88ᵉ et 96ᵉ n'ont rien fourni;

Que vous n'avez fait partir que 300 hommes du 24ᵉ d'infanterie légère, qui est porté à 900 hommes;

Que le 26ᵉ n'a fourni que 400 hommes : il doit avoir beaucoup de monde disponible, il a 850 hommes;

Que le 17ᵉ de dragons, qui est porté sur mes états comme ayant 143 chevaux, n'en a fait partir que 63 : pourquoi cette différence? que le 18ᵉ, qui avait 108 chevaux, n'en a fourni que 41; que le 19ᵉ, qui avait 200 chevaux, n'en a fourni que 124; que le 27ᵉ, qui avait 137 chevaux, n'en a fourni que 89;

Que le 10ᵉ de cuirassiers, qui avait 217 chevaux, n'en a fait partir que 129; que le 11ᵉ de cuirassiers, qui avait 157 chevaux, n'en a fourni que 123;

Que le 8ᵉ de dragons, qui avait 160 chevaux, n'en a fourni que 100; que le 12ᵉ de dragons, qui en avait 139, n'en a fourni que 93; que le 16ᵉ de dragons, qui en avait 188, n'en a fourni que 149; que le 21ᵉ, qui avait 135 chevaux, n'en a fourni que 120;

Que le 11ᵉ de chasseurs, qui avait 137 chevaux, n'en a fourni que 87; que le 16ᵉ, qui en avait 157, n'en a fourni que 109; que le 13ᵉ, qui en avait 207, n'en a fourni que 62 : celui-là me paraît le plus extraordinaire; on en avait demandé 180; le régiment paraît en état de les fournir; que le 21ᵉ de chasseurs avait 240 chevaux : il n'en a fourni que 187;

Que le 8ᵉ de hussards, qui en avait 93, n'en a fourni que 52; que le 10ᵉ, qui en avait 149, n'en a fourni que 109; enfin que le 8ᵉ, qui en avait 138, n'en a fourni que 98.

Faites-moi connaître les raisons de ces différences.

NAPOLÉON.

Archives de l'Empire.

770. — REPROCHES AU SUJET D'UN CONTRE-ORDRE DONNÉ A UN RÉGIMENT.

AU PRINCE EUGÈNE.

Saint-Cloud, 5 août 1806.

Mon Fils, je suis fâché que vous ayez fait rétrograder le 11ᵉ régiment de ligne. Dans la saison où nous sommes, rien ne dégoûte plus le soldat que ces marches et contre-marches. Le général Marmont ayant donné ordre aux deux bataillons du 11ᵉ de retourner dans le Frioul, il eût mieux valu les laisser revenir. Il faut éviter les contre-ordres; à moins que le soldat n'y voie une grande raison d'utilité, il prend du découragement et perd la confiance.

Ce régiment aura donc fait six contre-marches dans un pays ingrat et dans cette horrible chaleur; cela est bien léger.

NAPOLÉON.

Comm. par S. A. I. Mᵐᵉ la duchesse de Leuchtenberg.
(En minute aux Arch. de l'Emp.)

771. — PROJET D'EMPLACEMENT DES TROUPES DANS LE ROYAUME DE NAPLES.

Avant-garde de l'armée de Sicile. — 1ʳᵉ division. — Reynier, général de division. Les 14ᵉ et 23ᵉ légers, 29ᵉ et 52ᵉ de ligne, 6ᵉ de chasseurs.

2ᵉ division. — Verdier, général de division. La légion corse, le 22ᵉ léger, les 10ᵉ et 20ᵉ de ligne, le 4ᵉ de chasseurs.

3ᵉ division. — Réserve. — Gardanne, général de division. 1ᵉʳ léger napolitain, les 101ᵉ et 102ᵉ, le 14ᵉ de chasseurs.

Ces trois divisions seraient sous les ordres d'un maréchal.

La 1ʳᵉ serait placée à Reggio et depuis Sainte-Euphémie jusqu'à Marina di Catanzaro.

La 2ᵉ, depuis Cotrone, ayant son quartier général à Cosenza.

La 3ᵉ, à Cassano jusqu'aux confins de la Calabre.

Réserve de dragons. — Mermet, général de division, commandant.

Les 7ᵉ, 23ᵉ, 24ᵉ, 28ᵉ, 29ᵉ et 30ᵉ régiments de dragons formeraient trois brigades, chacune commandée par un général de division, qui seraient placées selon le détail des localités, depuis Auletta jusqu'aux confins de la Calabre. Chacune de ces brigades aurait deux pièces de canon et un détachement d'infanterie légère ; et, à cet effet, le bataillon du 32ᵉ d'infanterie légère serait mis à la disposition du général commandant la réserve de dragons.

Tous les dragons à pied, qui sont à Naples ou ailleurs, rejoindraient là. On aurait soin qu'ils fussent tous armés, que les maréchaux des logis eussent leurs armes et cinquante cartouches. On les ferait manœuvrer plusieurs fois par semaine à pied.

Par ce moyen, la tête de ces 2 ou 3,000 dragons pourrait être, en un jour et demi de marche forcée, sur Cassano, et les brigades en échelons arriveraient en huit heures d'intervalle, et, en mouvement inverse, marcheraient sur Salerne et Naples, ou se porteraient par un à-droite sur la côte, et de là seraient opposées contre tout débarquement ; enfin, par une marche de gauche, elles pourraient se porter sur Matera et la Pouille, si les circonstances le voulaient.

A Salerne serait placée une division sous les

ordres du général Girardon, qui serait composée de la Garde royale à cheval et à pied, du 6ᵉ et 62ᵉ de ligne et du 2ᵉ régiment d'infanterie italienne. Ce corps serait cantonné de manière à pouvoir se réunir et manœuvrer.

Une autre division, commandée par le général Espagne, et composée du 1ᵉʳ de ligne, du 42ᵉ et du 1ᵉʳ d'infanterie légère, serait placée dans une bonne position, à deux heures de distance de Naples. S'il y a des bois et une localité favorable, on la ferait camper.

Dans Naples on placerait les Polonais, un régiment napolitain, le bataillon suisse qui est en Calabre, celui qui arrive d'Ancône, celui qui va arriver de Corse afin de reformer tout ce régiment, et les 9ᵉ et 25ᵉ de chasseurs.

A Gaëte, on placerait les pionniers noirs, le régiment de la Tour d'Auvergne, et dans les environs les uhlans polonais.

A Pescara et dans les Abruzzes, le 3ᵉ italien de ligne et les chasseurs royaux italiens.

Dans la Pouille, le 5ᵉ de ligne italien, les dragons Napoléon et le 1ᵉʳ de chasseurs napolitains.

Il y aurait une correspondance établie entre Tarente et Cassano, de manière que de Cassano on puisse se porter à Tarente, et, *vice versa,* de Tarente à Cassano.

A Capoue, dépôt général de l'armée. A cet effet,

chaque régiment d'infanterie enverra un capitaine, deux lieutenants et trois sergents.

Tous les hommes malades sortant des hôpitaux s'y réuniront. Il sera désigné quatorze locaux pour les quatorze régiments. On réarmera là les hommes des hôpitaux, après les avoir laissés reposer une quinzaine de jours. Ils ne rejoindront que quand il y aura 100 hommes en état de partir, de manière qu'aucun homme isolé n'errera sur les routes, et qu'aux extrémités de la Calabre il n'en arrivera pas sans armes, mal habillés ni à demi malades. Chaque détachement de 100 hommes marchera sous la conduite d'un officier, sur une route qui sera tracée par l'état-major général. On leur donnera du pain blanc, du vin, et on imitera ce que j'ai fait sur l'Adda dans mes campagnes d'Italie. Par là il n'y aura pas d'hommes assassinés ni compromis. La correspondance des corps avec les dépôts qui sont en Italie se fera par Capoue, de manière qu'il n'arrivera rien à Capoue que par l'ordre de l'état-major général, qui saisira des circonstances opportunes et des événements favorables.

NAPOLÉON.

Archives de l'Empire.

772. — ANNEXE A LA PIÈCE PRÉCÉDENTE.

Par le placement qu'on vient de faire de l'armée de Naples, on peut voir que l'on a le tiers de troupes de trop, plutôt que pas assez. L'ennemi, débarquât-il avec 30,000 hommes, ne débarquera nulle part impunément.

Le roi ne doit jamais coucher dans Naples jusqu'à la paix. Sa vraie position paraît être Salerne ; enfin, demeurât-il à Caserta ou à Portici, la ville serait tenue dans le devoir, parce que, avec deux pièces de canon et un régiment de cavalerie, on pourrait rétablir partout la tranquillité. Il faut que le général qui commande la division de Labour ait des piquets de correspondance avec le général Duhesme, afin que ce général puisse se porter à son secours si cela était nécessaire ; le général qui commandera dans les Abruzzes et à Pescara doit en avoir avec Ancône pour le même objet.

Une escadre anglaise se présentât-elle devant Naples pour tenter un bombardement, voulût-elle insurger la populace : les forts, les Suisses, les Napolitains sont sur-le-champ soutenus par la division campée à deux heures de Naples ; vingt-quatre heures après, tout le camp de Salerne peut y être rendu, et la réserve des dragons y arrive dans la nuit. Au même moment, toute la cavalerie de

Gaëte se met en marche et y arrive aussi, ainsi que tout ce qui est disponible dans Capoue. On se trouve donc sur-le-champ avoir 3,000 hommes de cavalerie, les 4,000 hommes de diverses troupes qui sont dans la ville, et les six régiments français de bonne infanterie, c'est-à-dire plus de 15,000 hommes de toutes armes. Enfin, si le mouvement de l'ennemi était caractérisé, la réserve elle-même de l'armée de Sicile se met en mouvement de Cassano, et, en six ou sept jours de bonne marche, renforce l'armée de Naples. Mais cette hypothèse parait folle : comment l'ennemi serait-il assez insensé pour faire un débarquement dans la capitale, n'ayant pas les forts, ou entre Salerne et Gaëte, n'ayant pas Capoue? Ira-t-il à Tarente? la division de Cassano y est sur-le-champ portée ; et, sur toutes les côtes de Naples, il y a de petites places où 200 hommes peuvent se maintenir, témoin Scilla et Reggio, où il paraît qu'un petit nombre d'hommes se sont maintenus plus d'un mois.

Quant à Gaëte, il faut prendre un parti. Cette place a l'inconvénient, une fois prise par l'ennemi, d'empêcher les communications avec Rome. Si le port de Gaëte ne contient pas de vaisseaux de guerre, il faut en démolir les fortifications, en transporter l'artillerie à Capoue. Mais il faut laisser la citadelle, de manière que 4 ou 500 hommes l'occupant ôtent l'envie à l'ennemi de venir s'emparer de cet isthme.

Moyennant les 5,000 hommes qui, à l'heure de cette lettre, arriveront à Pescara, chaque bataillon de guerre qui est à Naples doit avoir un effectif de plus de 1,000 hommes.

Les dépôts de dragons qui sont en Italie sont très-forts, les 24e et 22e ont 400 hommes chacun. Le roi de Naples pourrait garder ces deux régiments, et dans l'hiver, il serait convenable de renvoyer les deux escadrons de guerre, pour les remplacer par les deux escadrons du dépôt et qui seront forts de 800 hommes. Mais, dans la position actuelle des choses, ce n'est pas le plus pressant. On regarde ces dispositions comme avantageuses pour le pays et pour l'armée. Leur seule connaissance les rendra redoutables à l'ennemi, qui concevra qu'on pense sérieusement à la Sicile, et produira de l'ardeur et de la joie parmi les troupes, parce qu'elles se sentiront en force et réunies.

Quant aux petites insurrections partielles, il faut employer les Napolitains, les Corses, les Italiens, etc. On perd, dans ces escarmouches, beaucoup de braves qu'il faut garder pour des affaires plus importantes. Faites rétablir les batteries de Reggio et de Scilla et fortifiez ces deux points, afin que, dans le cas où l'armée fût obligée de se replier sur Naples, ils puissent défendre longtemps les batteries qu'on y aurait construites.   NAPOLÉON.

Archives de l'Empire.

773. — CONDITIONS QUE DOIT REMPLIR LA GRANDE PLACE FORTE A CRÉER DANS LE ROYAUME DE NAPLES.

AU ROI DE NAPLES.

Saint-Cloud, 2 septembre 1806.

Je reçois votre lettre du 22 août. Le général Campredon est entré à votre service et va se rendre près de vous. J'ai vu que vos deux officiers du génie penchaient pour Capoue. Je ne me refuse pas à cette idée, mais je trouve qu'ils décident cette question un peu légèrement. Je ne regarde pas le voisinage de Naples comme un inconvénient. Je n'admets point l'idée d'être bloqué par cette immense capitale ; j'aurais, au contraire, l'avantage de la contenir et d'enfermer son port dans ma défense.

Voici les trois principaux objets que doit avoir la grande place que je veux établir, pour être la meilleure possible : 1° contenir la capitale de manière qu'on ne puisse s'en dire possesseur tranquille tant qu'on n'aura pas pris la place ; 2° renfermer les arsenaux et les magasins de l'armée de terre ; 3° réunir tout l'arsenal et les vaisseaux de la marine napolitaine. La place de Capoue n'a qu'une de ces propriétés ; elle n'influe pas sur Naples, étant hors de la portée de la bombe ; n'étant point port, elle ne peut contenir les arsenaux de mer ; elle ne peut donc contenir que les arsenaux de terre. Une place située à la portée de la bombe du centre de Naples, et qui en même temps enceindrait le port, aurait seule les trois propriétés. Une place située à Castellamare n'aurait pas l'avantage de contenir Naples, mais aurait les deux autres propriétés, c'est-à-dire qu'elle pourrait contenir l'arsenal de terre et celui de mer. Située à Gaëte, elle aurait aussi le même avantage, si des vaisseaux de guerre peuvent entrer dans le port. Je désire que la place soit située sur la mer, parce qu'il n'est point prouvé que je serai toujours inférieur dans la Méditerranée ; parce que, même inférieur, il est impossible d'empêcher une place maritime d'être ravitaillée en hiver. J'ai ravitaillé Malte, et si, au lieu du ridicule gouvernement de l'an VII et des temps malheureux de l'an VIII, elle eût été assiégée en l'an XII, elle ne se serait jamais rendue faute de subsistances ; à plus forte raison une place située auprès de la Corse, de Toulon, telles que le seraient Gaëte, Naples et Castellamare. Il est ridicule qu'un officier du génie dise que Gaëte est difficile à approvisionner. Je ne sache pas qu'il existe au monde une plus grande rivière et plus praticable que la mer. Mais, si même des frégates ne peuvent pas entrer à Gaëte, alors ce point n'offre plus d'avantage, et il faut chercher sur la côte un point où l'on puisse con-

struire facilement un port, s'il n'y en a point, et où
il y ait assez d'eau pour contenir six ou sept vaisseaux de ligne. Quant à la dépense, le royaume de
Naples est assez riche pour permettre d'y employer
pendant dix ans six millions par an, et l'on aura une
place comme Strasbourg, Alexandrie, etc., capable
d'une longue résistance et obligeant l'ennemi de
l'assiéger avec une armée considérable et des
approvisionnements immenses. Les officiers du
génie que vous avez consultés n'ont pas des idées
assez grandes. Faites-leur tracer sur une carte le
terrain autour du fort Saint-Elme et entre le Vésuve
et Naples. Faites-leur tracer sur ces deux points un
cercle de 1,600 toises de diamètre qui, par l'une
de ses extrémités, ait un point de contact avec la
mer, et par l'autre avec la ville, de manière que
les ouvrages avancés se trouvent à 400 toises des
maisons ; et qu'on me fasse connaître, non par des
raisonnements ni par de hautes combinaisons, mais
par les calculs qui appartiennent à l'art de l'ingénieur, les inconvénients de l'un et l'autre tracé.
Chargez un autre officier du génie de faire la reconnaissance de Castellamare et de toute la presqu'île dont l'isthme est de Castellamare à Amalfi.
En construisant une place de 4 à 500 toises de
développement autour de Castellamare, vous serez
maître constamment du port ; votre armée de terre
et de mer sera à l'abri de tous événements. Quel-

ques forts que l'on établirait à Castellamare et à
Amalfi rendraient maître de la presqu'île. On établirait un bon fort sur l'île de Capri, et, avec
16 ou 20,000 hommes, on aurait plusieurs avantages. On se défendrait longtemps dans ce camp
retranché, qui, selon ma carte, aurait quatre lieues
de profondeur sur trois lieues de largeur, sans y
compter l'île de Capri. Si l'armée ennemie avait
une grande supériorité, il faudrait qu'elle s'emparât de l'île de Capri et des forts qui défendent
l'isthme, non sans grande quantité de munitions et
sans grande perte de temps. Quand elle en serait
maîtresse, il faudrait qu'elle s'emparât du corps de
la place. Et qui ne voit pas que des années s'écou-
leraient dans ce siége, et que l'ennemi y sacrifierait
une grande quantité de moyens qui ne seraient pas
employés ailleurs? J'ajoute à ces considérations que
la position de Castellamare me rend un peu les
avantages d'une place près de Naples : située à
quatre lieues de Naples par mer, le commerce de
cette dernière ville ne serait jamais en sûreté; tant
qu'on serait maître de la presqu'île et de Capri, la
navigation du golfe serait difficile, et il ne doit pas
être possible, dans un certain temps, de louvoyer
dans un golfe si étroit; on serait à la vue de Naples,
et l'on pèserait sur cette capitale beaucoup plus que
de Capoue. Ainsi, abstraction faite du local, que je
ne connais pas, mais seulement par la position géo-

graphique et la position maritime qui permettraient
de faire ce port à quatre lieues de Naples, Castellamare serait mon lieu de choix.

A défaut de Castellamare viendrait Gaëte. J'estime
le voisinage de la mer utile, puisque, par ce moyen,
près de la moitié de l'enceinte se trouve hors d'attaque. Si l'on prenait Gaëte, on considérerait les
fortifications actuelles comme la citadelle, et la
place serait établie dans l'isthme à un ou deux milliers de toises en avant, en l'entourant soit par de
bons forts, soit par des enceintes contiguës, de manière qu'avant de réduire la garnison il faudrait
faire trois ou quatre sièges qui, exigeant chacun
trente ou quarante jours de tranchée ouverte,
feraient qu'un roi déterminé se défendrait là avec
l'élite de ses sujets pendant huit ou neuf mois
de tranchée ouverte. Quant aux insultes du côté de
la mer, cela ne peut compter pour rien ; tant que
l'ennemi brûle ainsi sa poudre, il n'y a rien à
craindre. Vingt mortiers à grande portée, quelques
batteries de pièces de 36, et quelques forts qu'on
trouvera toujours moyen de faire à 30 ou 40 toises,
dégoûteront bientôt l'ennemi de ce jeu.

Faites aussi voir ce que c'est que Pouzzoles.
Il y a là une anse ; faites-vous-en faire un rapport.
Ce point n'est qu'à deux lieues de Naples. On pourrait s'emparer de cette presqu'île et des îles d'Ischia
et de Procida, ce qui ferait un autre système, mais

combiné de manière que, ces îles prises, la place serait encore dans toute sa force. Une place de dépôt n'est pas comme un système de places pour défendre une frontière. Qu'elle soit située du côté de Rome, de la Sicile ou de Tarente, cela m'est indifférent; cependant je voudrais qu'elle fût le plus près possible de Naples. Quel est le but que l'on a en organisant cette place? C'est de rendre Naples indépendante des événements de la haute Italie. Je suppose les Autrichiens se relevant de leur abattement actuel et reconquérant l'Adige et le Piémont : je ne veux point que cela produise un sentiment d'alarme dans Naples. Si, envahissant ses frontières et se combinant avec les troupes de débarquement, une armée beaucoup plus forte que celle du roi de Naples l'oblige à abandonner la campagne, que ce prince ait son plan de campagne simple et ses mouvements naturels : qu'il se retire dans sa place forte avec ses richesses, ses archives, quelques sujets dévoués et des otages pris dans le parti contraire. En calculant seulement la quantité effroyable de moyens que l'ennemi sera obligé de réunir, on voit combien 60,000 hommes auront de difficultés à s'emparer de Naples, lors même qu'il n'y aurait plus de Français en Italie. Quand les rois de Naples, militaires comme c'est le premier métier des rois, auront une place centrale dans laquelle ils sauront qu'ils doivent s'enfermer et qu'ils sont char-

gés de défendre, ils en augmenteront considérablement les fortifications.

Dans cette situation des choses, lorsqu'on verra
ce système établi et un roi s'enfermer dans cette
place, on le respectera ; on fera sa paix et on ne
s'engagera pas dans une lutte qui affaiblirait trop
les moyens des alliés, qui auront déjà la France en
tête. Une place construite dans ce but mérite seule
l'emploi de sommes considérables. Cinq millions
par an employés à construire, non ce que le bara-
gouinage des ingénieurs appelle des établissements,
mais à construire des demi-lunes, rendraient cette
place redoutable dans cinq ans.

Ces quatre ou cinq premières années employées,
on aura alors le temps de bâtir des casernes, de
beaux magasins, qui coûteront n'importe quoi,
parce que tout est facile avec le secours des années
et des siècles.

Il est une autre place qu'il est nécessaire de faire
en Sicile, à Messine ou au Phare. Mais je crois utile
qu'on travaille dès aujourd'hui aux fortifications de
Scilla. Les 300 hommes que vous y avez laissés s'y
sont défendus quinze jours. Si l'on avait eu la pré-
caution d'y travailler quatre ou cinq mois, ils s'y
seraient défendus trois mois. Scilla est le point qui
rend maître du détroit. Il ne s'agit pas de disséminer ses moyens de défense sur Reggio et Scilla. Si
le général Reynier avait eu 800 hommes à Scilla

8.

avec son artillerie et ses magasins, au lieu d'éparpiller ses forces, il ne les aurait point perdus. Toutes les autres fortifications n'ont plus de but; non que je croie que les petits forts qui existent, défendant soit un détroit, soit un mouillage, soient inutiles, mais ils ne sont que secondaires. Tant que l'ennemi ne débarquera pas des forces supérieures à celles qu'on a dans le royaume, quelques forts peuvent être utiles; mais l'ennemi ne tente pas de faire un siége lorsque tous les jours il peut être jeté dans la mer. A mon sens, ce qu'il y a d'important, c'est une place de dépôt à tracer dès le mois prochain, en supposant que le plan et l'ordre des travaux soient arrêtés avant ce temps. L'ordre des travaux est de la plus grande importance. Il faut tracer un plan et en régler l'exécution, sans quoi les ingénieurs vous feront une place qui, après dix ans de travaux, ne se défendra pas contre un escadron, parce qu'elle ne sera pas achevée; au lieu que je veux qu'en 1808 elle soit susceptible d'un premier degré de résistance.

En dernière analyse, je désire que vous fassiez **travailler** à Scilla de manière que 7 à 800 hommes que vous laisserez là, avec toutes les batteries qui protégent le détroit, ne puissent être enlevés par un coup de main et tiennent quinze ou vingt jours de tranchée ouverte; que vous m'envoyiez des mémoires sur Gaëte et le terrain environnant, sur le

pays entre le Vésuve, Naples et Portici, sur Castellamare et toute cette presqu'île. Pour tous ces travaux,
je vous l'ai déjà dit, vous avez quatre ou cinq ans.
Après cela, il faut que votre système soit combiné
de manière que, quelque tempête qu'il arrive, vous
ne soyez pas pris au dépourvu et que vous soyez en
règle.   Napoléon.

Archives de l'Empire.

---

774. — CONSIDÉRATIONS SUR L'UTILITÉ DES PLACES FORTES. — CHOIX DE ZARA COMME GRANDE PLACE EN DALMATIE.

AU GÉNÉRAL DEJEAN.

Saint-Cloud, 3 septembre 1806.

Monsieur Dejean, vous trouverez ci-joint le rapport du directeur du génie en Dalmatie. Je lui ai
fait demander comment l'Autriche pourrait attaquer
la Dalmatie : il n'a point compris cette question.
J'entends que, pour y répondre, il me fasse lever la
frontière de la Dalmatie et de l'Autriche; qu'il
indique les points où l'armée autrichienne pourrait
réunir ses magasins en Croatie, la direction qu'elle
donnerait à ses colonnes pour pénétrer en Dalmatie,
enfin les positions défensives de la Dalmatie, du
côté de l'Autriche.

Je lui avais fait connaître que mon intention était que Zara fût considérée comme le centre de la défensive de toute la Dalmatie : il n'a pas compris davantage ce que j'entendais par cette expression. Il a cru que je voulais que toutes les troupes fussent réunies à Zara, et que je pensais que le point de défense devait partir de cette place, soit que la Dalmatie fût attaquée par l'Autriche, soit qu'elle le fût par la frontière de Turquie, ou par un débarquement.

Le directeur du génie, au lieu de tâcher de répondre aux questions qu'on lui faisait, s'est jeté dans des plans de campagne évidemment ridicules, puisqu'ils dépendent de la force et de la constitution de l'armée ennemie, et de la force et de la constitution de l'armée française.

On a demandé dans le siècle dernier si les fortifications étaient de quelque utilité. Il est des souverains qui les ont jugées inutiles et qui en conséquence ont démantelé leurs places. Quant à moi, je renverserais la question et je demanderais s'il est possible de combiner la guerre sans des places fortes, et je déclare que non. Sans des places de dépôt on ne peut pas établir de bons plans de campagne, et sans des places que j'appelle de campagne, c'est-à-dire à l'abri des hussards et des partis, on ne peut pas faire la guerre offensive. Aussi plusieurs généraux qui, dans leur sagesse, ne voulaient pas de places fortes, finissaient-ils par conclure qu'on ne peut pas faire de guerre d'invasion. Mais combien faut-il de places fortes? C'est ici qu'on se convaincra qu'il en est des places fortes comme du placement des troupes.

Prétendez-vous défendre toute une frontière par un cordon? Vous êtes faible partout, car enfin tout ce qui est humain est limité : artillerie, argent, bons officiers, bons généraux, tout cela n'est pas infini, et, si vous êtes obligé de vous disséminer partout, vous n'êtes fort nulle part. Mais renfermons-nous dans la question.

La Dalmatie peut être attaquée par mer, et ses ports et havres ont besoin de batteries qui les défendent. Il est plusieurs îles qui sont importantes. Il existe plusieurs forts auprès des grandes villes et des principaux ports qui peuvent aussi avoir de l'importance ; mais cette importance est secondaire.

La Dalmatie, du côté de terre, a une frontière étendue avec l'Autriche et la Turquie. Il existe plusieurs forts qui défendent les défilés ou passages des montagnes. Ces forts peuvent être utiles ; mais leur utilité est secondaire.

Les uns et les autres sont des forts de campagne, quoique de fortification permanente, et je les appelle ainsi, parce qu'ils peuvent servir pour mettre à l'abri un détachement, un bataillon, soit contre un débarquement, soit contre une invasion, pendant que l'armée française serait supérieure en Dalmatie, quoique cependant elle se trouvât momentanément inférieure au point du débarquement ou de l'invasion. Avant que la grande supériorité de l'ennemi soit bien constatée, ces forts, soit du côté de mer, soit du côté de terre, si l'on attaque la Dalmatie par mer ou par terre, ces forts, dis-je, peuvent servir et aider aux mouvements et aux manœuvres défensives de l'armée française; mais ils tombent du moment que la supériorité de l'ennemi sur l'armée française est bien constatée.

Il n'est aucun moyen d'empêcher une armée double ou triple en forces de l'armée que j'aurais en Dalmatie d'opérer son débarquement sur un point quelconque de quatre-vingts lieues de côtes, et d'obtenir bientôt un avantage décidé sur mon armée, si sa constitution est proportionnée à son nombre.

Il m'est également impossible d'empêcher une armée plus forte, qui déboucherait par la frontière d'Autriche ou de Turquie, d'obtenir des avantages sur mon armée de Dalmatie.

Mais faut-il que 6, 8 ou 12,000 hommes, que les événements de la politique générale peuvent me porter à tenir en Dalmatie, soient détruits et sans ressources après quelques combats? Faut-il que mes munitions, mes hôpitaux et mes magasins, disséminés à l'aventure, tombent et deviennent la proie de l'ennemi, du moment qu'il aurait acquis la supériorité en campagne sur mon armée de Dalmatie?

Non ; c'est ce qu'il m'importe de prévoir et d'éviter. Je ne puis le faire que par l'établissement d'une grande place, d'une place de dépôt qui soit comme le réduit de toute la défense de Dalmatie, qui contienne tous mes hôpitaux, mes magasins, mes établissements, où toutes mes troupes de Dalmatie viennent se reformer, se rallier, soit pour s'y renfermer, soit pour reprendre la campagne, si telles sont la nature des événements et la force de l'armée ennemie. Cette place, je l'appelle place centrale. Tant qu'elle existe, mes troupes peuvent avoir perdu des combats, mais n'ont essuyé que les pertes ordinaires de la guerre ; tant qu'elle existe, elles peuvent elles-mêmes, après avoir pris haleine et du repos, ressaisir la victoire, ou du moins m'offrir ces deux avantages, d'occuper un nombre triple d'elles au siége de cette place, et de me donner trois ou quatre mois de temps pour arriver à leur secours ; car, tant que la place n'est pas prise, le sort de la province n'est pas décidé, et l'immense matériel attaché à la défense d'une aussi grande province n'est pas perdu.

Ainsi, tous les forts situés aux débouchés des montagnes ou destinés à la protection des différentes îles et ports ne sont que d'une utilité secondaire. Mon intention est qu'on ne travaille, pour améliorer ou augmenter leurs fortifications, que lorsque je connaîtrai les détails de chacun d'eux, et que lors-

que les travaux de la place principale seront arrivés
à un degré suffisant de force, et que mes munitions
de guerre, mes hôpitaux, mes magasins d'habillement et de bouche seront centralisés dans ma place
de dépôt, qui doit fournir ce qui est nécessaire à la
défense des localités, mais de manière qu'en peu
de temps tout puisse se reployer sur cette place,
afin d'éprouver, en cas d'invasion de la part de l'ennemi, la moindre perte possible.

Une place centrale une fois existante, tous les
plans de campagne de mes généraux doivent y être
relatifs. Une armée supérieure a-t-elle débarqué
dans un point quelconque, le soin des généraux
doit être de diriger toutes les opérations de manière
que leur retraite sur la place centrale soit toujours
assurée.

Une armée attaque-t-elle la frontière turque ou
autrichienne, le même soin doit diriger toutes les
opérations des généraux français. Ne pouvant défendre la province tout entière, ils doivent voir la
province dans la place centrale.

Tous les magasins de l'armée y seront concentrés, tous les moyens de défense s'y trouveront pro-
digués, et un but constant se trouvera donné aux
opérations des généraux. Tout devient simple,
facile, déterminé, rien n'est vague quand on établit
de longue main et par autorité supérieure le point
central d'un pays. On sent combien de sécurité et

de simplicité donne l'existence de ce point central
et combien de contentement elle met dans l'esprit
des individus qui composent l'armée. L'intérêt de
sa conservation agit assez sur chacun pour que l'on
sente que l'on est là en l'air : d'un côté, la mer
couverte de vaisseaux ennemis ; de l'autre, les
montagnes de la Bosnie peuplées de barbares ; d'un
troisième côté, les montagnes âpres de la Croatie,
presque impraticables dans une retraite, lorsque
surtout il faut considérer ce pays comme pays
ennemi. Trop d'inquiétude anime l'armée si, dans
cette position, elle n'a pas pour tous les événements
un plan simple et tracé ; ce plan simple et tracé, ce
sont les remparts de Zara. Quand, après plusieurs
mois de campagne, on a toujours pour pis aller de
s'enfermer dans une ville forte et abondamment
approvisionnée, on a, plus que la sûreté de la vie,
la sûreté de l'honneur.

Il est facile, pour peu que l'on médite sur ce qui
vient d'être dit et que l'on jette un coup d'œil sur
la Dalmatie, de voir que Zara doit être la place
centrale ou de dépôt. Elle doit l'être, car, lorsque
mes ennemis m'attaqueront en Dalmatie, je serai
ami ou ennemi de l'Autriche. Si je suis ami de
l'Autriche, la supériorité des ennemis ne sera que
de bien courte durée ; j'ai trop de moyens d'y faire
passer des secours. Cette hypothèse est trop favorable, et, dans ce cas, il convient que la place de

dépôt soit le plus près possible de l'Isonzo, par où je puis faire passer mes secours : or la place de la Dalmatie la plus près de l'Isonzo est Zara.

Si, au contraire, je suis en guerre avec l'Autriche, ce qui est l'hypothèse la plus probable, la place de Zara m'offre beaucoup d'avantages. Les 10 ou 12,000 hommes que j'ai en Dalmatie se réunissent à Zara et peuvent se combiner avec mon armée de l'Isonzo, et par là entrent dans le système de la guerre ; les Autrichiens ne peuvent pas les négliger ; ils seront donc obligés de placer un même nombre d'hommes pour les tenir en échec, et par ce moyen la Dalmatie ne m'affaiblit pas. En occupant par mes armées beaucoup de terrain, je ne dois point perdre de vue de les faire concourir toutes à un plan de campagne général, de n'éprouver aucun affaiblissement, ou que le moindre possible, de cette grande extension que les intérêts du commerce et de la politique générale exigent sous d'autres points de vue.

Si les Autrichiens croient utile d'attaquer la Dalmatie, et l'attaquent en effet avec des forces très-supérieures, mon armée assiégée dans Zara est plus près d'être secourue par mon armée d'Italie.

Enfin Zara doit être la place de dépôt, parce qu'elle l'est ; que c'est le seul point de la Dalmatie qui soit régulièrement et fortement fortifié, ou du moins telle est l'idée que j'en ai prise d'après les renseignements et les plans que m'a envoyés le génie; que je ne ferais point en six ans, et avec bien des millions, ce qui déjà existe à Zara ; que la province est accoutumée à y voir sa capitale, et qu'il me faudrait de véribles raisons pour y forcer les habitudes.

Mais s'ensuit-il donc que toutes mes troupes doivent être réunies autour de Zara? Certainement non. Mes troupes doivent occuper les positions que mes généraux jugeront les plus convenables pour un camp destiné à se porter sur tous les points de la frontière. Mais l'emplacement que doivent occuper ces troupes dépend de leur nombre, des circonstances, qui changent tous les mois. On ne peut attacher aucune importance à prévoir ce qu'il convient de faire là-dessus.

Conclusion. — Le quartier général permanent sera à Zara. Tous les magasins d'artillerie, du génie, de l'habillement, des vivres, des hôpitaux, seront à Zara ; on garnira tous les autres points autant qu'il le faudra pour la défense journalière, mais Zara sera le centre de la défense de la Dalmatie. C'est donc actuellement au génie à me présenter des projets pour rendre Zara digne du rôle qu'elle est appelée à jouer un jour.

On m'a envoyé des plans, mais aucune description du local environnant, et tant que le génie ne donnera pas la description exacte à 1,200 toises autour de la place, je ne comprendrai rien et ne pourrai pas avoir d'idées nettes.

Zara, étant destinée à réunir tout le matériel et le personnel de la division française en Dalmatie, n'aura jamais moins de 3,000 hommes et peut-être jusqu'à 8,000 hommes de garnison.

On peut prendre beaucoup de maisons nationales puisqu'il y a beaucoup de couvents; et d'ailleurs, quand la garnison est plus forte qu'elle ne devrait être, des baraques et des blindages logent les troupes.

Il paraît que Zara a 600 toises depuis l'ouvrage à corne jusqu'à la mer, et seulement 200 toises de largeur. Une garnison ainsi renfermée ferait une triste défense; elle n'aurait point de sortie, et, après que l'ennemi aurait construit quelques redoutes, elle se trouverait bloquée par des forces très-inférieures. Ce n'est point s'étendre trop que de donner 5 à 600 toises de largeur à la place de Zara; l'ennemi se trouverait alors éloigné de la ville et du port, serait obligé de donner à sa ligne de circonvallation près de 3,000 toises, et serait, sur chacun de ces points, attaquable par la garnison tout entière.

La fortification actuelle de Zara doit être considérée comme la forteresse; 1,500 hommes seraient aujourd'hui plus que suffisants pour la défendre pendant bien du temps. Il faut établir des fortifications pour une garnison de 4, 5, 6 et 8,000 hommes, qui puisse avoir tous les avantages, harceler l'ennemi et l'obliger à venir l'assiéger avec des forces doubles.

La manière d'exécuter les nouveaux ouvrages est d'une importance majeure; les sommes qu'on peut avoir à y dépenser sont limitées, ainsi que le temps nécessaire pour les achever. Ces ouvrages doivent être conduits de manière qu'à la fin de chaque année ils obtiennent tous un nouveau degré de force. La Dalmatie n'est, après tout, qu'un avant-poste. Quelque importance qu'elle ait, de sa conservation ne dépend point la sûreté de l'Empire. On ne peut donc y dépenser que des sommes très-bornées, lorsque l'on voit surtout que sur nos côtes nos établissements maritimes ne sont pas suffisamment garantis, et que sur une partie de nos frontières notre système de fortification est à créer; 3 ou 400,000 francs paraissent donc être le maximum de ce qu'on peut, chaque année, dépenser à Zara. Il faut donc que tous les ouvrages qu'on établira remplissent deux conditions :

1ʳᵉ *condition.* — Éloigner l'ennemi du corps de place et lui donner des sorties de tous côtés, de manière que l'ennemi ne puisse pas bloquer aisément la place;

2ᵉ *condition.* — Que l'ennemi soit obligé de prendre les nouveaux ouvrages avant d'entrer dans la place : or il ne peut y entrer que par l'ouvrage à corne; donc il faut que ces ouvrages contribuent à la défense de l'ouvrage à corne.

C'est donc de ce côté qu'il faut porter tous les ouvrages d'une fortification permanente qui ajouteront à la défense réelle. Dès camps retranchés, des ouvrages de campagne qu'on peut tracer et préparer, étendront la défense de Zara bien au delà du port, toutes les fois que la garnison sera nombreuse et composée de la réunion de toute l'armée. Mais, comme l'argent et tous les moyens destinés à la fortification de Zara sont bornés, il est convenable que tous les ouvrages de fortification permanente soient employés à augmenter la résistance du seul côté par lequel on peut entrer dans la place. Alors de nouveaux ouvrages d'une bonne fortification, placés de manière à flanquer et protéger le côté de l'ouvrage à corne, exigeront autant de siéges différents. L'ennemi sera obligé de les prendre les uns après les autres. Ainsi se succéderont les mois qui donneront aux secours le temps d'arriver.

Je n'approuve donc point le projet de fortification qu'a tracé le directeur du génie, en qui je reconnais d'ailleurs de l'habileté et la connaissance de son métier. Je n'adopte point les projets proposés, par la seule raison que l'ennemi peut les négliger et s'emparer de la place sans les attaquer. Dès lors ils ne contribuent pas à la défense directe; ils peuvent

exiger une armée assiégante plus forte et rendre la
défense plus meurtrière et plus brillante, mais ils
ne retardent pas réellement la reddition de la
place.

L'ouvrage qu'on propose de construire au lazaret
a l'avantage de défendre l'ouvrage à corne. Mais ce
fort est bien faible; situé à 400 toises de la place, il
n'en reçoit aucun secours; il n'est pas d'un bon système de mettre ainsi un ouvrage en l'air, à une aussi
grande distance des points de protection; il est donc
évident qu'il faut le soutenir avec un autre ouvrage
placé à la tête de la vallée Vicinoni.

L'ouvrage à corne du projet est l'ouvrage le
plus considérable que le directeur propose; il donne
des sorties, mais ne contribue en rien à la défense
de l'ouvrage à corne de la place. Ne serait-il pas
préférable de placer ce nouvel ouvrage à corne de
manière qu'il eût des flancs sur celui de la place,
et que l'ennemi fût obligé de s'emparer du nouvel
ouvrage avant de cheminer sur la place?

S'il n'y avait point de raison de porter sa défense
jusqu'au lazaret, le nouvel ouvrage qu'on aurait
construit à la tête de Valle Vicinoni pourrait remplir
tous les buts et ne faire cependant qu'un seul fort.
On appuierait sa droite par un ouvrage à 200 toises
de la place, afin que cet ouvrage tirât des feux plus
immédiats du fort à la tête des valli et de l'enceinte
de la place.

Il aurait encore l'avantage d'appuyer la droite d'un camp retranché qui aurait sa gauche à Valle di Conte. Si la garnison était de plus de 3 ou 4,000 hommes, on pourrait en peu de jours faire des lignes qui deviendraient bientôt assez respectables pour que l'ennemi ne s'amusât point à les attaquer, et fît un meilleur emploi de ses munitions en marchant droit sur la porte qui doit le faire entrer dans la place. Tout ce qu'on pourrait désirer, c'est que ce camp retranché eût un réduit en fortification permanente, tant pour ne pas risquer de perdre son monde si jamais le camp était forcé, que pour avoir des sorties directement sur la rive droite du port. Ces réduits sont très-faciles à faire, puisque la rive droite n'est qu'à 100 toises de l'enceinte. Mais l'intérêt de ces ouvrages est secondaire. Ils ne peuvent être faits que lorsque les autres ouvrages qui remplissent la seconde condition, d'obliger l'ennemi à les attaquer avant de prendre la place, auront déjà un degré de force convenable; or on sait qu'avec 300,000 francs par an on ne pourra atteindre ce but qu'après quelques années.

Ainsi donc il faut : 1° un projet de fortification permanente pour la tête de Valle Vicinoni, qui flanque l'ouvrage à corne et appuie la droite du camp retranché, et puisse donner refuge à une portion de troupes si jamais ce camp était forcé; 2° un tracé de camp retranché; 3° deux ou trois petites lunettes de fortification permanente sur la rive droite du port, qui servent de réduit au camp retranché.

Je désire que le premier inspecteur me fasse un tracé, sur le plan, qui réalise ces idées, indépendamment des détails de localités qui me sont inconnus, l'explique à un officier du génie intelligent qui se rende sur les lieux et fasse, avec le directeur, le véritable tracé. Cet officier restera quinze à vingt jours à Zara, de manière à voir tout par lui-même à une lieue de distance et dans tous les sens, et à pouvoir répondre à toutes les demandes qu'on lui fera. Il rapportera avant la fin d'octobre un plan de la place, des profils et des sondes tout autour et dans le port, le nivellement du terrain à 1,200 toises, du moins pour les points où cela peut être nécessaire, une description du local qui fasse connaître le terrain.

Le nouveau tracé me sera soumis pour qu'on puisse y travailler sur-le-champ. Comme les fonds sont déjà faits, le directeur peut dès à présent commencer les approvisionnements. Mais ne iera travailler qu'après avoir reçu les instructions définitives du premier inspecteur. Je présume que l'hiver n'empêchera pas de travailler, et que l'on pourra commencer dès le mois de novembre.

Je désire que vous donniez des instructions conformes à cette dépêche au général Marmont, com-

9.

mandant mon armée en Dalmatie, que vous en donniez également au génie et à l'artillerie et aux vivres, pour que les idées soient fixes et convenues. Quelque chose qui arrive, le général français en Dalmatie a bien manœuvré, lorsque, attaqué par des forces supérieures, il est parvenu à réunir tout son personnel et son matériel à Zara, et qu'il y a trouvé des munitions de guerre et de bouche pour y rester un an ; car, 6 ou 8,000 hommes de garnison doivent, contre 12 ou 18,000 hommes, dans une si bonne position et avec les fortifications déjà existantes, faire une longue et vigoureuse défense

NAPOLÉON.

Dépôt de la guerre.

(En minute aux Arch. de l'Emp.)

775. — VUES DE L'EMPEREUR POUR L'ORGANISATION DÉFINITIVE DE L'INFANTERIE.

AU GÉNÉRAL DEJEAN.

Saint-Cloud, 4 septembre 1806.

Monsieur Dejean, je désire que vous me présentiez un projet de décret, avec des états de dépenses à l'appui, afin de donner à l'infanterie de l'armée une formation définitive.

Nous avons aujourd'hui des régiments de trois bataillons et d'autres de quatre bataillons. Nous avons des compagnies de grenadiers, de voltigeurs et de fusiliers qui n'ont point la même organisation. Tout cela est une bizarrerie. Je désirerais que l'armée, à dater du 1ᵉʳ janvier 1807, eût la formation suivante :

Chaque régiment sera composé de trois bataillons, chaque bataillon de huit compagnies, dont une de grenadiers, une de voltigeurs et six de fusiliers ; ce qui ferait vingt-quatre compagnies pour les trois bataillons. De plus, chaque régiment aurait un dépôt de quatre compagnies ; ce qui porterait la force de chaque régiment à vingt-huit compagnies. Les compagnies seraient composées d'un capitaine, d'un lieutenant, d'un sous-lieutenant, d'un sergent-major, d'un caporal-fourrier, de quatre sergents, de huit caporaux, de deux tambours, d'un sapeur par compagnie paire, et d'un musicien par compagnie impaire, de sorte qu'il y aurait quatorze sapeurs et quatorze musiciens par régiment. L'état-major de chaque compagnie serait de vingt hommes. Ce nombre serait constamment le même ; mais on distinguerait quatre états d'effectif : 1° le pied de paix ; 2° le grand pied de paix ; 3° le pied de guerre ; 4° le grand pied de guerre.

Au pied de paix, les compagnies seraient de 65 soldats, et, tout compris, de 85 hommes, ce qui porterait le bataillon de huit compagnies à 680 hommes, sans comprendre l'état-major du bataillon, et le régiment à 2,040 hommes, et avec le dépôt à près de 2,400 hommes.

Au grand pied de paix, les compagnies seraient de 75 soldats, et, tout compris, de 95 hommes, ou 2,660 hommes par régiment.

Au pied de guerre, les compagnies seraient de 110 soldats, et, tout compris, de 130 hommes, ou 3,640 hommes par régiment.

Au grand pied de guerre, les compagnies seraient de 120 soldats, et, tout compris, de 140 hommes, ou près de 4,000 hommes par régiment.

Toutes les compagnies seraient égales entre elles.

Les dépôts seraient placés dans des villes de l'intérieur, et ne seraient changés que tous les dix ou douze ans. Le dépôt fournirait un capitaine, quatre lieutenants ou sous-lieutenants, cinq sergents et huit ou neuf caporaux pour la conscription. Il y aurait aussi à chaque dépôt dix hommes par compagnie, comme ouvriers. Le quartier-maître et ses bureaux, les maîtres ouvriers seraient tous attachés au dépôt, mais organisés de manière à avoir des seconds aux bataillons de guerre; ainsi le quartier-maître aurait un second qui correspondrait avec lui; le maître ouvrier resterait au dépôt pour diriger les confections, et son second suivrait les bataillons de guerre.

En supposant un régiment sur le pied de paix, on formerait un bataillon d'élite composé des trois compagnies de grenadiers et des trois compagnies de voltigeurs. A ce bataillon d'élite on nommerait sur-le-champ un chef de bataillon par une promotion extraordinaire. Les six compagnies restantes du 1er bataillon formeraient le premier bataillon ; les six compagnies du 2e formeraient le second. Ces dix-huit compagnies formant trois bataillons seraient complétées avec des hommes du 3e bataillon et du dépôt à 120 hommes par compagnie, de sorte qu'on aurait sur l'heure un régiment de dix-huit compagnies, formant 2,100 hommes à l'ennemi ; et l'on aurait dans l'intérieur les cadres de dix compagnies, six du 3e bataillon et quatre du dépôt, qui attendraient la conscription. Si le régiment se trouvait déjà au grand pied de paix à son entrée en campagne, ce qui, avec un peu de prudence de la part du Gouvernement, devrait toujours être, on agirait de même ; on ferait entrer en campagne dix-huit compagnies, chacune de 140 hommes, ce qui ferait 2,500 à 2,600 hommes ; et dix compagnies resteraient dans l'intérieur. Au moment, enfin, où les conscrits seraient arrivés et où le régiment aurait reçu son complet de guerre, le 3e bataillon rejoindrait les bataillons de guerre ; ce qui formerait un effectif de 3,300 à 3,400 hommes. Cette formation rend l'armée plus mobile, propre à entrer plus promptement en campagne, a l'avantage de ne former à la guerre que des bataillons de six compagnies, qui est le maximum de ce qu'ils doivent avoir. Enfin, dans le courant de la première campagne de la guerre, on portera le dépôt à six compagnies au lieu de quatre.

Ces bases doivent servir à rédiger le budget de 1807.

La force qu'auront les corps vous est connue, puisque vous avez leur situation au 1er août, et le nombre des conscrits qu'ils doivent recevoir ; mais je crois qu'il faudra en ôter 100 hommes par bataillon, soit à cause des conscrits qui ne rejoindront pas exactement, soit à cause des retraites et des réformes qui seront données d'ici au 1er janvier 1807, soit à cause des morts et des malades. Comme il n'y aura plus de régiment à quatre bataillons, vous me présenterez un projet pour répartir les 4es bataillons dans les corps, en ayant soin le plus possible de faire cette répartition sur les lieux, comme de répartir les 4es bataillons qui sont à Naples dans les corps de cette armée, ceux qui sont en Dalmatie dans les corps de l'armée de Dalmatie, etc., afin d'éviter le plus possible les mouvements et les marches. Je n'ai pas des idées bien précises sur la réduction que doit éprouver l'armée pour l'année prochaine ; mais il faut partir du principe que je ne puis y dépenser plus de trois cents millions. Si les calculs que vous m'avez remis sont justes, on peut voir quel devrait être notre état actuel de dépenses. Je vous prie de me faire faire cet état et de le rectifier. Les troupes que j'ai sur pied se montent à vingt-six régiments d'infanterie légère, quatre-vingt-six régiments d'infanterie de ligne, indépendamment de trois régiments, les 82ᵉ, 66ᵉ et 26ᵉ, qui sont aux colonies et qui n'ont que leurs dépôts en France, lesquels sont payés, hormis les dépôts, par le ministre de la marine.

NAPOLÉON.

Dépôt de la guerre.
(En minute aux Arch. de l'Emp.)

---

776. — ORDRE DE FAIRE RECONNAITRE LES CHEMINS QUI CONDUISENT DE BAMBERG SUR BERLIN, L'ELBE ET PLUSIEURS DE SES AFFLUENTS, LES PLACES DE L'ELBE, ETC.

AU MARÉCHAL BERTHIER.

Saint-Cloud, 5 septembre 1806.

Mon Cousin, envoyez des officiers du génie faire de bonnes reconnaissances, à tout hasard, sur les débouchés des chemins qui conduisent de Bamberg à Berlin. Huit jours après que j'en aurai donné l'ordre, il faut que toutes mes armées, soit celle de

Francfort, soit celle de Passau, soit celle de Memmingen, soient réunies à Bamberg et dans la principauté de Baireuth. Envoyez-moi l'itinéraire que chacune suivrait, et la nature des chemins. J'imagine que le maréchal Soult passerait par Straubing, le maréchal Ney par Donauwœrth et le maréchal Augereau par Vürzburg. Je conçois qu'en huit jours tous mes corps d'armée se trouveraient réunis au delà de Kronach. Or, de ce point, frontière de Bamberg, j'estime dix jours de marche vers Berlin.

Dites-moi quelle est la nature du pays de droite et de gauche, celle des chemins et des obstacles que l'ennemi pourrait présenter. Qu'est-ce que la rivière de Saale et celle d'Elster, à Gera? Qu'est-ce que la rivière de la Luppe et celle de Pleisse, vis-à-vis Leipzig? Ensuite qu'est-ce que la Mulde à Düben et de là jusqu'à son embouchure dans l'Elbe, au-dessous de Dessau? Enfin qu'est-ce que l'Elbe qu'on passe à Wittenberg? quelle est cette rivière pendant un cours de trente à trente-cinq lieues en descendant depuis les frontières de la Bohême; quels sont les ponts qui la traversent? Comment sont fortifiées les villes de Dresde, Torgau, Magdeburg? Vous pouvez d'abord causer sérieusement de tous ces objets avec quelque officier bavarois qui connaisse bien le pays. Vous ferez ramasser les meilleures cartes qui pourront se trouver à Munich et à Dresde.

Vous enverrez des officiers intelligents à Dresde et à Berlin par des routes différentes; ils iraient demander, de votre part, à MM. Laforest et Durand ce que signifient les mouvements et rassemblements des troupes prussiennes; ils diraient que vous paraissez très-inquiet de tous ces mouvements, n'ayant point reçu de Paris d'ordres relatifs, et que vous ignorez les plans qu'on peut avoir. Celui qui irait à Dresde, dans le cas où il n'apprendrait rien, se rendrait à Berlin aussi. Ils s'arrêteraient partout en route pour déjeuner, dîner, dormir, ne marcheraient point de nuit et étudieraient bien par ce moyen le local. Donnez-moi aussi des détails sur la Sprée. Je n'ai pas besoin de dire qu'il faut la plus grande prudence pour acquérir ces renseignements, car je n'ai aucun projet sur Berlin; je désire être fourni de ces détails uniquement pour être en mesure. J'imagine qu'entre Bamberg et Berlin il n'y a de forteresse que Magdeburg. Je pense aussi qu'on trouvera de quoi vivre dans le pays de Bamberg. Il me sera facile d'approvisionner Würzburg. Il doit exister de petites forteresses appartenant soit à Würzburg, soit à la Bavière, qu'il serait bon d'occuper d'avance; faites-les-moi connaître.

NAPOLÉON.

Dépôt de la guerre.
(En minute aux Arch. de l'Emp.)

777. — BLAME A INFLIGER A UN CHEF D'ÉTAT-MAJOR POUR AVOIR CORRESPONDU AVEC L'ENNEMI.

AU ROI DE NAPLES.

Saint-Cloud, 8 septembre 1806.

Je vois avec une extrême surprise que le chef d'état-major, ou tout autre officier dans l'armée, ose correspondre avec l'ennemi sans votre autorisation. C'est une chose étrange. Le général César Berthier ignore donc le premier devoir de son métier? La réponse de Sidney Smith est impertinente, comme tout ce qui vient de cet officier. Vous auriez dû mettre huit jours aux arrêts le général Berthier, et, à la première récidive, le destituer. J'écris à son frère pour lui témoigner combien je suis mécontent de sa conduite.

Défendez de parlementer; ce sont des moyens dont nos ennemis se sont toujours servis contre nous.

NAPOLÉON.

Archives de l'Empire.

778. — INSTRUCTIONS ET AVIS EN VUE DES MOUVE-MENTS DE CONCENTRATION OPÉRÉS PAR LA PRUSSE.

AU MARÉCHAL BERTHIER.

Saint-Cloud, 10 septembre 1806.

Mon Cousin, les mouvements de la Prusse continuent à être fort extraordinaires. Ils veulent recevoir une leçon. Je fais partir demain mes chevaux, et dans peu de jours ma Garde. Ils partent sous le prétexte de la diète de Francfort. Toutefois il faut bien du temps pour que tout cela arrive. Tâchez donc de vous procurer quelques chevaux pour moi ; vous ne m'avez pas répondu sur ce que le roi de Bavière pouvait me prêter, si j'en avais besoin. Si les nouvelles continuent à faire croire que la Prusse a perdu la tête, je me rendrai droit à Würzburg ou à Bamberg. J'imagine que, dans quatre ou cinq jours, le quartier général, vos chevaux et vos bagages seraient rendus à Bamberg. Faites-moi connaître si je me trompe dans ce calcul. En causant avec le roi de Bavière, dites-lui très-secrètement que, si je me brouillais avec la Prusse, ce que je ne crois pas, mais que, si jamais elle en fait la folie, il y gagnera Baireuth. J'imagine que Braunau est toujours approvisionné et en état de défense. Peut-être

serait-il convenable que la Bavière fît approvisionner le château de Passau, quoique l'Autriche
dise, proteste qu'elle veut rester tranquille. M. de
Knobelsdorf me fait toutes protestations; mais je
n'en vois pas moins continuer les armements de la
Prusse, et, en vérité, je ne sais ce qu'ils veulent.

J'ai ordonné au 28ᵉ régiment d'infanterie légère,
qui est à Boulogne, et au bataillon d'élite qui est à
Neufchâtel, de se rendre à Mayence. Il n'y aura
donc plus rien à Neufchâtel. J'ai ordonné au roi de
Hollande de former un camp de 25,000 hommes à
Utrecht. Si les nouvelles que je reçois continuent à
être les mêmes, je compte faire partir vendredi
une avant-garde d'un millier de chevaux de ma
Garde, et, huit jours après, le reste. Ainsi, j'aurai
3,000 chevaux, 6,000 hommes d'infanterie d'élite
et trente-six pièces de canon.

Je vous ai écrit pour avoir l'œil sur la citadelle
de Würzburg et toutes les petites citadelles environnantes.

Combien faudrait-il de jours pour que le parc
d'artillerie qui est à Augsbourg pût se rendre à
Würzburg? Combien de temps faudrait-il pour
envoyer à Strasbourg la plus grande partie des
objets d'artillerie qui sont à Augsbourg?

NAPOLÉON.

Dépôt de la guerre.
(En minute aux Arch. de l'Emp.)

779. — ORDRES RELATIFS AUX ÉQUIPAGES DE LA COMPAGNIE BREIDT.

AU MARÉCHAL BERTHIER.

Saint-Cloud, 10 septembre 1806.

Mon Cousin, vous trouverez ci-joint un rapport qui m'est remis sur la compagnie Breidt. Je désire connaître en détail tout ce qui se trouve d'équipages de cette compagnie aux différents corps, et à quel service ils sont affectés ; quels sont les corps qui ont les caissons et autres objets qu'ils doivent avoir, conformément à mes décrets. Il est très-important que je connaisse en détail la situation de cette partie du service, si les ambulances sont organisées, et la répartition de toutes les brigades de la compagnie Breidt. Je vois sur les états que le sous-inspecteur aux revues Barbier a deux chevaux appartenant à cette compagnie ; que le maréchal Davout en a huit ; qu'il y en a une grande quantité à Augsbourg. Vous savez que mon intention est qu'aucun général ni officier n'ait de chevaux ni caissons appartenant à cette compagnie. J'ai donné un ordre à ce sujet à Vienne ; faites-le exécuter, et que chacun rende ce qu'il a pris. Ces caissons sont destinés au transport du pain. Ce n'est pas trop que cinq cents caissons pour une armée si considérable.

Je désire qu'il y en ait à peu près deux attachés à chaque bataillon, c'est-à-dire pour porter deux mille rations ou deux jours de rations complètes, ou même quatre jours de demi-rations dans des moments pressés. J'ai cent vingt bataillons; cela me ferait donc 240 caissons. Un régiment de cavalerie doit être considéré comme un bataillon, puisque les régiments de cavalerie ont tous moins de 500 hommes. J'ai à l'armée moins de cinquante régiments de cavalerie; cela me ferait donc une centaine de caissons pour la cavalerie. Pour l'artillerie, elle a ses moyens et n'a pas besoin de ceux-là. Il me restera encore environ 200 caissons dont je pourrai disposer pour l'approvisionnement des magasins centraux. Répondez-moi là-dessus. Faites-moi connaître comment se fait le service des ambulances; il me semble que les chariots de la compagnie Breidt ne sont pas propres à ce service. Chaque régiment doit avoir son ambulance. Si on laissait faire la cavalerie, elle n'en aurait jamais assez; mais la cavalerie n'a pas besoin de ces moyens-là. Dans la saison où nous sommes, nous trouverons partout des fourrages.

Je vous rends responsable si, vingt-quatre heures après la réception de cet ordre, il y a des chevaux ou des caissons attachés à des services particuliers. Beaucoup de régiments peuvent avoir de mauvais chevaux; autorisez-les à acheter en Allemagne les

chevaux qu'ils pourront trouver. Chaque régiment,
par exemple, pourrait acheter une vingtaine de
chevaux. Vous leur ferez donner 10,000 francs à
chacun pour cet objet; cela, indépendamment de ce
que je fais acheter en France par les dépôts; mais
la France est épuisée de chevaux. J'imagine que
chaque régiment de toute arme a au moins 20 hommes à pied, tant pour servir aux remontes que pour
les circonstances qui nécessiteraient des achats de
chevaux. J'imagine que l'artillerie a des forges de
campagne, est munie de fer, de manière à avoir
non-seulement ce qui lui est nécessaire pour entrer
en campagne, mais aussi à avoir un approvisionnement.

Vous m'avez assuré que mon armée est bien
approvisionnée en souliers. Il faut désormais que
Mayence soit considérée comme le grand dépôt de
l'armée; cependant il ne faut pas annoncer ce changement. Causez-en avec l'intendant général de l'armée,
pour que beaucoup de choses soient plutôt dirigées
sur cette ville que sur Augsbourg.

NAPOLÉON.

Dépôt de la guerre.
(En minute aux Arch. de l'Emp.)

780. — ORDRE DE FAIRE PARTIR LES CHEVAUX, FOURGONS ET BAGAGES SERVANT A L'EMPEREUR EN CAMPAGNE.

AU GÉNÉRAL CAULAINCOURT, GRAND ÉCUYER.

Saint-Cloud, 10 septembre 1806.

Monsieur Caulaincourt, faites arranger toutes mes lunettes. Faites partir demain soixante chevaux de mes écuries, parmi lesquels il y en aura huit de ceux que je monte. Vous me remettrez l'état de ceux de mes chevaux que vous voulez faire partir. Je désire que cela se fasse avec tout le mystère possible. Tâchez qu'on croie que c'est pour la chasse de Compiègne. Ce sera toujours, jusqu'à leur passage à Compiègne, deux jours de gagnés. Faites partir aussi mes mulets, et mes cantines munies de tout ce qui est nécessaire, ainsi que mes petits porte manteaux, dont je me suis servi avec tant d'avantage dans ma dernière campagne. Dans la journée de demain, préparez mes fourgons. Je désire qu'il y en ait un qui porte une tente avec un lit de fer. Si vous n'en avez pas, demandez-les à la princesse Caroline, et vous les ferez remplacer sur-le-champ. Je désire que la tente soit solide et que ce ne soit pas une tente d'opéra. Vous ferez joindre quelques forts tapis. Vous ferez partir demain, avec mes chevaux, mon petit cabriolet de guerre. Mes fourgons avec le reste de mes chevaux, et mes bagages de guerre, habillement, armes, etc., ainsi que toute la partie de ma maison que le grand maréchal aura préparée, seront prêts à partir dimanche. Mais il faut que l'avant-garde gagne quatre jours. Elle se rendra d'abord à Mayence, et de là à Francfort, où je dois me rendre pour la diète. Le maréchal Bessières, le grand maréchal du palais, vous, le général Lemarois, un aide de camp, le prince Borghèse, l'adjoint du palais Ségur, feront également partir leurs chevaux. En en parlant à ces différents officiers, vous leur direz qu'ils sont destinés à m'accompagner à la diète de Francfort.

NAPOLÉON.

En vous indiquant le jour de dimanche pour le départ de ma maison, mon intention est que vous teniez tout préparé, et que vous preniez mes ordres samedi au lever.

Comm. par M. Lefebvre, libraire.

———

781. — DÉCISION AU SUJET DE L'EFFECTIF DES CHEVAUX DES RÉGIMENTS DE CARABINIERS ET DE CUIRASSIERS.

Saint-Cloud, 15 septembre 1806.

Le ministre de l'administration de la guerre présente un rapport concernant le nombre de chevaux à affecter aux régiments de carabiniers et de cuirassiers, et demande si l'on doit procéder à la formation du 5e escadron.

Je pense que le décret est bon, mais qu'il serait difficile de leur accorder cette année 780 chevaux, parce que l'on n'aurait pas assez d'hommes habiles pour les monter, ni assez de harnachement. Un fonds pour 700 chevaux sera donc suffisant; sauf à faire, en janvier ou en février, les fonds pour les 80 autres. Je fais la même observation pour les dépôts. Les régiments étant près d'avoir 7 à 800 chevaux, les dépôts deviennent moins nécessaires. Cependant je crois que le ministre doit organiser l'escadron du dépôt pour le 1er octobre, et,

si la guerre avait lieu, en
porter le nombre à 780
chevaux pour la grosse
cavalerie. On sait très-
bien que cela ne fournira
pas plus de 700 chevaux
devant l'ennemi ; car,
quoi qu'on fasse, il y a
toujours bien 60 à 80 chevaux de la dernière re-
monte qui n'ont pas qua-
tre ans. L'on ne saurait
trop recommander de
prendre des chevaux de
cinq ans. Je ne vois point
de difficultés d'expédier
l'organisation, qui est
bonne.

NAPOLÉON.

Dépôt de la guerre.

---

782. — ORDRES RELATIFS AUX AMBULANCES ET AUX OUTILS DES PIONNIERS.

AU MARÉCHAL BERTHIER.

Saint-Cloud, 16 septembre 1806.

Mon Cousin, je viens de voir le maréchal Davout,

qui m'a fait connaître le bon état dans lequel se trouve son corps d'armée. Je vous ai, je crois, déjà demandé des renseignements pour connaître si tous les corps avaient leurs ambulances. Je désire avoir un prompt rapport sur cet objet. Chaque régiment doit avoir son ambulance, chaque division doit avoir la sienne, et chaque corps d'armée doit en avoir une. Chaque division de corps d'armée doit avoir 4 ou 500 outils de pionniers, outre 1,500 pour chaque corps d'armée. Ne perdez pas un moment pour organiser cette partie si importante. Sans outils, il est impossible de se retrancher ni de faire aucun ouvrage, ce qui peut avoir des conséquences bien funestes et bien terribles. J'imagine que vous avez un officier général commandant le génie ; ne fût-ce qu'un colonel, il est indispensable qu'il y ait un officier qui commande et qui corresponde avec les autres officiers du génie. Un troisième objet qui mérite votre attention, ce sont les bidons et les marmites; ordonnez aux corps d'acheter le nombre qui leur est nécessaire.

NAPOLÉON.

Dépôt de la guerre.
(En minute aux Arch. de l'Emp.)

783. — ORDRES POUR L'APPROVISIONNEMENT DES PLACES DE WESEL, JULIERS, MAESTRICHT ET VENLOO.

AU GÉNÉRAL DEJEAN.

Saint-Cloud, 17 septembre 1806.

Monsieur Dejean, 3,600 quintaux métriques de blé ne sont pas suffisants pour Wesel; faites-en réunir le double, c'est-à-dire 7,200. Par ce moyen, la moitié de cet approvisionnement restera toujours en cas de siége, et l'autre moitié pourra servir pour le passage et pour tout ce qui précéderait un siége. Le munitionnaire doit fournir à cet approvisionnement de manière à ce qu'il n'en coûte rien, car il y aura toujours beaucoup de troupes à Wesel et aux environs. Veillez à ce qu'il y ait à Maëstricht, Juliers et Venloo, une quantité d'approvisionnements capable de faire un fonds suffisant pour en nourrir la garnison pendant quelque temps. Ordonnez au munitionnaire d'envoyer à Wesel du riz, des légumes en quantité correspondante aux autres approvisionnements, ainsi que de l'eau-de-vie.

Faites filer sur Wesel les 102,000 rations de biscuit qui sont à Wissembourg et Haguenau, pour y servir également de fonds d'approvisionnement.

10.

Assurez-vous s'il y a à Wesel des moulins, et si l'on ne peut pas les empêcher de moudre; et, dans le cas où les moulins ne seraient pas indépendants de l'ennemi, ordonnez qu'on ait toujours une grande quantité de farine en magasin.

NAPOLÉON.

Dépôt de la guerre.
(En minute aux Arch. de l'Emp.)

---

784. — ORDRES AUX GÉNÉRAUX DE COMPLÉTER LE NOMBRE DES AIDES DE CAMP QU'ILS DOIVENT AVOIR.

AU MARÉCHAL BERTHIER.

Saint-Cloud, 17 septembre 1806.

Mon Cousin, je remarque, sur l'état de situation général de la Grande Armée, que vous n'avez que cinq aides de camp; je crois qu'il serait nécessaire que vous y joignissiez trois lieutenants, jeunes gens actifs et qu'on pourrait faire courir pour porter des ordres. Je remarque que vous n'avez que cinq capitaines adjoints à l'état-major : il vous en faudrait le triple. Je remarque aussi que le général Andréossy n'a qu'un seul aide de camp : il faut qu'il en ait deux autres. Il me semble qu'il y a peu d'officiers du génie à l'état-major : il en faudrait le double de

ce que j'y vois, surtout beaucoup de lieutenants et
de sous-lieutenants. Je vois que le corps du prince
de Ponte-Corvo n'a point d'adjudants généraux; que
le chef d'état-major n'a qu'un seul aide de camp:
il faut qu'il prenne les trois qu'il doit avoir. Le général de division Rivaud n'a qu'un aide de camp;
le général Maison, un; le général Werle, un; le
général Van-Marisy, un; le général Nansouty, un;
les généraux Lahoussaye et Saint-Germain, un; le
général Sahuc, un : cela n'est pas suffisant. Au
corps du maréchal Davout, le général Daultanne
n'a qu'un aide de camp; le général de division Morand n'en a que deux : il lui en manque un; le général Brouard n'en a qu'un; le général Kister n'en
a point; le général de brigade Dufour n'en a qu'un;
le général Merle, un; le général Saint-Hilaire,
deux; les généraux Ferey et Raimond-Viviès, chacun un; les généraux Ledru et Dufour n'ont pas
le nombre suffisant; le général Milhaud n'en a
qu'un; le général Latour-Maubourg, un; le général
de division Beaumont, un; le général Lasalle, un;
le général de division Dupont, un; le général
Conroux, un; le général de division Beker n'a que
deux aides de camp; le général Maillard n'en a pas.
Je remarque que la division Gazan n'a qu'un adjoint : il lui en faut deux. Donnez ordre à tous ces
généraux de compléter le nombre d'aides de camp
qu'ils doivent avoir selon l'ordonnance, et de ne

prendre aucun officier faisant partie de la Grande Armée, mais de le prendre parmi les adjoints des divisions de l'intérieur ou parmi les officiers de cavalerie et d'infanterie des dépôts qui sont en France.

Le général de brigade Legendre pourrait être envoyé à la division Dupont; vous lui donnerez l'ordre d'attendre, pour rejoindre cette division, le premier moment où les deux divisions seront à proximité.

NAPOLÉON.

Dépôt de la guerre.
(En minute aux Arch. de l'Emp.)

---

785. — RUPTURE PROCHAINE AVEC LA PRUSSE. — INSTRUCTIONS DANS LE CAS ÉVENTUEL D'UNE GUERRE AVEC L'AUTRICHE.

AU PRINCE EUGÈNE.

Saint-Cloud, 18 septembre 1806.

Mon Fils, la Prusse continue toujours ses armements, et il ne serait pas impossible qu'il y eût, dans le courant d'octobre, une rupture entre les deux puissances. Jusqu'ici il n'y a rien de décidé. Toutefois les préparatifs se font de part et d'autre avec assez d'activité. L'Autriche proteste de sa

neutralité, et il est à croire, vu la situation actuelle
de ses affaires intérieures, qu'elle attendra, si elle
se décide, l'issue des événements. Quoiqu'il sera
temps alors de vous donner des instructions, j'ai
cru que je devais d'avance vous instruire du rôle
que vous auriez à jouer, afin que vous vous y pré-
pariez.

Vous commanderez en chef mon armée d'Italie,
qui ne sera qu'une armée d'observation, vu que je
suis bien avec l'Autriche; mais il n'en faudra pas
moins exercer une grande surveillance et user
d'une grande prudence. Vous aurez sous vos ordres
le corps du Frioul composé de 16,000 hommes
d'infanterie ayant trente pièces de canon attelées.
A cet effet, le général Seras, avec le 13ᵉ régiment
de ligne, se portera dans le Frioul, quand il en sera
temps, de manière qu'il ne reste en Istrie aucune
de mes troupes, si ce n'est un gouverneur pour
y commander, le bataillon d'Istrie et une compagnie d'artillerie italienne. Pour faire ce mouvement
insensiblement, mon intention est que vous donniez
d'abord au général Seras l'ordre de se rendre à sa
division dans le Frioul, en laissant un général de
brigade pour commander à sa place et emmenant
avec lui un bataillon du 13ᵉ.

Les hôpitaux d'Istrie seront tout doucement et
sans secousse évacués sur l'Italie. On laissera deux
pièces de campagne de 4 avec le bataillon du 13ᵉ

qui restera en Istrie, et le reste de l'artillerie de
campagne rentrera à la division Seras. Les fusils,
les magasins, tout doit être évacué insensiblement
sur Palmanova ; vous ne devez laisser en Istrie que
l'artillerie des côtes, trois compagnies d'artillerie
pour défendre les côtes et servir les batteries, mais
aucun magasin de fusils. Huit jours après que le
premier bataillon du 13ᵉ et le général Seras seront
arrivés dans le Frioul, vous y ferez venir le reste
du 13ᵉ, et vous ne laisserez en Istrie qu'une compagnie de ce régiment. Ainsi l'on s'accoutumera insensiblement à ne rien voir dans l'Istrie. Mais, si le
départ des troupes fait trop d'effet, vous pourrez y
envoyer un autre bataillon et le retirer ensuite.
Cela aura l'avantage de jeter de l'incertitude sur
mes projets, et mes peuples d'Istrie ne se croiront
point abandonnés. Toute l'artillerie inutile à la défense de Palmanova et d'Osoppo doit être évacuée
sur Venise, et il ne doit rien y avoir entre l'Izonzo
et l'Adige, qui puisse gêner les mouvements de
l'armée et tomber au pouvoir de l'ennemi, si jamais,
dans quelques mois, l'ennemi pénétrait dans ce
pays. Tous les magasins nécessaires à la défense
de Palmanova doivent être renfermés dans cette
place.

J'ai appris avec surprise que le million de rations
de biscuit que j'y avais fait envoyer a été placé dans
les villages voisins. Cela n'a pas de sens. Il y a des

églises, des maisons nationales ; il faut en loger les habitants ailleurs, et disposer ces maisons pour y placer les magasins. Tout doit être organisé insensiblement et sans éclat pour la défense de cette place. Les officiers d'artillerie et du génie, le commandant de la place, les adjudants de place, un colonel commandant en second, doivent être à leur poste. La garnison serait composée de 500 canonniers, moitié Français, moitié Italiens, et de 1,500 hommes des 3ᵉˢ bataillons du corps du Frioul, que vous organiseriez lorsqu'il en serait temps. Les huit dépôts de l'armée de Dalmatie, ceux de l'armée du Frioul, ceux de l'armée de Naples, ce qui fait vingt-huit dépôts, auront avant la fin d'octobre plus de 16,000 hommes présents sous les armes, puisque près de 20,000 hommes vont s'y rendre. Le cas arrivant, après avoir renforcé les bataillons de guerre à leur complet, le fonds de ces dépôts formerait les garnisons de Palmanova, de Venise, d'Osoppo, de Mantoue, de Peschiera, Legnago. Mais ces dispositions sont des dispositions de guerre, à faire au moment d'une déclaration de guerre, et lorsque vous arriveriez à être vraiment menacé d'une invasion. Ainsi vous sentez l'importance de porter une surveillance scrupuleuse à l'organisation des dépôts, au remplacement des officiers réformés ou en retraite, à la nomination des sergents et caporaux, à l'habillement et à l'armement des conscrits, et au renvoi de tous les hommes écloppés et hors d'état de servir.

La défense de Venise pourrait être confiée au général Miollis, qui, s'y enfermant avec tous les moyens de la marine, et avec 6 ou 7,000 hommes des différents dépôts, pourrait faire une longue et brillante défense, jusqu'à ce que la suite des opérations générales parvint à le dégager.

La place de Mantoue, dans laquelle vous mettriez également 6 ou 7,000 hommes des dépôts, serait promptement approvisionnée. Tout votre corps du Frioul deviendrait ainsi disponible. Le 106ᵉ, le 3ᵉ d'infanterie légère et sept régiments que j'ai en Piémont, vous formeraient trois nouvelles divisions qui porteraient votre corps d'armée à 36,000 hommes d'infanterie; ce qui, avec la cavalerie légère, les cuirassiers et les dépôts de cavalerie de l'armée de Naples, vous formerait une armée de près de 40,000 hommes, force imposante qui, vu les opérations ultérieures de l'Allemagne, contiendrait l'ennemi. En tout cas, vous pourriez manœuvrer entre Venise, Palmanova, Osoppo, Mantoue, Legnago, Peschiera, sans être obligé de vous affaiblir pour munir ces places, les ayant armées et approvisionnées d'avance. Si les événements politiques devenaient très-sérieux, il est probable que vous vous trouveriez rallié par l'armée de Naples, ce qui vous ferait un renfort de 40,000 hommes.

Dans la saison où nous entrons, tous les malades vont guérir.

Il est convenable que vous me fassiez connaître l'opinion du général Miollis sur la possibilité de défendre Venise; celle du général Chasseloup, ainsi que celle de votre aide de camp Sorbier, pour, avec le moins de travaux possible, mettre cette place en état de défense; car mon intention n'est pas que vous travailliez sérieusement à ces fortifications avant que la tournure que vont prendre les affaires soit plus prononcée. Si l'opinion de ces différents officiers est que 6 ou 7,000 hommes peuvent se défendre longtemps à Venise, vous y ferez passer sans éclat les approvisionnements de bouche convenables et les vivres, surtout en blé et en farine. Je n'ai point donné l'ordre qu'on désarmât aucune de mes places; ainsi je les suppose toutes armées, même Venise. Il est essentiel cependant que vous vous concertiez avec le général Sorbier pour que toute l'artillerie qui est inutile à leur défense se rende à Pavie et repasse l'Adda. Il ne faut rien laisser, même à Vérone, qu'un parc de campagne qui servirait pour toute votre armée. Ainsi vous ne laisseriez rien à l'ennemi, si les circonstances vous obligeaient à vous retirer en deçà du Mincio ou de l'Adda.

Quant à la Dalmatie, dans une pareille occurrence, le général Marmont devrait laisser une garnison suffisante à Raguse, car je ne suppose point qu'il ait pu s'emparer de Cattaro. Il concentrerait tout son monde du côté de Zara pour pouvoir inquiéter les frontières de la Croatie, les attaquer même, pousser des partis, et obliger l'ennemi à se tenir en force vis-à-vis de lui. Les approvisionnements qu'il aurait soin de réunir en grande quantité à Zara, les munitions de toute espèce qu'il y concentrerait et les forces qu'il aurait, pourraient le mettre dans le cas de prendre l'offensive ou d'aider à votre défensive sur l'Isonzo, et obliger l'ennemi à avoir là un corps d'observation. Au pis aller, Zara le mettrait à même de s'y défendre des mois entiers, et d'attendre la solution générale des affaires.

J'aurai le soin et le temps de vous écrire, s'il y avait quelque chose de décidé. Toutefois, j'ai voulu vous donner cette instruction générale, qui vous servira de règle. Dès aujourd'hui vous pouvez, sans scandale et sans bruit, vous occuper de l'approvisionnement de vos places, de leur armement et de l'ensemble de la défense du pays au delà de l'Adda. Il faut prendre sur les finances du royaume d'Italie tout ce qui ne pourra pas être pris sur le fonds mensuel, et, sous différents prétextes, vous assurer du fonds des approvisionnements; l'accessoire sera bientôt complété.

Indépendamment du livret que vous me remettez

de l'état de situation de l'armée, je désire que vous
m'en remettiez un autre qui me fasse connaître le
nombre de pièces des places, les principaux objets
d'approvisionnement de bouche qui se trouvent dans
chacune d'elles, ainsi que les noms des généraux
commandants de place, des adjudants de place,
des officiers du génie et d'artillerie préposés à
la défense desdites places. Comme celle que je
connais le moins, c'est Venise, je désire avoir
un plan général à l'appui de ce livret, qui me
fasse connaître les différents ouvrages et leur situation.

Il ne faut point, dans ce moment, changer de
dispositions avec l'Autriche, la provoquer d'aucune
manière ni lui donner aucune alarme. Cette instruction est tout hypothétique et fondée sur des suppo-
sitions d'événements qui n'auront peut-être pas lieu.
Il faut donc laisser ignorer à tout le monde que vous
l'ayez reçue, même aux agents que vous ferez concourir à vos dispositions, mais prendre vos mesures
insensiblement et peu à peu, de manière que Palmanova et Osoppo soient en état de défense, approvisionnés et prêts à soutenir un siége à la fin d'octobre, et les autres places un mois plus tard. Que
votre ordonnateur corresponde continuellement
avec les chefs des différents services, et que vos
aides de camp travaillent sans relâche à leurs
inspections, mais sans que vous fassiez connaître

le but où vous voulez arriver : car les opérations une fois commencées, si cela devait être, il faut que rien ne s'évacue, que rien ne donne l'alarme, et que chaque chose se trouve dans l'état où elle devra être.

Quant au général Marmont, il faut lui écrire simplement que, vu la guerre avec la Russie, s'il n'a pas pu s'emparer de Cattaro, il ne sera plus temps de le faire, puisque l'ennemi s'y sera renforcé et approvisionné ; que des armements considérables se font en Prusse, et qu'il ne serait pas impossible que la guerre avec cette puissance vînt à éclater ; que l'Autriche proteste de sa neutralité et de sa ferme résolution de n'être pour rien dans ces armements ; que cependant, vu son éloignement, il doit se comporter selon les circonstances ; que son point d'appui doit être Zara, et qu'il doit agir pour sa défensive d'une manière isolée, et, réunissant toutes ses troupes sur la frontière d'Autriche, la menacer constamment et l'obliger à tenir un corps d'armée devant lui ; qu'en cas qu'il fût attaqué par des forces supérieures, Zara doit être son réduit ; que ses moyens militaires de guerre et de bouche doivent être concentrés dans cette place ; qu'il doit y faire un camp retranché de ses troupes de manière à attendre dans cette position le résultat des opérations générales ; et, s'il arrivait que l'Autriche ne divisât point ses forces, il doit la menacer

du côté de la Croatie, de manière à opérer une
puissante diversion. Il est nécessaire que vous lui
envoyiez un chiffre très-difficile à trouver, qui lui
servirait à correspondre avec Lauriston, qui com-
manderait à Raguse avec une garnison suffisante.
Au moyen de ce chiffre, vous communiqueriez avec
Lauriston par mer et par terre. Vous sentez toute
l'importance d'avoir un bon chiffre que vous pourrez confier à Méjan ; il faut même essayer de vous
en servir pendant la paix pour voir si vous vous
entendez bien. Si la guerre venait à avoir lieu, il
sera convenable que le général Marmont organise
des postes de correspondance, qui viendraient à
Venise, de là à Rimini et dans la Romagne, porter
des nouvelles et en recevoir, surtout si Ancône était
bloquée. Le général Vignolle pourrait envoyer en
temps de guerre des états de situation en chiffres,
ce qui n'aurait aucun inconvénient, et me ferait
bien connaître la situation des affaires. Écrivez au
général Marmont que tout ceci est une instruction
générale pour lui seul, dont il ne se servirait que
dans le cas bien éventuel d'une guerre avec l'Autriche. Les affaires se méditent de longue main, et,
pour arriver à des succès, il faut penser plusieurs
mois à ce qui peut arriver.

Lisez tous les jours cette instruction, et rendez-
vous compte le soir de ce que vous aurez fait
pour l'exécuter, mais sans bruit, sans efferves-

cence de tête, et sans porter l'alarme nulle part.

NAPOLÉON.

---

786 — ORDRES POUR LE TRANSPORT DE L'INFANTERIE DE LA GARDE A WORMS ET A BINGEN.

AU GÉNÉRAL DEJEAN.

Saint-Cloud, 18 septembre 1806, 11 heures du soir.

Monsieur Dejean, le 1er régiment des grenadiers de ma Garde, composé de deux bataillons formant un total de 1,000 hommes, partira demain, à dix heures du matin, et ira coucher à Claye. Il en partira le 20, à la pointe du jour, pour se rendre à Meaux.

Le 2e régiment de grenadiers partira de Paris le 20, à six heures du matin, et ira coucher à Meaux.

Les chasseurs de ma Garde, composés de quatre bataillons formant 2,000 hommes, partiront le 20 et iront coucher à Dammartin.

A Dammartin et à Meaux, il y aura 100 charrettes attelées chacune de quatre colliers, capables de porter 10 hommes, qui seront prêtes sur la place de Meaux, le 20 à dix heures du matin, pour porter le même jour à la Ferté les 1,000 hommes du 1er régiment des grenadiers de ma Garde.

Le même jour il y aura à Dammartin 100 voitures organisées de la même manière, qui seront prêtes à huit heures du matin, pour transporter le 1er régiment des chasseurs de ma Garde à Villers-Cotterets. Il y aura deux routes, celle des grenadiers par Metz, et celle des chasseurs par Luxembourg. Sur la première, il y aura quatorze relais de Meaux à Worms, et sur la seconde, treize de Dammartin à Bingen.

Les tableaux ci-joints vous feront connaître l'organisation des relais et leur emplacement.

A défaut d'une voiture à quatre colliers, il y aura deux voitures à deux colliers.

Vous ferez partir, avant deux heures du matin, deux commissaires des guerres pour s'entendre avec le sous-préfet de Meaux, pour que les relais de Dammartin et de Meaux soient prêts le 20, et que celui de la Ferté-sous-Jouarre soit prêt pour le lendemain 21, à six heures du matin.

Du moment que le sous-préfet aura fait toutes ces dispositions, l'un des commissaires des guerres se rendra auprès du sous-préfet de Soissons pour faire organiser les relais de Villers-Cotterets et de Soissons.

L'autre se rendra auprès du sous-préfet d'Épernay

pour faire organiser les relais de Paroy, d'Épernay, de Châlons et de Sainte-Menehould.

Le premier se rendra ensuite auprès du préfet de l'Aisne pour faire former les relais de Laon, Neufchâtel et Rethel. De là, il se rendra à la sous-préfecture de Rethel pour faire préparer ceux de Rethel et de Vouziers, et ainsi de suite.

Comme le temps est très-court pour les premiers relais, j'ai donné l'ordre au maréchal Bessières d'écrire au sous-préfet de Meaux par un officier d'état-major, qui arrivera avant quatre heures du matin, de manière que, lorsque les commissaires des guerres arriveront, le sous-préfet aura déjà pris ses dispositions.

Chaque cheval sera payé à raison de 5 francs par jour. Les propriétaires des chevaux pourvoiront eux-mêmes aux fourrages.

Vous préviendrez chaque sous-préfet que les voitures doivent être payées par le major commandant chaque régiment, au moment de l'arrivée des voitures et sur la quittance du préposé que le sous-préfet aura commis pour commander le relais; de sorte que chaque sous-préfet vous enverra incontinent le reçu du payement.

Mon intention est qu'on réunisse à Worms assez de bâtiments pour transporter les grenadiers à Mayence, par eau, au moment de leur arrivée.

Vous autoriserez les commissaires des guerres

à prendre les mêmes mesures pour Bingen, suivant les renseignements qu'ils recueilleront sur les lieux.

Ces mouvements doivent être combinés de manière que tous les régiments de grenadiers et de chasseurs à pied de ma Garde soient arrivés à Mayence le 28 au plus tard.

NAPOLÉON.

Dépôt de la guerre.
(En minute aux Arch. de l'Emp.)

---

787. — NOTE SUR LA DÉFENSE DE L'INN ET L'OCCUPATION DE BRAUNAU.

AU MARÉCHAL BERTHIER.

Saint-Cloud, 19 septembre 1806.

Le maréchal Soult laissera le 3ᵉ régiment de ligne tout entier dans Braunau, sous les ordres du général de division Merle. L'adjudant commandant Lomet, un colonel du génie et six officiers du génie d'un rang inférieur, un colonel d'artillerie, quatre compagnies d'artillerie française, une escouade d'ouvriers, une compagnie de sapeurs, quatre ou cinq officiers d'artillerie en résidence, et deux commissaires des guerres, y seront également laissés, ainsi qu'un régiment de cavalerie.

11.

La citadelle de Passau sera armée et approvisionnée ; elle sera gardée par un bataillon bavarois.

La forteresse de Kufstein sera armée et approvisionnée ; elle sera également occupée par un bataillon bavarois.

Le corps de l'armée bavaroise, fort d'environ 15,000 hommes, tiendra position entre l'Inn et l'Isar. Il aura des avant-postes retranchés dans le château de Burghausen. Il entretiendra des patrouilles le long de la frontière bavaroise, de telle sorte qu'on puisse empêcher la garnison de Braunau d'être insultée par la simple fantaisie des généraux autrichiens.

Le maréchal Soult se rendra personnellement à Braunau, ainsi que des officiers généraux du génie et de l'artillerie, et un commissaire des guerres désigné par l'intendant général de l'armée, afin de constater l'état des munitions d'artillerie et les approvisionnements de bouche de toute espèce qui se trouvent dans la place de Braunau ; on y enverra tout ce qui pourrait manquer, et les ordres les plus exprès seront donnés pour que la consommation journalière de la garnison de Braunau soit fournie par Munich, afin de réserver les magasins de la place pour le moment du blocus, s'il devait avoir lieu. Le service de la place de Braunau devra être établi de manière qu'il se fasse rigoureusement.

Un bataillon bavarois, destiné à s'enfermer dans

cette place avec la garnison française, sera campé sur la gauche de l'Inn et à la tête du pont de Braunau, du côté de la Bavière. On y construira une tête de pont ou une forte redoute, tracée de manière à être protégée par le feu de la place, et qu'on conserverait aussi longtemps que possible, même en cas que la place fût cernée et que l'ennemi fût sur la rive gauche de l'Inn.

Le maréchal Soult conviendra d'un chiffre avec le général Merle, et ce chiffre sera envoyé au major général de la Grande Armée.

Il doit y avoir dans Braunau des vivres pour huit mois.

Le général Merle choisira pour commander en second un général de brigade ayant sa confiance, et qui serait utile en cas d'événements.

On voit que le général Merle aura sous ses ordres :

3e régiment de ligne.	3,000 hommes.
Artillerie.	400
Sapeurs.	100
Bataillon bavarois, qui doit camper à la tête du pont.	800
Artillerie bavaroise, formant une compagnie.	100
	4,400

Avec une si belle garnison de 4,000 à 4,500 hommes et au delà, ayant des vivres pour huit mois, et abondamment pouvue d'artillerie, n'ayant, parmi les officiers du génie, que des sujets choisis et connus pour avoir envie de se distinguer, ayant surtout deux ou trois mois devant soi, pendant lesquels on peut s'occuper de tout ce qui peut être avantageux à la place, on peut y faire la plus brillante résistance, et, dans aucun cas, on ne doit se rendre sans avoir soutenu plusieurs assauts au corps de la place.

On fera venir sans retard beaucoup de bois du Tyrol ; avec du bois, des outils et des bras, on ferait une place là où il n'en existerait aucune.

A Braunau, on a l'avantage de l'eau, et on peut établir des ouvrages avancés et des lignes de contre-attaque de manière à prolonger la défense de la place assez pour être secouru.

Du reste, rien ne porte à penser que l'Autriche ait des vues hostiles, et on doit agir en conséquence.

Personne ne doit passer en ville, pas même les voyageurs. Le gouverneur ne doit jamais s'éloigner de la place de plus de la portée du canon ; il ne doit jamais dîner hors de la ville ; et, lorsqu'il en sort, le commandant en second doit se trouver sur les remparts.

La solde de la garnison de Braunau devra être assurée pour trois mois, et l'argent nécessaire

pour cet objet devra être déposé chez le payeur.
Quant aux travaux que le soldat exécutera, ils ne
seront pas salariés et ne peuvent l'être : c'est dés-
honorer le soldat, qui doit faire un travail de cette
nature uniquement par honneur.

On maintiendra la meilleure harmonie avec les
Bavarois.

On plantera des poteaux à portée du canon de
la place, portant pour inscription : *Territoire de
Braunau*. Aucun corps armé étranger ne doit y
entrer.

Le gouverneur communiquera avec prudence
avec mon ministre à Vienne et aura soin qu'en cas
que ses lettres soient interceptées elles ne puissent
rien compromettre. Il enverra chaque jour un rapport de tout ce qui parviendra à sa connaissance à
Munich et au major général de l'armée.

On lui recommandera surtout, ainsi qu'à tout
officier de la garnison, de ne tenir aucun propos,
devant vivre avec les Autrichiens dans la meilleure
intelligence, quoique sur ses gardes.

NAPOLÉON.

Dépôt de la guerre.
(En minute aux Arch. de l'Emp.)

788. — DISPOSITIONS POUR LA RÉUNION DES CORPS DE LA GRANDE ARMÉE.

AU MARÉCHAL BERTHIER.

Saint-Cloud, 19 septembre 1806.

J'ai donné directement les ordres au roi de Hollande pour qu'il se trouve le 2 octobre avec son corps d'armée à Wesel.

Le maréchal Augereau se réunira à Francfort le 2 octobre, ayant des postes de cavalerie et une petite avant-garde à Giessen.

Le maréchal Lefebvre se réunira à Kœnigshofen le 3 octobre. Ce mouvement s'exécutera plus tôt si l'ennemi était en force à Halle.

Le maréchal Davout sera réuni à Bamberg, avec tout son corps d'armée, au plus tard le 3 octobre.

Le maréchal Soult sera réuni à Amberg (hormis le 3e de ligne, qui reste à Braunau) et sera prêt à partir le 4 octobre, avec tout son corps.

Le prince de Ponte-Corvo sera réuni à Bamberg le 2 octobre. Il y sera réuni avant cette époque, si les dispositions des Prussiens paraissent être de faire des mouvements hostiles.

Le maréchal Ney sera réuni à Anspach le 2 octobre. Les six divisions de cavalerie de la réserve se mettront en mouvement et seront arrivées en position le long du Mein, depuis Kronach jusqu'à Würzburg. Le 3 octobre, la grosse cavalerie sera du côté de Würzburg.

Le 2 octobre, on prendra possession du château de Würzburg, qu'on armera et approvisionnera. On prendra possession de Kœnigshofen et du château de Kronach, et on le mettra en état de défense.

Le parc général se rendra à Würzburg, le petit quartier général à Bamberg, les gros bagages à Würzburg ; tout cela en position le 3 octobre.

Tous les commandants d'armes de la Souabe et de la Bavière seront rappelés, excepté celui d'Augsbourg et d'Ingolstadt, et dirigés sur la nouvelle ligne d'opérations jusqu'à Würzburg et Bamberg.

Le général qui commande en Souabe commandera à Francfort; un autre commandera tout le pays de Würzburg.

La gendarmerie des divers corps d'armée sera affaiblie, afin d'établir, à une journée en arrière de chaque grande route qu'on prendra, un détachement commandé par un officier supérieur, pour arrêter les traînards et maraudeurs et empêcher le désordre.

On mettra à l'ordre que les généraux aient les aides de camp et les officiers d'état-major, sans en prendre dans la Grande Armée, excepté aux dépôts.

Le major général expédiera tous les ordres sans

délai et m'enverra l'itinéraire de la route de chaque colonne. Chaque corps d'armée, en arrivant au rassemblement, aura quatre jours de pain. Il faudra ordonner qu'on y prépare du pain pour dix jours, afin qu'il y en ait toujours pour quatre jours au moment où l'on voudrait partir pour entrer en campagne.

Les troupes de Bade se réuniront à Mergentheim; les troupes de Wurtemberg à Ellwangen. Les troupes de Bavière prendront la position qui a été indiquée dans le temps, entre l'Isar et l'Inn, et occuperont les forteresses de Passau et de Kufstein. Une division de 6,000 hommes sera sous les ordres du prince de Ponte-Corvo et devra être rendue, prête à partir avec le corps d'armée, le 2 octobre. Les troupes de Darmstadt, au nombre de 7,000 hommes, se réuniront sous les ordres du maréchal Augereau.   NAPOLÉON.

Dépôt de la guerre.
(En minute aux Arch. de l'Emp.)

---

789. — ORDRES POUR L'ORGANISATION DE LA GARDE A MAYENCE.

AU MARÉCHAL BESSIÈRES.

Saint-Cloud, 19 septembre 1806.

Mon Cousin, donnez l'ordre à votre chef d'état-

major de partir le 23 pour se rendre à Mayence en
toute diligence, afin de tout préparer pour l'organisation de la Garde au fur et à mesure de son arrivée. Il est nécessaire de faire partir les boulangers
et tous les autres ouvriers de la Garde par les voitures
établies pour les transports de la Garde, afin qu'ils
arrivent aussi promptement qu'elle. Donnez également ordre aux commissaire ordonnateur, chirurgiens et employés de la Garde d'être tous rendus le
30 septembre à Mayence. Vous-même, vos aides de
camp et le reste de votre état-major, partirez le 24,
afin d'arriver le 28 à Mayence, pour accélérer l'organisation des corps de ma Garde et préparer tout
ce qui est nécessaire pour votre dépôt. Vous ferez
partir le reste de la Garde à cheval de toute arme
le 21, de manière que, le 21 au soir, il ne reste
plus à Paris personne à partir.

Voici les corps qui doivent composer ma Garde :

Deux régiments de chasseurs à
cheval. . . . . 1,200 hommes.

Deux régiments de grenadiers à
cheval. 1,200

Un régiment de gendarmerie
d'élite. 400

L'escadron de mameluks. . . .   80

Deux régiments de chasseurs à
pied. 2,000

Deux régiments de grenadiers à pied. . . . . 2,000 hommes.

Quatre divisions d'artillerie de vingt-quatre pièecs de canon ; un parc composé de douze pièces de canon, plus 1,000 hommes d'artillerie. 1,000

Quatre bataillons de dragons à pied, chaque bataillon composé de quatre compagnies. 2,400

Quatre bataillons de grenadiers et de voltigeurs, composés des 3⁰ⁱ et 4⁰ⁱ bataillons, formés dans les 5ᵉ, 25ᵉ et 26ᵉ divisions militaires. 2,400

Ce qui fait plus de 12,000 hommes, infanterie, cavalerie et artillerie. Comme ces bataillons auront besoin de chefs de bataillon, de capitaines et d'adjudants-majors, ne laissez aux bataillons des vélites qu'un chef de bataillon et faites partir l'autre avec les quatre meilleurs capitaines, lieutenants et sous-lieutenants, lesquels seront rendus à Mayence avant le 30 septembre et seront employés aux différents bataillons.

NAPOLÉON.

Comm. par M. le duc d'Istrie.

(En minute aux Arch. de l'Emp.)

790. — FORME QU'ON DOIT DONNER AUX LIVRETS DE L'ARTILLERIE ET DU GÉNIE.

AU GÉNÉRAL DEJEAN.

Saint-Cloud, 20 septembre 1806.

Monsieur Dejean, voici la forme que je désirerais qu'eût le livret qu'on me remet tous les six mois, au 1ᵉʳ février et au 1ᵉʳ août, sur la situation du génie et de l'artillerie au 1ᵉʳ janvier et au 1ᵉʳ juillet.

FRONTIÈRE DU NORD.

Autant de pages que de places fortes classées par directions d'artillerie.

Telle place a tant de bastions.

La citadelle (si elle en a une) a tant de bastions.

Ses besoins pour réparations sont de tant.

Sa garnison est fixée à tant d'hommes.

Son approvisionnement de bouche est fixé à tant.

Le nombre des casernes pour l'infanterie est de tant.

Le nombre des casernes pour la cavalerie est de tant.

Quelques observations sur ce qui est en bon ou en mauvais état.

Palissades existantes, tant.

Palissades nécessaires, tant.

Outils, sacs à terre, brouettes existantes, tant.

Outils nécessaires, tant.

A côté. Artillerie réglée par le décret ou ordre de tel jour :

Pièces existantes, tant.

Manque, tant.

Avec des observations qui me fassent connaître ce qu'il y a d'artillerie en bon ou en mauvais état.

Équipages de campagne en dépôt dans la place appartenant à l'équipage du Nord, tant.

On suivrait ainsi pour les affûts et approvisionnements de toute espèce, en distinguant ce qui appartient à la place de ce qui n'y est qu'en dépôt.

On comprendrait dans l'état toutes les places de la Hollande qui défendent la frontière, en distinguant la frontière de Hollande.

De même pour la frontière d'Italie, en faisant la même distinction.

Ce seul livret contiendrait les éléments de tous les calculs et une connaissance parfaite de tout le matériel d'artillerie.

Il faudra placer à la fin une récapitulation qui fasse connaître :

La quantité d'outils et autres objets appartenant au génie, existant en France ;

La quantité de fusils et d'armes d'infanterie de tout calibre, poudres, pièces de toutes espèces, fer coulé, etc.

Avec une différence de tout ce résultat à l'état du semestre précédent.

NAPOLÉON.

Dépôt de la guerre.
(En minute aux Arch. de l'Emp.)

---

791. — ROUTES A SUIVRE POUR L'ARMÉE. RECONNAISSANCES A FAIRE.

AU MARÉCHAL BERTHIER.

Saint-Cloud, 22 septembre 1806.

Mon Cousin, voici la route pour l'armée : Mayence, Francfort ; de là par la rive gauche du Mein, qu'on passera à Aschaffenburg, Würzburg et Bamberg. Placez là des commandants d'armes, et tracez-y des étapes. Faites reconnaître la route de Mayence, Darmstadt et Aschaffenburg. La route de l'armée pour communiquer avec Ulm, Augsbourg et les hôpitaux qui sont de ce côté, sera de Bamberg à Nuremberg, Anspach, Ellwangen et Ulm. Il est nécessaire que là aussi il y ait des étapes tracées. Mon intention est que tous les malades sortant des hôpitaux établis en Bavière, en Souabe et sur la rive droite du Danube, se réunissent à Ulm, où, après un repos, on en formera des détachements de 100 hommes pour rejoindre l'armée à Bamberg. Il

est une autre route à reconnaître, de Würzburg à
Boxberg, Neckarelz et Manheim. Cette route a deux
avantages : d'abord plus courte pour ce que j'ai du
côté de Strasbourg, et je la crois meilleure ; ensuite
il peut y avoir tel événement où la communication
de Francfort serait inquiétée par des partisans.

Je désire que vous envoyiez un ingénieur géo-
graphe reconnaître et faire des croquis en détail de
ces trois routes : 1° de Mayence, Francfort, Aschaffenburg et Würzburg ; 2° de Mayence, Darmstadt
et Aschaffenburg ; 3° de Manheim , Neckarelz et
Würzburg.

NAPOLÉON.

Dépôt de la guerre.
(En minute aux Arch. de l'Emp.)

---

792. — INSTRUCTIONS POUR FORMER A WESEL UNE AVANT-GARDE CHARGÉE DE COUVRIR LES FRONTIÈRES DU RHIN.

AU ROI DE HOLLANDE.

Saint-Cloud , 22 septembre 1806.

Mon Frère, je donne ordre au ministre Dejean
de diriger sur Wesel les généraux de brigade La-
roche, Ruby et Grandjean. Mon intention est que

vous organisiez une avant-garde de la manière suivante :

Commandants : avant-garde, le général Michaud ; artillerie, le général Drouas ; génie, un de vos officiers.

Chef d'état-major : le chef d'escadron Ferrière, à moins que le général Michaud n'aime mieux prendre un des généraux de brigade que je vous envoie.

1re brigade : un des généraux de brigade que je vous envoie ; le 65e régiment, 2,000 hommes ; Hollandais, 2,000 hommes ; huit pièces d'artillerie attelées, servies par l'artillerie hollandaise.

2e brigade : un des généraux de brigade français ; le 72e régiment, 2,000 hommes ; Hollandais, 2,000 hommes ; huit pièces d'artillerie attelées, servies par l'artillerie hollandaise.

Vous pouvez joindre à chaque brigade un général de brigade hollandais et un adjudant commandant hollandais.

Ces 8,000 hommes seront renforcés du bataillon de 1,000 hommes du duc de Clèves. Ils se réuniront sans délai à Wesel et se concentreront dans une position militaire, à une ou deux lieues en avant de Wesel. Vous joindrez aussi à cette avant-garde 1,000 hommes de cavalerie hollandaise, ce qui fera un total de 9 à 10,000 hommes. Vous réunirez le reste de vos troupes hollandaises, que j'estime être 8 à 9,000 hommes, au camp d'Utrecht, sous les ordres du général Dumonceau. Il sera partagé en deux brigades ; il pourra ou se réunir à vous, ou se porter sur le bord de la mer, suivant les différentes circonstances.

Cette avant-garde est destinée à couvrir mes frontières du Rhin et ne s'en écartera que pour inquiéter l'ennemi ; mais elle manœuvrera de manière à n'être jamais coupée du Rhin.

Votre commandement s'étendra de la Moselle à Coblentz jusqu'à la mer.

Après les quinze premiers jours d'opération, du moment que la guerre aura pris une couleur, il sera possible que je fasse rentrer ce corps pour protéger mes frontières de France. Il serait possible aussi que je le fisse pousser jusqu'à Münster et Cassel, selon les événements. Je vous donnerai une instruction plus détaillée lorsque les hostilités commenceront.

Faites que je trouve à Mayence un de vos aides de camp qui m'apporte l'état de situation de votre corps d'armée. Donnez de l'argent pour monter votre cavalerie. Vous devez avoir au moins 2,000 hommes de cavalerie. Le 8ᵉ corps de la Grande Armée sera aussi à Mayence et manœuvrera de manière à n'être jamais coupé du Rhin.

Je laisse à Paris de quoi former un corps de réserve de 8,000 hommes, et j'ai à Boulogne 15 ou

16,000 hommes dans le camp. Le général Rampon, avec 6,000 hommes de gardes nationales, est à Saint-Omer.

Je vous donne l'autorisation nécessaire pour pouvoir, selon les circonstances, défendre les parties attaquées de la France. Il n'y a point de nécessité que vous vous rendiez le 2, le 3, le 4 à Wesel, si les affaires de votre royaume vous retiennent en Hollande; il suffit que votre avant-garde y soit; mais il sera convenable que vous y soyez le 8.

Donnez ordre au général Michaud de correspondre avec le maréchal Kellermann, avec le commandant du 8e corps et avec la Grande Armée, autant que cela sera nécessaire.

NAPOLÉON.

Dépôt de la guerre.
(En minute aux Arch. de l'Emp.)

---

793. — ORDRE DE PRESSER LE MOUVEMENT DES DIFFÉRENTS CORPS DE LA GRANDE ARMÉE.

AU MARÉCHAL BERTHIER.

Saint-Cloud, 24 septembre 1806

Mon Cousin, je vous envoie la copie des ordres du mouvement de l'armée que je vous ai adressée le 20 du courant au matin, et que je suis fâché de ne pas vous avoir envoyée douze heures après le départ de mon courrier du 20 septembre, parce qu'il aurait pu être intercepté. Cependant je n'ai pas lieu de le craindre. Vous aurez dû recevoir, le 24 à midi, mon premier courrier du 20. Quand la présente vous parviendra, et sans doute le 25, des ordres auront été donnés au maréchal Soult, qui sera parti dès le 26 ; et, comme il lui faut trois ou quatre jours de marche pour se rendre à Amberg, il pourrait y être le 30, quoiqu'il ait l'ordre de n'y être que le 3. Vous recevrez le présent courrier le 27, afin que vous accélériez le mouvement du maréchal Soult. Il importe qu'il arrive vite à Amberg, puisque l'ennemi est à Hof, extravagance dont je ne le croyais pas capable, pensant qu'il resterait sur la défensive le long de l'Elbe. Si, au lieu d'arriver le 3 à Amberg, le maréchal Soult peut y arriver le 1er octobre, ordonnez-lui d'y être ce jour-là.

Le corps du maréchal Davout se sera sans doute réuni le 25, lorsqu'il a reçu vos ordres, à OEttingen. Je suppose qu'il ne lui faut que deux ou trois jours pour cela. Cependant je ne lui ai donné l'ordre d'y être que le 3 octobre. S'il peut y être le 1er ou le 2, il n'y a point d'inconvénient. Il détachera sa cavalerie sur Kronach, prendra possession de cette place et s'occupera sur-le-champ de la mettre en bon état. J'imagine que le maréchal Ney partira d'Ulm le 26 septembre; je ne pense pas qu'il puisse être à Anspach avant le 2 ou le 3 octobre. Le maréchal Lefebvre n'a ordre de se porter que le 2 ou le 3 à Kœnigshofen; s'il en peut prendre possession le 1er octobre, ce sera bien fait. Il commande définitivement le 5e corps de la Grande Armée. L'ancien chef de l'état-major, qui était à ce corps lorsque le maréchal Mortier le commandait, continuera à y être employé en cette qualité. Le général Ménard n'est pas assez militaire pour ce poste important. Toutes mes divisions de cavalerie de réserve doivent être rendues à leur destination le 3. Si ce mouvement peut être exécuté dès le 2, je n'y vois pas d'inconvénient. Je donne ordre au duc de Clèves d'être à Bamberg le 1er octobre. Je vous prie d'ordonner à tous les officiers de son état-major d'y être rendus ce jour-là, et aux généraux commandant les divisions de cavalerie d'y envoyer leurs états de situation et d'y prendre ses ordres. Je serai le 28 à Mayence; c'est vous dire que je puis être le 1er octobre à l'avant-garde, si les circonstances l'exigent. Le but de la présente est de vous faire connaître que je désire que vous accélériez les mouvements que j'ai ordonnés, sans fatiguer les troupes et sans donner trop d'inquiétude aux Prussiens.

NAPOLÉON.

Dépôt de la guerre.
(En minute aux Arch. de l'Emp.)

794. — RECOMMANDATION DE DIMINUER LE NOMBRE DES POSTES DANS PARIS.

A M. CAMBACÉRÈS.

Mayence, 29 septembre 1806.

Mon Cousin, le colonel Arrighi peut fournir à toutes les gardes du palais puisqu'il a les dragons. Mais il faudrait diminuer cette garde ; en général, il faut accoutumer Paris à ne plus voir tant de sentinelles. C'est le seul moyen d'ôter les 6,000 hommes que j'y ai laissés et de pouvoir les envoyer aux frontières, si les circonstances l'exigent.

NAPOLÉON.

Comm. par M le duc de Cambacérès.
(En minute aux Arch. de l'Emp.)

---

795. — ORDRE D'ENTRER DANS LE PAYS DE BAIREUTH ET D'ENLEVER HOF AUSSITOT LA GUERRE DÉCLARÉE

AU MARÉCHAL SOULT.

Mayence, 29 septembre 1806.

Mon Cousin, j'espère que votre corps d'armée sera arrivé le 3 octobre à Amberg. Je vais partir demain pour porter mon quartier général à Würzburg. La guerre n'est pas encore déclarée ; mais elle tient à un fil bien faible. Vos propos doivent donc continuer à être pacifiques. Cependant vous vous préparerez à exécuter le plan suivant. Mon intention serait que vous puissiez arriver le 5 à Baireuth avec tout votre corps réuni, ayant quatre jours de pain, et en manœuvre de guerre ; et que le 7 vous puissiez arriver à Hof, et en déloger l'ennemi. Mais, comme je serais à Bamberg, sur le compte que vous m'auriez rendu de la journée du 5, vous recevriez des ordres plus précis pour le 6 et le 7. Les rapports que vous m'enverriez sur la situation des ennemis à Hof me seraient nécessaires.

Ceci n'est point un ordre d'exécution, mais une instruction pour vous préparer, en attendant mes ordres pour entrer dans le pays de Baireuth. Vous vous porteriez sur l'extrème frontière entre le pays de Bamberg et celui de Baireuth. Par ce plan vous seriez le premier destiné à entrer dans le pays ennemi. Vous et votre corps d'armée devez voir l'estime que je vous porte. Je vois avec plaisir arriver le moment où je vais vous revoir. Envoyez-moi, par l'officier d'ordonnance que je vous expédie, un état exact de votre situation, corps par corps, ainsi que l'état du matériel de votre artillerie.

Prenez pour principe, dans toutes vos forma-

12.

tions en bataille, soit que vous vous placiez sur deux ou trois lignes, qu'une même division fasse la droite des deux ou trois lignes, une autre division le centre des deux ou trois lignes, une autre division la gauche des deux ou trois lignes. Vous avez vu à Austerlitz l'avantage de cette formation, parce qu'un général de division est au centre de sa division.

En vous envoyant l'ordre d'entrer dans le pays de Baireuth, je vous ferai connaître comment vous devez traiter ce pays. Le 3 octobre, le maréchal Ney sera avec son corps d'armée à Nuremberg; le maréchal Davout, à Bamberg; le maréchal Bernadotte, à Kronach; le maréchal Lefebvre, à Kœnigshofen; le maréchal Augereau, à Würzburg; toute la réserve de la cavalerie, entre Kronach et le Mein. J'ai pensé qu'il était nécessaire que je vous donnasse cette idée de la position générale de l'armée. Du moment que vous serez à Baireuth, votre ligne d'opération doit être sur Nuremberg; c'est sur cette place que vous devez opérer vos évacuations. Vous pourriez diriger les prisonniers que vous feriez sur Forchheim.

NAPOLÉON.

Dépôt de la guerre.
(En minute aux Arch. de l'Emp.)

796. — INSTALLATION DE WURZBURG ET DE FORCHHEIM COMME PLACES DE DÉPOT.

AU MARÉCHAL BERTHIER.

Mayence, 30 septembre 1806, 3 heures du matin.

Mon Cousin, en pensant à la manière de pourvoir mon armée de munitions, j'ai senti la nécessité d'avoir deux points forts où je puisse avoir mes dépôts : Würzburg et Forchheim.

Je vous ai déjà donné des ordres pour Würzburg, et je n'ai pas à y ajouter. Faites choisir des emplacements pour les magasins et pour les forges. Quant à Forchheim, nommez-y un commandant ; ordonnez que la place soit armée et approvisionnée ; envoyez reconnaître son état actuel ; faites-y désigner des locaux pour des magasins de cartouches d'infanterie et de cartouches à canon, pour des magasins de bois de rechange, et qu'on y établisse sans délai, ainsi qu'à Würzburg, un petit arsenal. En prescrivant des dispositions si importantes pour l'artillerie, vous sentez le besoin de les appliquer à l'état-major et à l'administration. Tous les prisonniers que l'on fera seront dirigés sur Forchheim ou Würzburg, selon les circonstances. Forchheim sera probablement le point souvent préféré.

Faites établir à Forchheim un hôpital de 500 malades et des magasins de vivres. Faites transporter à Forchheim les 35,000 rations de biscuit qui sont à Passau. Faites-y construire des fours, pour qu'il y ait une manutention, et faites-y réunir 15,000 quintaux de farine, de sorte qu'à tout événement mes corps pourraient se plier sur Forchheim ou Würzburg, et trouver là des cartouches, des vivres et un point d'appui.

Ces deux points sont également à l'abri d'un coup de main ; ce sont deux places assez fortes. Il y a des Bavarois à Forchheim ; on peut y envoyer une compagnie d'artillerie. J'imagine qu'il y en a deux compagnies à Würzburg, qui travaillent à armer la place. Faites donc passer des ordres à l'intendant général pour que tout soit ainsi dirigé. Je n'aime point Bamberg, parce que c'est un lieu ouvert, et qu'il est important que mes dépôts soient dans une petite place.

Vous avez assez d'expérience de la guerre et de ma manière de diriger les opérations pour sentir l'importance des places de Forchheim et de Würzburg. Ajoutez que Forchheim a le double avantage de me servir contre la Bohème, et qu'il peut y avoir telle opération où, refusant entièrement ma gauche, je sois privé pour longtemps du point d'appui de Würzburg. Ainsi donc faites construire dix fours à Würzburg et dix fours à Forchheim, et qu'on ne perde pas de temps à approvisionner ces places en farine, en eau-de-vie et en avoine.

Beaucoup de commandants vous deviennent inutiles dans la Bavière; nommez-en à ces places. Tracez une route pour l'artillerie d'Augsbourg à Forchheim, et d'Augsbourg à Würzburg.

Forchheim va être dans cette nouvelle campagne ce qu'a été Braunau l'année passée.

NAPOLÉON.

Dépôt de la guerre.
(En minute aux Arch. de l'Emp.)

---

797. — COMPOSITION DU PARC D'ARTILLERIE.

AU MARÉCHAL BERTHIER.

Mayence, 30 septembre 1806, 3 heures et demie du matin.

Mon Cousin, je n'ai reçu qu'aujourd'hui à minuit votre lettre du 25. Le général Songis a tort de s'excuser; un parc d'artillerie sans ponts est une chose trop absurde. Si ceux de Vienne ne valaient rien, il fallait en avoir de plus légers, ce que j'approuve fort. J'ai ordonné au général Rapp de diriger les vingt-cinq pontons de Strasbourg sur Bamberg; ils y seront rendus le 5 octobre, je l'espère. J'ai donné des ordres pour les bataillons du train qui sont en France et en Italie; je vous en envoie copie. J'ai donné de l'argent pour les remonter ; je vous en envoie la note. L'idée du général Songis d'acheter 1,000 chevaux n'en est pas moins excellente. Donnez ordre, par un courrier extraordinaire, au directeur du parc, d'en acheter 2,000, s'il en trouve de bons. On ne saurait avoir trop de chevaux d'artillerie, et certainement j'ai aujourd'hui des charretiers à la Grande Armée pour servir 20,000 chevaux. Mais il est temps enfin de prendre un parti réel sur le parc. Je ne veux point non plus avoir 11 ou 1200 voitures à ma suite. Dites à Songis que c'est autant de pris par l'ennemi. Je ne veux pas plus de 400 voitures. Mais je n'entends pas que la moitié soit des caissons d'outils ou des effets d'artillerie des compagnies, etc. J'entends que ce soient des cartouches d'infanterie, des cartouches de canon, pour réparer des [pertes, et avoir vingt ou trente pièces de canon de plus en batterie le jour d'une bataille. Sur ces 400 voitures, je n'en veux pas plus de 30 qui contiennent des objets de rechange du parc ; le reste doit être cartouches et munitions. Telle est ma volonté. Alors ce parc me sera de quelque utilité, ne me gênera jamais, et, s'il retarde un peu mes opérations, ce sera un retard raisonnable et selon la nature des choses. Écrivez donc au général Songis que, si j'avais 30,000 chevaux, je ne voudrais pas dans l'organisation de mon armée plus de 400 voitures à mon parc.

Ainsi donc, que le général Songis fasse l'état des
voitures et les dirige sur Bamberg, si elles sont encore à Augsbourg, ou à Würzburg si elles sont sur
la route; qu'il y ait au parc des munitions, des canons, des canonniers et une compagnie ou deux
d'ouvriers, le conducteur général du parc et tout le
personnel de l'artillerie qui n'est attaché à aucun
corps d'armée. Ce parc me sera d'une immense utilité. Un atelier de réparation sera établi dans la
citadelle de Würzburg, et un dans la citadelle de
Forchheim. Un magasin de cartouches à canon et de
cartouches d'infanterie sera formé à Würzburg, et
un autre à Forchheim.

Les moyens du pays seront suffisants pour approvisionner rapidement ces deux dépôts. On peut
même laisser à Augsbourg des munitions et des
approvisionnements. A mesure que j'irai en avant,
je choisirai un point central fortifié, et j'ordonnerai
qu'on y fasse, avec les moyens du pays, des magasins; mais cela n'a rien de commun avec le parc
mobile.

Ainsi donc mon parc doit être partagé en quatre :
400 voitures suivront l'armée avec une compagnie
d'ouvriers, tous mes pontonniers et tout le personnel de l'artillerie; un gros atelier de réparation
sera formé dans la citadelle de Würzburg et à
Forchheim; des ouvriers, des forges y seront envoyés; des magasins de cartouches, de rechanges et

d'effets de toute espèce y seront réunis ; mais de manière cependant qu'il reste à Augsbourg au moins le tiers de ce que j'y ai, de sorte que, soit que je me reploie sur Augsbourg, soit que je me reploie sur Forchheim, soit que je manœuvre sur Würzburg, je trouve dans ces places de quoi réapprovisionner mes caissons et réparer mon artillerie. Le parc réduit ainsi au simple nécessaire suivra l'armée.

Le général Songis me rendra compte tous les jours de ce qui s'y trouve, de ce qu'il fait, et je donnerai des ordres pour son réapprovisionnement et pour la formation de nouveaux dépôts. C'est ainsi qu'il est possible de faire la guerre ; tout autre moyen est absurde.

Résumé. Indépendamment des ordres que vous transmettrez sur-le-champ au général Songis, transmettez-lui l'ordre d'acheter 2,000 chevaux. J'ai des charretiers à l'armée pour servir plus que ce nombre ; mais ils ne doivent pas être employés comme domestiques, ils ne doivent pas être attachés aux caissons des officiers, des généraux. Je serai inexorable là-dessus, et je ne souffrirai pas que personne se serve des chevaux ni des caissons d'artillerie.

NAPOLÉON.

Dépôt de la guerre.
(En minute aux Arch. de l'Emp.)

798. — EXPOSÉ DU PLAN D'OPÉRATIONS QUE COMPTE SUIVRE L'EMPEREUR. — INSTRUCTIONS.

AU ROI DE HOLLANDE.

Mayence, 30 septembre 1806.

Je vous expédie M. de Turenne, qui est officier d'ordonnance près de ma personne ; il vous remettra en main propre la présente, qui a pour objet de vous faire connaître le plan d'opérations que je me propose de suivre. Il est probable que les hostilités commenceront le 6 du mois d'octobre.

PREMIÈRE NOTE.

Mon intention est de concentrer toutes mes forces sur l'extrémité de ma droite, en laissant tout l'espace entre le Rhin et Bamberg entièrement dégarni, de manière à avoir près de 200,000 hommes réunis sur un même champ de bataille. Si l'ennemi pousse des partis entre Mayence et Bamberg, je m'en inquiéterai peu, parce que ma ligne de communication sera établie sur Forchheim, qui est une petite place forte, et de là sur Würzburg. Il deviendra donc nécessaire que vous fassiez passer les courriers les plus importants que vous aurez à m'expédier par Manheim, et de là ils prendront langue à Forchheim, et m'arriveront de la manière la plus sûre

La nature des événements qui peuvent avoir lieu est incalculable, parce que l'ennemi, qui me suppose la gauche au Rhin et la droite en Bohême, et qui croit ma ligne d'opération parallèle à mon front de bataille, peut avoir un grand intérêt à déborder ma gauche, et qu'en ce cas je puis le jeter sur le Rhin. Occupez-vous de mettre Wesel dans le meilleur état possible, afin que vous puissiez, si les circonstances le demandent, faire repasser toute votre armée sur le pont de Wesel et longer le Rhin, afin de contenir les partis, et qu'ils ne puissent aller au delà de cette barrière. Le 10 ou le 12 octobre il y aura à Mayence le 8ᵉ corps de la Grande Armée, fort de 18 à 20,000 hommes. Son instruction sera de ne pas se laisser couper du Rhin, de faire des incursions jusqu'à la hauteur de Francfort ; mais, en cas de nécessité, de se retirer derrière le Rhin et d'appuyer sa gauche à vos troupes.

DEUXIÈME NOTE.

Les observations de ma première note, qui est ci-dessus, sont toutes de prévoyance. Mes premières marches menacent le cœur de la monarchie prussienne, et le déploiement de mes forces sera si imposant et si rapide, qu'il est probable que toute l'armée prussienne de Westphalie se ploiera sur Magdeburg, et que tout se mettra en marche à grandes journées pour défendre la capitale. C'est

alors, mais alors seulement, qu'il faudra lancer une
avant-garde pour prendre possession du comté de
la Marck, de Münster, d'Osnabrück et d'Ost-Frise,
au moyen de colonnes mobiles qui se ploieraient au
besoin sur un point central. Il en résulterait que
l'ennemi ne tirerait ni recrues ni ressources du pays,
et que vous pourriez en tirer, au contraire, quelques
avantages. Vous devez sentir que la masse de vos
forces ne doit point s'éloigner de Wesel, afin que de là
vous puissiez défendre votre royaume et les côtes de
Boulogne, si les circonstances l'exigeaient. Pour la
première époque de la guerre, vous n'êtes qu'un
corps d'observation, c'est-à-dire que, tant que l'ennemi n'a pas été jeté au delà de l'Elbe, je ne compte
sur votre corps que comme sur un moyen de diversion et pour amuser l'ennemi jusqu'au 12 octobre,
qui est l'époque où mes opérations seront démas-
quées; et aussi pour qu'un corps ennemi, qui se
trouverait coupé et qui ne verrait d'autre ressource
que de se jeter en Hollande ou en France, n'y pût
pénétrer; ou enfin pour qu'en cas d'un événement
majeur et funeste, tel que pourrait l'être une grande
bataille perdue, vous puissiez, pendant que j'opé-
rerais ma retraite sur le Danube, défendre Wesel
et Mayence avec votre armée et le 8e corps de la
Grande Armée, qui ne s'éloignera jamais de
Mayence, et empêcher en même temps l'ennemi de
passer le Rhin et de piller mes États.

TROISIÈME NOTE.

Il est nécessaire que vous correspondiez fréquemment avec le maréchal Brune ainsi qu'avec le Texel, pour pouvoir être sur les côtes, si les Anglais y débarquent, ce que je ne crois guère probable. Il est plus vraisemblable qu'ils tenteront de débarquer en Hanovre, et qu'en se réunissant aux Suédois ils y auraient bientôt 25,000 hommes. N'ayant plus de craintes alors pour la Bretagne, pour Cherbourg, ni pour Boulogne, j'ordonnerais au corps de 8,000 hommes que j'ai à Paris de venir en poste vous renforcer, ce qui serait une affaire de dix jours. Débarrassé vous-même de toute appréhension, vous pourriez vous faire renforcer par les troupes du camp de Zeist, et, en cas de nécessité absolue, la totalité ou partie du 8ᵉ corps d'armée quitterait Mayence pour se rendre, à marches forcées, par la route du Rhin, auprès de vous. Ces moyens réunis vous donneraient une quarantaine de mille hommes, qui occuperaient assez les Suédois et les Anglais pour que mon armée n'en fût point attaquée. En tout ceci, je vais aussi loin que la prévoyance humaine le puisse permettre. D'ailleurs, malgré l'éloignement où nous pourrions nous trouver l'un de l'autre, assuré comme je le suis du midi de l'Allemagne, je pourrai toujours vous envoyer, en peu de jours, des instructions analogues aux circonstances.

QUATRIÈME NOTE.

Une fois le premier acte de la guerre fini, il sera possible que je vous charge de conquérir Cassel, d'en chasser l'Électeur et de désarmer ses troupes. Le 8ᵉ corps de la Grande Armée, une portion de la vôtre, et peut-être même un détachement de mon armée, auquel je donnerais cette destination, vous mettraient à même d'effectuer cette opération. L'Électeur veut être neutre ; mais cette neutralité ne me trompe pas, quoiqu'elle me convienne. Vous devez l'entretenir dans les sentiments qu'il manifeste à ce sujet, sans compromettre cependant votre caractère. Des paroles d'estime pour sa personne dites à propos, la manifestation fréquente de l'intention où vous êtes de vous conformer aux ordres que vous avez de bien vivre avec lui, de bons procédés de tout genre, le maintiendront encore quelque temps dans cette neutralité à laquelle il a recours. Quant à moi, j'aime fort à voir à mon ennemi 10 à 12,000 hommes de moins sur un champ de bataille où ils pourraient être. Mais, je le répète, le premier résultat d'une grande victoire doit être de balayer de mes derrières cet ennemi secret et dangereux. Je ne vous dis ceci qu'afin que vous étudiiez le pays, et vous voyez le cas que je fais de vous par la confiance que je vous montre.

A tout événement la garnison de Wesel doit être

composée du 22ᵉ de ligne que j'y ai laissé, des
quatre compagnies d'artillerie qui y sont, du bataillon du grand-duc de Berg, et, s'il est nécessaire,
d'un millier d'hommes à retirer des dépôts de la
26ᵉ division militaire, en organisant 150 hommes
par dépôt et en ayant bien soin de ne placer avec
ce nombre d'hommes que deux officiers, deux sergents et quatre caporaux par dépôt; afin que, si la
place devait être prise, je n'eusse pas à regretter
grand nombre d'officiers et surtout le déficit que
cela produirait dans mes corps à cause de la non-
formation des conscrits. Je laisse le général Marescot premier inspecteur de l'arme du génie en
deçà du Rhin, avec l'ordre d'être soit à Mayence,
soit à Wesel, à Venloo, à Anvers, à Juliers et à
Maëstricht, pour fortifier ces différents points et
prendre les mesures provisoires que les circonstances commanderont. Vous le verrez sous peu à
Wesel.

Il me serait impossible de vous donner des
instructions plus détaillées. Ayez de vos officiers
d'état-major au quartier général du maréchal
Brune à Boulogne, et qu'il s'en trouve au vôtre de
l'état-major du maréchal Brune. Tenez-vous au
courant de toutes les nouvelles que le maréchal
Kellermann pourra rassembler à Mayence. Écrivez
fréquemment à M. l'archichancelier Cambacérès et
au ministre Dejean, afin d'en recevoir des nou-

velles. Écrivez même quelquefois pour le même
objet au général Junot, qui commande mes troupes
à Paris. N'exposez jamais votre corps d'armée et ne
hasardez point votre personne, puisque vous n'avez
qu'un corps d'observation. Le moindre échec que
vous éprouveriez me donnerait de l'inquiétude;
mes mesures en pourraient être déconcertées, et
cet événement mettrait sans direction tout le nord
de mon empire. Quels que soient, au contraire, les
événements qui m'arriveront, si je vous sais derrière le Rhin, j'agirai plus librement; et même, s'il
m'arrivait quelque grand malheur, je battrais mes
ennemis, quand il ne me resterait que 50,000 hommes, parce que, libre de manœuvrer, indépendant
de toute ligne d'opération et tranquille sur les
points les plus importants de mes États, j'aurais
toujours des ressources et des moyens.

Il est possible que les événements actuels ne
soient que le commencement d'une grande coali-
tion contre nous et dont les circonstances feront
éclore tout l'ensemble; c'est pourquoi il est bon
que vous songiez à augmenter votre artillerie. Les
troupes ne manqueront pas; elles vous viendront
de tous côtés; mais elles n'amèneront pas avec
elles les attelages qu'elles auront besoin d'avoir.
Vous avez aujourd'hui trente pièces d'artillerie
attelées : c'est plus qu'il ne vous en faut à la
rigueur, mais ce n'est pas assez en cas d'événe-

ments. Attachez-vous à vous procurer insensiblement des attelages en bon ordre, de telle sorte que
vous puissiez en réunir soixante vers le mois de novembre. Comme il nous faut un chiffre, je charge le
général Clarke, secrétaire de mon cabinet, de vous
en envoyer un. Mais ne chiffrez que ce qui est important.

NAPOLÉON.

Archives de l'Empire.

---

799. — APPROBATION D'UN PROJET D'ATTACHER DES CAISSONS AUX BATAILLONS DE SAPEURS.

AU GÉNÉRAL MARESCOT.

Mayence, 30 septembre 1806.

Monsieur le Général Marescot, j'approuve beaucoup votre projet relatif aux caissons. Présentez-
moi, ce soir même, un projet de décret au moyen
duquel les caissons que vous proposez seront attachés aux bataillons de sapeurs, et qui réglera le
mode de leur achat, de leur entretien, etc. Il est
temps de prendre un parti relativement à ces caissons, dont le service est indispensable. Il faut que
le génie ait avec lui tout ce dont il a besoin. Il sera
bon de mettre dans les caissons ce qui convient relativement aux outils de mineurs. On me dit qu'il est

parti de Strasbourg pour Würzburg beaucoup d'outils. Si cela est vrai, il suffira peut-être d'envoyer
à Würzburg environ 15,000 outils qu'on pourra
charger sur douze à quinze prolonges d'artillerie
qu'on attellera avec des chevaux de réquisition, et
ces prolonges seront alors attachées, pendant cette
campagne, au service du corps du génie. Ainsi les
déplacements et les versements d'outils d'une place
sur l'autre ne deviendront plus funestes au service.
On saura où chaque chose aura été placée ; et, sans
un ordre bien établi pour tous ces objets de détail, tout se perdrait, les dépenses pour l'État
seraient énormes, et je finirais cependant par ne
rien avoir.

NAPOLÉON.

Archives de l'Empire.

---

800. — INSTRUCTIONS POUR DÉBOUCHER EN SAXE ; MOUVEMENT DES AUTRES CORPS.

AU MARÉCHAL SOULT.

Würzburg, 5 octobre 1806, 11 heures du matin.

Mon Cousin, le major général rédige dans ce
moment vos ordres, que vous recevrez dans la journée. Mon intention est que vous soyez le 8 à Baireuth. Vous me renverrez l'officier d'ordonnance

que je vous expédie, de Baireuth, du moment que vous y serez arrivé, avec tous les renseignements sur cette place que vous aurez recueillis. Cet officier me trouvera probablement à Bamberg ou à Lichtenfels.

Le pays de Baireuth à Hof est un pays peu propre à la cavalerie.

Je crois convenable que vous connaissiez mes projets, afin que cette connaissance puisse vous guider dans les circonstances importantes.

J'ai fait occuper, armer et approvisionner les citadelles de Würzburg, de Forchheim et de Kronach, et je débouche avec toute mon armée sur la Saxe par trois débouchés. Vous êtes à la tête de ma droite, ayant à une demi-journée derrière vous le corps du maréchal Ney, et à une journée derrière 10,000 Bavarois; ce qui fait au-delà de 50,000 hommes. Le maréchal Bernadotte est à la tête de mon centre. Il a derrière lui le corps du maréchal Davout, la plus grande partie de la réserve de la cavalerie et ma Garde; ce qui forme plus de 70,000. Il débouche par Kronach, Lobenstein et Schleiz. Le 5ᵉ corps est à la tête de ma gauche. Il a derrière lui le corps du maréchal Augereau. Il débouche par Cobourg, Grafenthal et Saalfeld. Cela forme plus de 40,000 hommes. Le même jour que vous arriverez à Hof, tout cela sera arrivé dans des positions à la même hauteur.

Je me tiendrai le plus constamment à la hauteur du centre.

Avec cette immense supériorité de forces réunies sur un espace si étroit, vous sentez que je suis dans la volonté de ne rien hasarder et d'attaquer l'ennemi, partout où il voudra tenir, avec des forces doubles.

Il paraît que ce qu'il y a le plus à redouter chez les Prussiens, c'est leur cavalerie ; mais, avec l'infanterie que vous avez, et en vous tenant toujours en position de vous placer en carrés, vous avez peu à redouter. Cependant aucun moyen de guerre ne doit être négligé. Ayez soin que 3 ou 5,000 outils de pionniers marchent toujours à la hauteur de vos divisions, afin de faire dans la circonstance une redoute ou même un simple fossé.

Si l'ennemi se présentait contre vous avec des forces moindres cependant de 30,000 hommes, vous pouvez, en vous concertant avec le maréchal Ney, réunir vos troupes et l'attaquer ; mais, s'il est dans une position qu'il occupe depuis longtemps, il aura eu soin de la reconnaître et de la retrancher ; dans ce cas, conduisez-vous avec prudence.

Arrivé à Hof, votre premier soin doit être de lier des communications entre Lobenstein, Ebersdorf et Schleiz. Je serai ce jour-là à Ebersdorf. Les nouvelles que vous aurez de l'ennemi, à votre débouché de Hof, vous porteront à vous appuyer un peu plus sur mon centre ou à prendre une position en avant, pour pouvoir marcher sur Plauen.

Selon tous les renseignements que j'ai aujourd'hui, il paraît que, si l'ennemi fait des mouvements, c'est sur ma gauche, puisque le gros de ses forces paraît être à Erfurt.

Je ne saurais trop vous recommander de correspondre très-fréquemment avec moi et de m'instruire de tout ce que vous apprendrez sur la chaussée de Dresde.

Vous pensez bien que ce serait une belle affaire que de se porter autour de cette place en un bataillon carré de 200,000 hommes. Cependant tout cela demande un peu d'art et quelques événements.

Lorsque vous m'écrirez, ayez soin de me bien décrire les localités par où vous serez passé et celles qu'occuperait ou pourrait occuper l'ennemi. Faites-en faire un journal tenu exactement par un officier du génie. Ces renseignements sont très-importants.

NAPOLÉON.

Dépôt de la guerre.
(En minute aux Arch. de l'Emp.)

801. — COMBAT DE SCHLEIZ. — PROJETS DE L'EM-PEREUR EN ATTENDANT LA RÉUNION DE TOUTES SES TROUPES.

AU MARÉCHAL SOULT.

Ebersdorf, 10 octobre 1806, 8 heures du matin.

Mon Cousin, nous avons culbuté hier les 8,000 hommes qui, de Hof, s'étaient retirés à Schleiz, où ils attendaient des renforts dans la nuit. Leur cavalerie a été écharpée; un colonel a été pris; plus de 2,000 fusils et casquettes ont été trouvés sur le champ de bataille. L'infanterie prussienne n'a pas tenu. On n'a ramassé que 2 ou 300 prisonniers, parce que c'était la nuit et qu'ils se sont éparpillés dans les bois; je compte sur un bon nombre ce matin.

Voici ce qui me paraît le plus clair: il paraît que les Prussiens avaient le projet d'attaquer; que leur gauche devait déboucher par Iena, Saalfeld et Cobourg; que le prince de Hohenlohe avait son quartier général à Iena et le prince Louis à Saalfeld; l'autre colonne a débouché par Meiningen sur Fulde; de sorte que je suis porté à penser que vous n'avez personne devant vous, peut-être pas 10,000 hommes jusqu'à Dresde. Si vous pouvez leur écraser un corps, faites-le. Voici du reste mes projets pour aujourd'hui : je ne puis marcher, j'ai trop de choses en arrière ; je pousserai mon avant-garde à Auma ; j'ai reconnu un bon champ de bataille en avant de Schleiz pour 80 ou 100,000 hommes. Je fais marcher le maréchal Ney à Tanna ; il se trouvera à deux lieues de Schleiz ; vous-même, de Plauen, n'êtes pas assez loin pour ne pas pouvoir dans vingt-quatre heures y venir.

Le 5, l'armée prussienne a encore fait un mouvement sur la Thuringe, de sorte que je la crois arriérée d'un grand nombre de jours. Ma jonction avec ma gauche n'est pas encore faite, ou du moins par des postes de cavalerie qui ne signifient rien.

Le maréchal Lannes n'arrivera qu'aujourd'hui à Saalfeld, à moins que l'ennemi n'y soit en force considérable. Ainsi les journées du 10 et du 11 seront perdues. Si ma jonction est faite, je pousserai en avant jusqu'à Neustadt et Triptis ; après cela, quelque chose que fasse l'ennemi, s'il m'attaque, je serai enchanté ; s'il se laisse attaquer, je ne le manquerai pas ; s'il file par Magdebourg, vous serez avant lui à Dresde. Je désire beaucoup une bataille. S'il a voulu m'attaquer, c'est qu'il a une grande confiance dans ses forces ; il n'y a point d'impossibilité alors qu'il ne m'attaque ; c'est ce qu'il peut me faire de plus agréable. Après cette bataille, je serai à Dresde ou à Berlin avant lui.

J'attends avec impatience ma Garde à cheval ;
elle est aujourd'hui à Bamberg ; quarante pièces
d'artillerie et 3,000 hommes de cavalerie comme
ceux-là ne sont pas à dédaigner. Vous voyez actuellement mes projets pour aujourd'hui et demain ;
vous êtes maître de vous conduire comme vous
l'entendrez ; mais procurez-vous du pain, afin que,
si vous venez me joindre, vous en ayez pour quelques jours.

Si vous trouvez à faire quelque chose contre
l'ennemi, à une marche de vous, vous pouvez le
faire hardiment. Établissez de petits postes de cavalerie pour correspondre rapidement de Schleiz à
Plauen.

Jusqu'à cette heure, il me semble que la campagne commence sous les plus heureux auspices.

J'imagine que vous êtes à Plauen ; il est très-
convenable que vous vous en empariez. Faites-
moi donc connaître ce que vous avez devant vous.
Rien de ce qui était à Hof ne s'est retiré sur
Dresde.

                                    NAPOLÉON.

Je reçois à l'instant votre dépêche du 9, à six
heures du soir ; j'approuve les dispositions que
vous avez faites. Les renseignements que vous
me donnez, que 1,000 hommes de Plauen se sont
retirés sur Gera, ne me laissent plus aucun doute

que Gera ne soit le point de réunion de l'armée ennemie. Je doute qu'elle puisse s'y réunir avant que j'y sois. Au reste, dans la journée, je recevrai des renseignements et j'aurai des idées plus précises ; vous-même à Plauen vous en aurez beaucoup. Les lettres interceptées à la poste vous en donneront. Dans cette incertitude ne fatiguez pas vos troupes.

Dépôt de la guerre.
(En minute aux Arch. de l'Emp.)

802. — SITUATION DE L'ARMÉE PRUSSIENNE COUPÉE DE DRESDE ET DE BERLIN.

AU MARÉCHAL LANNES.

Quartier impérial, Auma, 12 octobre 1806, 4 heures du matin.

Mon Cousin, j'ai reçu avec grand plaisir la nouvelle de votre affaire du 10 du courant. J'avais entendu la canonnade et j'avais envoyé une division pour vous soutenir. La mort du prince Louis de Prusse semble être une punition du ciel, car c'est le véritable auteur de la guerre. Réitérez les ordres que vous avez déjà donnés pour que les canons pris sur les ennemis soient évacués sur Kronach et ne soient pas volés par les paysans, comme il arrive souvent. J'étais hier au soir à Gera. Nous avons mis en dé-

route l'escorte des bagages de l'ennemi et pris cinq
cents voitures ; la cavalerie est chargée d'or. Vous
recevrez l'ordre du mouvement de la part du major
général. Toutes les lettres interceptées font voir que
l'ennemi a perdu la tête. Ils tiennent conseil jour et
nuit, et ne savent quel parti prendre. Vous verrez
que mon armée est réunie, que je leur barre le
chemin de Dresde et de Berlin. L'art est aujourd'hui
d'attaquer tout ce qu'on rencontre, afin de battre
l'ennemi en détail et pendant qu'il se réunit. Quand
je dis qu'il faut attaquer tout ce qu'on rencontre, je
veux dire qu'il faut attaquer tout ce qui est en
marche et non dans une position qui le rend trop
supérieur. Les Prussiens avaient déjà lancé une
colonne sur Francfort, qu'ils ont bientôt repliée.
Jusqu'à cette heure, ils montrent bien leur igno-
rance de l'art de la guerre. Ne manquez pas d'envoyer beaucoup de coureurs devant vous pour
intercepter les malles, les voyageurs, et recueillir
le plus de renseignements possible. Si l'ennemi
fait un mouvement d'Erfurt sur Saalfeld, ce qui
serait absurde, mais dans sa position il faut s'attendre à toute sorte d'événements, vous vous réunirez au maréchal Augereau et vous tomberez sur
le flanc des Prussiens.

NAPOLÉON.

Comm. par M. le duc de Montebello.
    (En minute aux Arch. de l'Emp.)

803. — DISPOSITIONS ARRÊTÉES POUR LA BATAILLE D'IENA.

ORDRE DU JOUR.

Au bivouac d'Iena, 14 octobre 1806.

M. le maréchal Augereau commandera la gauche ; il placera sa première division en colonne sur la route de Weimar, jusqu'à une hauteur où le général Gazan a fait monter son artillerie sur le plateau ; il tiendra des forces nécessaires sur le plateau de gauche, à la hauteur de la tête de sa colonne. Il aura des tirailleurs sur toute la ligne ennemie, aux différents débouchés des montagnes. Quand le général Gazan aura marché en avant, il débouchera sur le plateau avec tout son corps d'armée, et marchera ensuite, suivant les circonstances, pour prendre la gauche de l'armée.

M. le maréchal Lannes aura, à la pointe du jour, toute son artillerie dans ses intervalles et dans l'ordre de bataille où il a passé la nuit.

L'artillerie de la Garde impériale sera placée sur la hauteur, et la Garde sera derrière le plateau, rangée sur cinq lignes, la première ligne, composée des chasseurs, couronnant le plateau.

Le village qui est sur notre droite sera canonné

avec toute l'artillerie du général Suchet, et immédiatement attaqué et enlevé.

L'Empereur donnera le signal; on doit se tenir prêt à la pointe du jour.

M. le maréchal Ney sera placé, à la pointe du jour, à l'extrémité du plateau, pour pouvoir monter et se porter sur la droite du maréchal Lannes, du moment que le village sera enlevé et que, par là, on aura la place de déploiement.

M. le maréchal Soult débouchera par le chemin qui a été reconnu sur la droite, et se tiendra toujours lié pour tenir la droite de l'armée.

L'ordre de bataille en général sera, pour MM. les maréchaux, de se former sur deux lignes, sans compter celle d'infanterie légère; la distance des deux lignes sera au plus de 100 toises.

La cavalerie légère de chaque corps d'armée sera placée pour être à la disposition de chaque général, pour s'en servir suivant les circonstances.

La grosse cavalerie, aussitôt qu'elle arrivera, sera placée sur le plateau et sera en réserve derrière la Garde, pour se porter où les circonstances l'exigeraient.

Ce qui est important aujourd'hui, c'est de se déployer en plaine; on fera ensuite les dispositions que les manœuvres et les forces que montrera l'ennemi indiqueront, afin de le chasser des positions qu'il occupe et qui sont nécessaires pour le déploiement.

Le maréchal Berthier, par ordre de l'Empereur.

Dépôt de la guerre.

---

804. — 5e BULLETIN DE LA GRANDE ARMÉE.

VICTOIRE D'IENA.

Iena, 15 octobre 1806.

La bataille d'Iena a lavé l'affront de Rosbach, et décidé, en sept jours, une campagne qui a entièrement calmé cette frénésie guerrière qui s'était emparée des têtes prussiennes.

Voici la position de l'armée au 13 :

Le grand-duc de Berg et le maréchal Davout avec leurs corps d'armée étaient à Naumburg, ayant des partis sur Leipzig et Halle.

Le corps du maréchal prince de Ponte-Corvo était en marche pour se rendre à Dornburg.

Le corps du maréchal Lannes arrivait à Iena.

Le corps du maréchal Augereau était en position à Kahla.

Le corps du maréchal Ney était à Roda.

Le quartier général à Gera. L'Empereur en marche pour se rendre à Iena.

Le corps du maréchal Soult, de Gera, était **en**

marche pour prendre une position plus rapprochée à l'embranchement des routes de Naumburg et d'Iena.

Voici la position de l'ennemi :

Le roi de Prusse voulant commencer les hostilités au 9 octobre, en débouchant sur Francfort par sa droite, sur Würzburg par son centre et sur Bamberg par sa gauche, toutes les divisions de son armée étaient disposées pour exécuter ce plan ; mais l'armée française, s'étant avancée sur l'extrémité de sa gauche, se trouva, en peu de jours, à Saalburg, à Lobenstein, à Schleiz, à Gera, à Naumburg. L'armée prussienne, tournée, employa les journées des 9, 10, 11 et 12 à rappeler tous ses détachements ; et, le 13, elle se présenta en bataille entre Kapellendorf et Auerstædt, forte de près de 150,000 hommes.

Le 13, à deux heures après midi, l'Empereur arriva à Iena, et, sur un petit plateau qu'occupait notre avant-garde, il aperçut les dispositions de l'ennemi, qui paraissait manœuvrer pour attaquer le lendemain, et forcer les divers débouchés de la Saale. L'ennemi défendait en force et par une position inexpugnable la chaussée d'Iena à Weimar, et paraissait penser que les Français ne pourraient déboucher dans la plaine sans avoir forcé ce passage. Il ne paraissait pas possible, en effet, de faire monter de l'artillerie sur le plateau qui, d'ailleurs, était si petit que quatre bataillons pouvaient à peine s'y déployer. On fit travailler toute la nuit à un chemin dans le roc, et on parvint à conduire l'artillerie sur la hauteur.

Le maréchal Davout reçut l'ordre de déboucher par Naumburg, pour défendre les défilés de Kœsen, si l'ennemi voulait marcher sur Naumburg, ou pour se rendre à Apolda pour le prendre à dos, s'il restait dans la position où il était.

Le corps du maréchal prince de Ponte-Corvo fut destiné à déboucher de Dornburg pour tomber sur les derrières de l'ennemi, soit qu'il se portât en force sur Naumburg, soit qu'il se portât sur Iena.

La grosse cavalerie, qui n'avait pas encore rejoint l'armée, ne pouvait la rejoindre qu'à midi; la cavalerie de la Garde impériale était à trente-six heures de distance, quelques fortes marches qu'elle eût faites depuis son départ de Paris. Mais il est des moments, à la guerre, où aucune considération ne doit balancer l'avantage de prévenir l'ennemi et de l'attaquer le premier. L'Empereur fit ranger, sur le plateau qu'occupait l'avant-garde, que l'ennemi paraissait avoir négligé et vis-à-vis duquel il était en position, tout le corps du maréchal Lannes. Ce corps d'armée fut rangé par les soins du général Victor; chaque division formant une aile. Le maréchal Lefebvre fit ranger, au sommet, la Garde impériale en bataillons carrés. L'Empereur bivouaqua au milieu de ces braves. La nuit offrait un spectacle digne d'observation : celui de deux armées dont l'une déployait son front sur six lieues d'étendue et embrasait de ses feux l'atmosphère, l'autre dont les feux apparents étaient concentrés sur un petit point ; et dans l'une et l'autre armée de l'activité et du mouvement. Les feux des deux armées étaient à une demi-portée de canon ; les sentinelles se touchaient presque, et il ne se faisait pas un mouvement qui ne fût entendu.

Les corps des maréchaux Ney et Soult passèrent la nuit en marche. A la pointe du jour, toute l'armée prit les armes. La division Gazan était rangée sur trois lignes, sur la gauche du plateau ; la division Suchet formait la droite ; la Garde impériale occupait le sommet du monticule, chacun de ces corps ayant ses canons dans les intervalles. De la ville et des vallées voisines, on avait pratiqué des débouchés qui permettaient le déploiement le plus facile aux troupes qui n'avaient pu être placées sur le plateau, car c'était peut-être la première fois qu'une armée devait passer par un si petit débouché.

Un brouillard épais obscurcissait le jour. L'Empereur passa devant plusieurs lignes ; il recommanda aux soldats de se tenir en garde contre cette cavalerie prussienne qu'on peignait comme si redoutable. Il les fit souvenir qu'il y avait un an, à la même époque, ils avaient pris Ulm ; que l'armée prussienne, comme l'armée autrichienne, était aujourd'hui cernée, ayant perdu sa ligne d'opération, ses magasins ; qu'elle ne se battait plus dans ce moment pour la gloire, mais pour sa retraite ; que, cherchant à faire une trouée sur différents points, les corps d'armée qui la laisseraient passer seraient perdus d'honneur et de réputation. A ce discours animé, le soldat répondit par des cris de : *Marchons!* Les tirailleurs engagèrent l'action ; la fusillade devint vive. Quelque bonne que fût la position que l'ennemi occupait, il en fut débusqué, et l'armée française, débouchant dans la plaine, commença à prendre son ordre de bataille.

De son côté, le gros de l'armée ennemie, qui n'avait eu le projet d'attaquer que lorque le brouillard serait dissipé, prit les armes. Un corps de 50,000 hommes de la gauche se porta pour couvrir les défilés de Naumburg et s'emparer des débouchés de Kœsen ; mais il avait déjà été prévenu par le maréchal Davout. Les deux autres corps, formant une force de 80,000 hommes, se portèrent en avant de l'armée française, qui débouchait du plateau d'Iena. Le brouillard couvrit les deux armées pendant deux heures ; mais enfin il fut dissipé par un beau soleil d'automne. Les deux armées s'aperçurent à une petite portée de canon. La gauche de l'armée française, appuyée sur un village et des bois, était commandée par le maréchal Augereau. La Garde impériale la séparait du centre, qu'occupait le corps

du maréchal Lannes. La droite était formée par
le corps du maréchal Soult. Le maréchal Ney
n'avait qu'un simple corps de 3,000 hommes,
seules troupes qui fussent arrivées de son corps
d'armée.

L'armée ennemie était nombreuse et montrait
une belle cavalerie; ses manœuvres étaient exécutées avec précision et rapidité. L'Empereur eût dé-
siré de retarder de deux heures d'en venir aux
mains, afin d'attendre, dans la position qu'il venait de
prendre, après l'attaque du matin, les troupes qui
devaient le joindre et surtout sa cavalerie; mais
l'ardeur française l'emporta. Plusieurs bataillons
s'étant engagés au village d'Hohlstædt, il vit l'ennemi s'ébranler pour les en déposter; le maréchal
Lannes reçut ordre sur-le-champ de marcher en
échelons pour soutenir ce village. Le maréchal
Soult attaqua un bois sur la droite. L'ennemi ayant
fait un mouvement de sa droite sur notre gauche, le
maréchal Augereau fut chargé de le repousser. En
moins d'une heure, l'action devint générale : 250 ou
300,000 hommes, avec 7 ou 800 pièces de canon,
semaient partout la mort et offraient un de ces spec-
tacles rares dans l'histoire. De part et d'autre on
manœuvra constamment comme à une parade; parmi
nos troupes, il n'y eut jamais le moindre désordre, la
victoire ne fut pas un moment incertaine. L'Empereur
eut toujours auprès de lui, indépendamment de la

Garde impériale, un bon nombre de troupes de réserve pour pouvoir parer à tout accident imprévu.

Le maréchal Soult, ayant enlevé le bois qu'il attaquait depuis deux heures, fit un mouvement en avant: dans cet instant on prévint l'Empereur que les divisions de cavalerie française de réserve commençaient à se placer, et que deux nouvelles divisions du corps du maréchal Ney se plaçaient en arrière, sur le champ de bataille. On fit alors avancer toutes les troupes qui étaient en réserve, sur la première ligne, qui, se trouvant ainsi appuyée, culbuta l'ennemi en un clin d'œil et le mit en pleine retraite. Il la fit en ordre pendant la première heure; mais elle devint un affreux désordre, du moment que nos divisions de dragons et nos cuirassiers, ayant le grand-duc de Berg à leur tête, purent prendre part à l'affaire. Ces braves cavaliers, frémissant de voir la victoire se décider sans eux, se précipitèrent partout où ils rencontrèrent des ennemis. La cavalerie, l'infanterie prussienne ne purent soutenir leur choc; en vain l'infanterie ennemie se forma en bataillons carrés; cinq de ces bataillons furent enfoncés : artillerie, cavalerie, infanterie, tout fut culbuté et pris. Les Français arrivèrent à Weimar en même temps que l'ennemi, qui fut ainsi poursuivi pendant l'espace de six lieues.

A notre droite, le corps du maréchal Davout faisait des prodiges ; non-seulement il contint, mais

mena battant, pendant plus de trois lieues, le gros
de troupes ennemies qui devait déboucher du côté de
Kœsen. Ce maréchal a déployé une bravoure dis-
tinguée et de la fermeté de caractère, première
qualité d'un homme de guerre. Il a été secondé par
les généraux Gudin, Friant, Morand, Daultanne,
chef de l'état-major, et par la rare intrépidité de
son brave corps d'armée.

Les résultats de la bataille sont 30 à 40,000 prisonniers, il en arrive à chaque moment; 25 à
30 drapeaux, 300 pièces de canon, des magasins
immenses de subsistances. Parmi les prisonniers se
trouvent plus de vingt généraux, dont plusieurs
lieutenants généraux, entre autres le lieutenant
général Schmettau. Le nombre des morts est immense dans l'armée prussienne; on compte qu'il y
a plus de 20,000 tués ou blessés. Le feld-maréchal
Mœllendorf a été blessé; le duc de Brunswick a été
tué; le général Rüchel a été tué; le prince Henri de
Prusse, grièvement blessé. Au dire des déserteurs,
des prisonniers et des parlementaires, le désordre
et la consternation sont extrêmes dans les débris de
l'armée ennemie.

De notre côté, nous n'avons à regretter, parmi
les généraux, que la perte du général de brigade
Debilly, excellent soldat. Parmi les blessés, le général de brigade Conroux; parmi les colonels
morts, les colonels Vergez, du 12ᵉ régiment d'in-

fanterie de ligne; Lamotte, du 36e; Barbanègre, du 9e de hussards; Marigny, du 20e de chasseurs; Harispe, du 16e d'infanterie légère; Doullembourg, du 1er de dragons; Nicolas, du 61e de ligne; Viala, du 85e; Higonet, du 108e.

Les hussards et les chasseurs ont montré, dans cette journée, une audace digne des plus grands éloges. La cavalerie prussienne n'a jamais tenu devant eux, et toutes les charges qu'ils ont faites devant l'infanterie ont été heureuses.

Nous ne parlons pas de l'infanterie française; il est reconnu depuis longtemps que c'est la meilleure infanterie du monde. L'Empereur a déclaré que la cavalerie française, après l'expérience des deux campagnes et de cette dernière bataille, n'avait pas d'égale.

L'armée prussienne a, dans cette bataille, perdu toute retraite et toute sa ligne d'opération. Sa gauche, poursuivie par le maréchal Davout, opéra sa retraite sur Weimar, dans le temps que sa droite et son centre se retiraient de Weimar sur Naumburg. La confusion fut donc extrême. Le Roi a dû se retirer à travers champs, à la tête de son régiment de cavalerie.

Notre perte est évaluée à 1,000 ou 1,100 tués et 3,000 blessés.

Le grand-duc de Berg investit en ce moment la place d'Erfurt, où se trouve un corps d'ennemis que commandent le maréchal Mœllendorf et le prince d'Orange.

L'état-major s'occupe d'une relation officielle qui fera connaître dans tous ses détails cette bataille, et les services rendus par les différents corps d'armée et régiments. Si cela peut ajouter quelque chose aux titres qu'a l'armée à l'estime et à la considération de la nation, rien ne pourra ajouter au sentiment d'attendrissement qu'ont éprouvé ceux qui ont été témoins de l'enthousiasme et de l'amour qu'elle témoignait à l'Empereur, au plus fort du combat. S'il y avait un moment d'hésitation, le seul cri de *Vive l'Empereur !* ranimait les courages et retrempait toutes les âmes. Au fort de la mêlée, l'Empereur, voyant ses ailes menacées par la cavalerie, se portait au galop pour ordonner des manœuvres et des changements de front en carrés. Il était interrompu à chaque instant par des cris de *Vive l'Empereur !* La Garde impériale à pied voyait, avec un dépit qu'elle ne pouvait dissimuler, tout le monde aux mains et elle dans l'inaction. Plusieurs voix firent entendre les mots : *En avant !* « Qu'est-ce? » dit l'Empereur. Ce ne peut être qu'un jeune » homme qui n'a pas de barbe qui peut vouloir préjuger ce que je dois faire; qu'il attende qu'il ait » commandé dans trente batailles rangées, avant de » prétendre me donner des avis. » C'étaient effectivement des vélites dont le jeune courage était impatient de se signaler.

Dans une mêlée aussi chaude, pendant que l'en-

14.

nemi perdait presque tous ses généraux, on doit remercier cette Providence qui gardait notre armée. Aucun homme de marque n'a été tué ni blessé. Le maréchal Lannes a eu un biscaïen qui lui a rasé la poitrine sans le blesser. Le maréchal Davout a eu son chapeau emporté et un grand nombre de balles dans ses habits. L'Empereur a toujours été entouré, partout où il a paru, du prince de Neuchâtel, du maréchal Bessières, du grand maréchal du palais Duroc, du grand écuyer Caulaincourt, et de ses aides de camp et écuyers de service. Une partie de l'armée n'a pas donné, ou est encore sans avoir tiré un coup de fusil.

Moniteur du 26 octobre 1806.
(En minute au Dépôt de la guerre.)

---

805. — ORDRES CONCERNANT ERFURT CHOISIE COMME GRANDE PLACE DE DÉPOT.

AU MARÉCHAL BERTHIER.

Weimar, 16 octobre 1806.

Mon Cousin, donnez l'ordre au général Songis de réunir toute l'artillerie prise à l'ennemi dans la place d'Erfurt; donnez l'ordre à l'intendant général de rassembler tous les magasins des vivres à Erfurt, qui désormais sera le pivot des opérations de l'armée.

Le général Songis enverra à Erfurt la compagnie d'artillerie qui est à Würzburg ; il rappellera à l'armée la demi-compagnie qui est à Kronach, et celle qui est à Forchheim.

Vous donnerez ordre au maréchal Mortier de venir, avec la première division de son corps d'armée, placer son quartier général à Fulde, et d'occuper toute la principauté de Fulde le plus tôt possible.

Chargez un commissaire des guerres d'organiser la route de l'armée sur Francfort et Erfurt. Le général qui commande à Würzburg se rendra à Erfurt pour commander la citadelle, la ville et la province. Le général qui est à Kronach se rapprochera également de la Saxe.

Toute la ligne d'étape par Bamberg sera reployée et établie sur la ligne d'Erfurt, Fulde et Mayence.

Présentez-moi un rapport sur tous les pays qui ne sont pas de la Confédération du Rhin et qui se trouvent compris entre l'Elbe et le Rhin, et proposez-moi une organisation sur les mêmes bases que celle qui a été établie l'année dernière dans les provinces de Souabe, tant pour le militaire que pour l'administration. Donnez l'ordre que tous les prisonniers qui seront faits désormais soient dirigés sur Erfurt. Il est convenable d'avoir là un bureau d'état-major général pour correspondre. Faites éta blir à Erfurt un grand hôpital militaire.

NAPOLÉON.

Dépôt de la guerre.
(En minute aux Arch. de l'Emp.)

---

§06. — INSTRUCTIONS POUR ENTRER A BERLIN ET FAIRE CAMPER LES TROUPES HORS DE LA VILLE.

AU MARÉCHAL DAVOUT.

Wittenberg, 23 octobre 1806.

Si les partis de troupes légères, Monsieur le Maréchal, que vous n'aurez pas manqué d'envoyer sur la route de Dresde et sur la Sprée, vous assurent que vous n'avez pas d'ennemis sur vos flancs, vous dirigerez votre marche de manière à pouvoir faire votre entrée à Berlin le 25 de ce mois à midi.

Vous ferez reconnaître le général de brigade Hullin pour commandant de la place de Berlin. Vous laisserez dans la ville un régiment à votre choix pour faire le service. Vous enverrez des partis de cavalerie légère sur la route de Küstrin, de Landsberg et de Francfort-sur-l'Oder.

Vous placerez votre corps d'armée à une lieue,

une lieue et demie de Berlin, la droite appuyée à la
Sprée, et la gauche à la route de Landsberg. Vous
choisirez un quartier général dans une maison de
campagne sur la route de Küstrin, en arrière de
votre armée. Comme l'intention de l'Empereur est
de laisser ses troupes quelques jours en repos, vous
ferez faire des baraques avec de la paille et du bois.
Généraux, officiers d'état-major, colonels et autres
logeront en arrière de leurs divisions dans les villages; personne à Berlin. L'artillerie sera placée
dans des positions qui protégent le camp; les chevaux d'artillerie aux piquets, et tout dans l'ordre le
plus militaire.

Vous ferez couper, c'est-à-dire intercepter, le
plus tôt qu'il vous sera possible, la navigation
de la Sprée par un fort parti, afin d'arrêter tous
les bateaux qui, de Berlin, évacueraient sur
l'Oder.

Le quartier général sera demain à Potsdam; envoyez un de vos aides de camp qui me fasse connaître où vous serez dans la nuit du 23 au 24 et dans
celle du 24 au 25.

Si le prince Ferdinand se trouve à Berlin, faites-
le complimenter et accordez-lui une garde avec une
entière exemption de logement.

Faites publier sur-le-champ l'ordre de désarmement, laissant seulement 600 hommes de milice
pour la police de la ville. On fera transporter les

armes des bourgeois dans un lieu désigné, pour être à la disposition de l'armée.

Faites connaître à votre corps d'armée que l'Empereur, en le faisant entrer le premier à Berlin, lui donne une preuve de sa satisfaction pour la belle conduite qu'il a tenue à la bataille d'Iena.

Ayez soin que tous les bagages, et surtout cette queue si vilaine à voir à la suite des divisions, s'arrêtent à deux lieues de Berlin et rejoignent le camp sans traverser la capitale, mais en s'y rendant par un autre chemin sur la droite. Enfin, Monsieur le Maréchal, faites votre entrée dans le plus grand ordre et par divisions, chaque division ayant son artillerie et marchant à une heure de distance l'une de l'autre.

Les soldats ayant une fois formé leur camp, ayez soin qu'ils n'aillent en ville que par tiers, de manière qu'il y ait toujours deux tiers présents au camp. Comme Sa Majesté compte faire son entrée à Berlin, vous pouvez provisoirement recevoir les clefs, en faisant connaître aux magistrats qu'ils ne les remettront pas moins à l'Empereur quand il fera son entrée. Mais vous devez toujours exiger que les magistrats et notables viennent vous recevoir à la porte de la ville avec toutes les formes convenables. Que tous vos officiers soient dans la meilleure tenue, autant que les circonstances peuvent le permettre. L'intention de l'Empereur est que votre entrée se fasse par la chaussée de Dresde.

L'Empereur ira vraisemblablement loger au palais de Charlottenburg; donnez des ordres pour que tout y soit préparé.

Il y a un petit ruisseau qui se jette dans la Sprée, à une lieue et demie ou deux de Berlin, et qui coupe le chemin, aux villages de Marzahn et de Biesdorf; voyez si cela forme une position que l'on puisse occuper.

Si vous aviez, au contraire, des nouvelles de l'ennemi, vous en instruiriez sur-le-champ l'Empereur et vous ralentiriez vos mouvements.

Le maréchal Berthier.

Dépôt de la guerre.

---

807. — INSTRUCTIONS POUR L'ARMEMENT DE SPANDAU ET L'ÉTABLISSEMENT DE MAGASINS DANS CETTE PLACE.

AU GÉNÉRAL SONGIS.

Charlottenburg, 26 octobre 1806.

Mon intention est d'armer le fort et la ville de Spandau; envoyez-y un général de brigade d'artillerie pour y organiser le service, et qu'avant demain, à neuf heures du matin, il y ait une compagnie entière d'artillerie de 100 hommes, une escouade d'ouvriers, un chef de brigade ou de bataillon d'artillerie, un officier en résidence, un garde-magasin général, un artificier. Le général de brigade y restera jusqu'à ce que le service soit parfaitement monté.

Toutes les poudres qui se trouvent à Berlin et dans tous les pays entre la Sprée et l'Oder seront sans délai transportées à Spandau, ainsi que les plombs et tous les matériaux pour faire des cartouches à balle et à boulet; également tous les matériaux propres aux travaux de l'arsenal. Je vous le répète, je ne veux rien à Berlin. Les transports de Berlin à Spandau sont très-faciles, puisqu'il y a la Sprée.

On choisira à Spandau des souterrains pour qu'ils puissent contenir un million de poudre et des emplacements pour contenir quatre à cinq millions de cartouches; on établira une salle d'artifice, je n'en veux que là, un arsenal de construction, et on organisera tout ce que j'ai déjà ordonné pour Erfurt et Wittenberg. Erfurt, Wittenberg et Spandau, voilà mes trois places de dépôts. Quelle que soit celle de ces places où je me dirige, j'y dois trouver poudre, pierres à feu, fusils; cartouches à balle et à boulet, moyens de rechange et de réparation nécessaires après une bataille gagnée ou perdue. On doit con=

stamment considérer le reste du pays comme pouvant être occupé d'un moment à l'autre par la cavalerie ou les colonnes ennemies. Ainsi l'artillerie à Spandau doit être considérée sous deux points de vue : artillerie nécessaire à la défense de la place, artillerie et munitions de guerre de toute espèce, de dépôt, pour réparer les consommations et les pertes. Il faut donc que, dans trois jours, si cette place était cernée, l'artillerie y fût en mesure pour se défendre ; que, pour cela, les plates-formes fussent établies ; que le bois soit déjà coupé pour faire des saucissons et des gabions ; enfin que la citadelle et la place soient armées. Il faut qu'avant six jours tout ce que j'ai à Berlin, qui peut m'être nécessaire, comme munitions, pièces de rechange, artillerie de campagne, se trouve emmagasiné dans le fort de Spandau. Je vous ai déjà ordonné de faire revenir tout ce que vous aviez en arrière, à Augsbourg, Ulm, Würzburg, Kronach, non pas en matériel, car je crois que vous avez ici plus qu'il ne vous faut, mais en personnel ; enfin en tout ce qui vous est nécessaire. Répartissez ces moyens sur Erfurt, Wittenberg et Spandau.

NAPOLÉON.

Archives de l'Empire.

———

IV.   15

808. — ORDRES CONCERNANT LES MAGASINS DE VIVRES ET LES FOURS A INSTALLER A SPANDAU.

A M. DARU.

Charlottenburg, 26 octobre 1806.

Monsieur Daru, je vous ai fait connaître qu'Erfurt et Wittenberg étaient des dépôts de l'armée. Spandau est une place que l'ennemi ne prendra jamais ; elle est située sur la Sprée, à deux lieues de Berlin. C'est dans cette place qu'on doit mettre tous les dépôts de l'armée, car mon intention n'est point de garder Berlin. Le payeur de l'armée sera rappelé de Wittenberg à Spandau ; sous quelque prétexte que ce soit, il ne logera point à Berlin. Il y a dans ce moment-ci dans le fort de Spandau deux fours capables de confectionner 10,000 rations par jour. J'ai ordonné au génie de désigner l'emplacement pour construire les fours nécessaires à la confection de 60,000 rations par jour. Faites construire ces fours ; faites aussi travailler à faire autant de biscuit qu'il sera possible, sans nuire au service journalier. Il y a à Spandau des magasins très-considérables ; à la visite que j'en ai faite, je pense qu'il y a au moins 60,000 quintaux de farine et autant de seigle ou de blé ; cela suffit pour nourrir mon armée pendant deux mois. Mon intention est que ces magasins soient augmentés au lieu d'être diminués, que le seigle et le blé soient convertis en farines, les farines en biscuit. Il faut donc que demain, avant la pointe du jour, il y ait un commissaire des guerres dans le fort de Spandau ; qu'il y reste sans que sous aucun prétexte il puisse en être retiré ; qu'il y ait un garde-magasin et un inspecteur des vivres. Les inventaires seront faits sans délai, et vous nommerez un auditeur pour assister auxdits inventaires. Vous prendrez des mesures pour réunir dans la citadelle de Spandau 1,500,000 boisseaux d'avoine, des légumes, du riz et de l'eau-de-vie ou de la bière pour l'armée pendant deux mois. Je n'ai besoin à Berlin que du journalier de l'armée.

Tous les effets d'habillement qui seraient à Berlin ou ailleurs devront être réunis à Spandau; s'ils ne peuvent tenir dans la citadelle, on les mettra dans la ville. On réunira à Spandau mes moyens pour les hôpitaux. On retirera de Berlin ce qui sera nécessaire. On formera à la citadelle, dans le local que désignera le génie, un hôpital pour 1,200 blessés, et dans la ville trois hôpitaux, chacun de 2 ou 300 malades. J'autorise qu'on établisse à Berlin un hôpital pour 400 malades; je ne veux point de blessés à Berlin.

NAPOLÉON

Comm. par M. le comte Daru.
  (En minute aux Arch. de l'Emp.)

809. — EFFETS A DISTRIBUER AUX CORPS DE LA GRANDE ARMÉE.

AU MARÉCHAL BERTHIER.

Berlin, 2 novembre 1806.

Mon Cousin, faites donner 1,200 paires de souliers au 28ᵉ régiment d'infanterie légère. Faites donner 3,000 chapeaux au corps du maréchal Davout, 1,000 au corps du maréchal Lannes, 1,000 à celui du maréchal Soult, 1,000 à celui du prince de Ponte-Corvo.

Prévenez, par l'ordre de l'armée, qu'il y a dans l'arsenal de Berlin une grande quantité de caisses de tambours, et que les corps qui en auront besoin peuvent en demander.

Chargez le maréchal Bessières de visiter les 5,000 bois de selles qui sont ici en magasin, pour savoir s'ils sont bons, et faites-moi connaître ce qu'il faudrait pour compléter les selles. Donnez au corps du maréchal Lannes 6,000 paires de souliers à prendre à Stettin, et au corps du maréchal Davout 6,000 à prendre à Francfort.

Prévenez l'armée qu'il y a à Berlin 80,000 gibernes que les corps peuvent demander, s'ils en ont besoin.

Faites distribuer les 2,103 culottes de peau qui

sont à Berlin aux dragons, à mesure qu'ils sont montés. Faites-leur donner aussi, s'ils en ont besoin, des sabres et des baudriers. Prévenez les corps de chasseurs, dragons et hussards qu'il y a beaucoup de baudriers à Berlin.

Donnez ordre que les 5,000 paires de bas de laine soient données en gratification aux blessés, à mesure qu'ils sortent de l'hôpital et qu'ils rejoignent leurs corps.

Faites connaître aux régiments de cavalerie qu'il y a une grande quantité d'objets de harnachement à Berlin, et qu'ils en forment la demande quand ils en auront besoin.

Il y a également des marmites et des petits bidons. Faites donner 800 marmites, 800 gamelles, 800 bidons, 800 haches au corps du maréchal Davout, qui les a demandés.

NAPOLÉON.

Dépôt de la guerre.
(En minute aux Arch. de l'Emp.)

810. — DISPOSITIONS A PRENDRE AVANT DE MARCHER SUR LA VISTULE.

AU MARÉCHAL LANNES.

Berlin, 5 novembre 1806, 7 heures du soir.

Mon Cousin, je reçois votre lettre du 4 novembre.

Je ne vois pas d'inconvénient à ce que vous fassiez occuper Stargard, pourvu que la troupe y soit bien et s'y repose. Il doit y avoir à Stargard des magasins. Envoyez des patrouilles du côté de Colberg, sur la mer. Douze pièces d'artillerie, avec le 28ᵉ, sont parties ce matin, une heure avant le jour, pour Stettin. Je désire beaucoup que vous formiez vos trois divisions. Du moment que j'aurai un autre régiment, je le donnerai à Victor. Choisissez un autre chef d'état-major.

Vous recevrez bientôt des ordres pour marcher sur la Vistule ; mais j'attends, pour voir finir la poursuite de la colonne du duc de Weimar, qui s'est réunie à celle de Blücher et occupe les corps d'armée des maréchaux Soult, prince de Ponte-Corvo et grand-duc de Berg. Elle doit être arrivée hier sur la Baltique du côté de Rostock. J'imagine qu'on parviendra à les prendre.

On m'assure qu'il y a beaucoup de mouvements en Pologne.

Mon intention est de fortifier Stettin. Faites approvisionner les forts de Prusse, de Damm, les forts Guillaume et Léopold. J'ai prescrit des ordres au général Chasseloup. Avec une armée comme celle-ci, tant de dépôts, tant de troupes auxiliaires, il est fort heureux d'avoir des lieux où l'on puisse mettre en sûreté 2 à 3,000 hommes.

Je ne sais pas le nombre de fours qu'il y a à Stettin ; si vous n'y avez pas les moyens suffisants pour faire 50,000 rations par jour, faites construire quelques fours de plus.

Un corps de troupes bavaroises se porte du côté de Glogau ; la place est forte ; mais Stettin et Küstrin se sont bien rendus ; je ne vois pas pourquoi ceux-ci feraient autrement. Cette place nous serait fort utile.

J'avais nommé, pour commander à Küstrin, un adjudant commandant, mais je donnerai ce commandement au général Thouvenot, dont j'ai été content à Würzburg et qui entend bien le détail des places.

J'ai appris avec plaisir que vous aviez 2,000 rations d'eau-de-vie ; mais je suis fâché que vous n'ayez pas plus de souliers. C'est bien peu de chose que deux paires de souliers par homme, dans la saison où nous allons entrer. J'imagine que les corps en font venir de France ; on en fait ici 500 paires par jour. S'il est possible, faites-en faire à Stettin ; nous avons passé la plus belle saison, et désormais une paire de souliers ne durera pas dix jours.

NAPOLÉON.

Comm. par M. le duc de Montebello.
(En minute aux Arch. de l'Emp.)

811. — FOURS ET MAGASINS A ÉTABLIR A POSEN.

A M. DARU.

Berlin, 6 novembre 1806, au soir.

Monsieur Daru, faites partir demain, pour le quartier général du maréchal Davout, à Posen, tous les constructeurs de fours de l'armée pour construire rapidement les fours nécessaires pour nourrir l'armée qui va se réunir à Posen. Envoyez un ordonnateur et deux commissaires des guerres, qui formeront constamment votre avant-garde et seront chargés d'exécuter tous vos ordres

Mon intention est qu'il y ait à Posen :

1° Des fours pour faire 80,000 rations de pain par jour ;

2° Qu'on réunisse sur-le-champ des magasins pour pouvoir nourrir l'armée, en farine, avoine, eau-de-vie et bestiaux.

Ce commissaire ordonnateur d'avant-garde d'administration aura avec lui un inspecteur de chaque service. Tout cela partira à la pointe du jour, pour être arrivé à Posen en même temps que le maréchal Davout.

Vous écrirez à l'ordonnateur du maréchal Davout et à ce maréchal, afin que, lorsque l'armée se réunira à Posen, il y ait des farines, de l'avoine, de la viande et des eaux-de-vie.

Vous enverrez un agent des transports à Küstrin, qui partira avant minuit et sera arrivé demain, avant neuf heures du matin, à Küstrin. Il prendra des mesures pour connaître le nombre de jours qu'il faut à un bateau pour remonter la Warta jusqu'à Posen. Si cela est nécessaire, il se rendra à Landsberg, où j'ai des magasins considérables, pour en faire filer l'avoine et les farines dont on aurait besoin. Il vous expédiera demain un courrier, afin que je sache ce qu'il faut de temps pour remonter la Warta de Küstrin à Posen.

Le trésor, les chefs de service, les approvisionnements d'ambulance, tout ce qui doit suivre le quartier général, tout cela peut se préparer à partir. Faites-moi connaître le nombre de voitures allant avec leurs chevaux, et le matériel soit pour les ambulances, soit pour le trésor, qui pourront partir pour suivre l'armée. Donnez des ordres pour qu'on établisse des hôpitaux à Küstrin. Vous pouvez faire remonter, de Stettin à Küstrin, par l'Oder, de l'eau-de-vie et du vin. C'est par la ligne de communication de Stettin à Küstrin qu'auront lieu toutes les opérations militaires contre les Russes.

Il y a à Stettin deux millions de pain, du rhum et de l'eau-de-vie. Vous pouvez en faire remonter la moitié à Küstrin.

NAPOLÉON.

Comm. par M. le comte Daru.
(En minute aux Arch. de l'Emp.)

15.

812. — ORDRE DE SE RENDRE A POSEN ET D'Y PRENDRE UNE POSITION MILITAIRE.

AU MARÉCHAL DAVOUT.

Berlin, 7 novembre 1806.

Mon Cousin, j'ai lu votre lettre du 5 au prince de Neufchâtel. Vous recevrez l'ordre de vous diriger sur Posen avec votre corps d'armée. Faites suivre, comme vous pourrez, vos 3,000 fusils, afin que vous puissiez les distribuer aux Polonais à Posen. Des lettres du 30 octobre, interceptées, paraissent prouver que les Russes ne sont pas encore à Varsovie. J'imagine que vous serez le 9 ou le 10 à Posen. Toutefois mon intention est que vous n'engagiez aucune affaire sérieuse, surtout avec les Russes, s'il en était arrivé sur la Vistule. Le maréchal Augereau sera le 9 à Driesen. Le maréchal Lannes sera le même jour à Schneidemühl. Le prince Jérôme sera maître de Gross-Glogau, si cette place veut se rendre, et, en cas qu'elle ne veuille point se rendre, mon intention est de faire passer l'Oder au corps du prince Jérôme et de le diriger du côté de Schmiegel, pour intercepter la route de Breslau à Posen. Quand vous serez à Posen, vous enverrez des partis pour intercepter les routes de Posen à Breslau, Graudenz et Thorn. Il est impossible que cela ne

vous procure pas quelques renseignements importants. Envoyez reconnaître les ponts sur la Warta,
entre Küstrin et Posen, afin que si, par les mouvements de l'ennemi, vous deviez vous porter sur
votre gauche, je sache où vous devez passer cette
rivière. Envoyez des ordres à la division de dragons
du général Beaumont, qui est partie d'ici ce matin
à la pointe du jour, afin qu'elle vous joigne ; elle
sera le 7 sur l'Oder, et elle pourra être le 10 à
Posen ; si l'ennemi est toujours très-loin, ne la fatiguez pas inutilement, et ne la faites arriver que
le 11. Prévenez le général Beaumont de maintenir
une sévère discipline, et établissez-la dans votre
corps d'armée. Il serait malheureux d'indisposer
les Polonais. J'imagine que vous avez quelques
Polonais avec vous. Vous devez trouver facilement
des espions et des agents pour être instruit de la
marche des Russes. N'ayez point trop de confiance,
c'est ce que je dois vous recommander aujourd'hui.
Il m'importe d'avoir fréquemment de vos nouvelles.
Envoyez un adjoint sur la route de Stettin, pour
qu'il puisse vous porter des nouvelles du maréchal
Lannes. Ne fatiguez point vos troupes, et arrivez à
Posen sans faire des marches forcées. Choisissez à
Posen une bonne position militaire qui couvre la
route de Thorn et celle de Varsovie. Comme il est
possible que je vous laisse là trois ou quatre jours,
ne pouvant m'avancer davantage sans avoir fait

rapprocher les corps qui sont sur mes derrières, faites faire des baraques et établissez-vous là très-militairement. Faites lever par des ingénieurs le croquis de votre position tout autour, et que, dans la position que vous prendrez, vous puissiez faire votre retraite indistinctement sur la rive gauche ou sur la rive droite de la Warta. Vous ferez, en conséquence, reconnaître votre seconde position de retraite, qui me paraît devoir être derrière un petit ruisseau qui rencontre la route de Posen à Schnei-demühl, au village de Rogasen.

Faites construire des fours à Posen, puisque toute l'armée va se réunir là; mais faites-les construire véritablement en trois jours. Envoyez-en l'ordre à votre cavalerie. Faites-moi connaître en combien de jours un bateau remonte la Warta depuis Küstrin jusqu'à Posen.

En prenant une position militaire, éloignez-en un peu votre cavalerie, afin de ne pas manger ce qui serait autour de votre camp et de le réserver pour des moments difficiles d'opérations. A votre entrée à Posen, prenez des mesures pour établir des magasins de farine, d'avoine, d'eau-de-vie et de viande, si vous n'y en trouvez pas, non-seulement pour votre corps, mais pour toute l'armée.

NAPOLÉON.

Comm. par Mᵐᵉ la maréchale princesse d'Eckmühl.
(En minute aux Arch. de l'Emp.)

813. — ORDRES POUR LA FORMATION DE BATAILLONS PROVISOIRES.

AU MARÉCHAL BERTHIER.

Berlin, 10 novembre 1806.

Indépendamment des détachements que j'ai ordonné au maréchal Kellermann de faire partir dans la première quinzaine de novembre pour venir renforcer les corps, mon intention est qu'il soit formé 8 bataillons provisoires. Chaque bataillon sera composé d'une compagnie fournie par chacun des 3ᵉˢ bataillons des corps qui sont à la Grande Armée; chaque compagnie sera complétée à 140 hommes; les bataillons seront formés conformément à l'état ci-joint.

Le maréchal Kellermann nommera un chef de bataillon et un adjudant-major pour chaque bataillon, et un major pour commander deux bataillons.

Il aura soin de ne pas prendre les majors dans les mêmes corps où il prendra les chefs de bataillon ou adjudants-majors.

Il ne sera pas nécessaire que les conscrits soient inscrits : il suffira qu'ils aient huit ou dix jours d'instruction, qu'ils soient armés, et qu'ils aient la veste, la culotte, les guêtres, le chapeau d'uniforme et une capote. Il ne faudra pas attendre qu'ils aient l'habit.

Ces bataillons seront placés dans les places suivantes, où ils achèveront leur instruction.

Le 4e et le 5e bataillon se réuniront à Cassel, le plus tôt possible, pour maintenir la tranquillité de l'électorat de Hesse-Cassel ; et vous remarquerez à cet effet qu'il faudra que vous donniez l'ordre au commandant de la 1re division militaire pour la compagnie du 14e régiment, au commandant de la 2e division pour la compagnie du 12e de ligne, et au commandant de Verdun pour la compagnie du 25e d'infanterie légère. Donnez ordre aux commandants de ces trois divisions d'organiser sur-le-champ ces compagnies et de les diriger sur Mayence.

Les autres bataillons se dirigeront sans délai sur Magdeburg, où ils resteront le temps nécessaire pour compléter leur instruction. Faites sentir au maréchal Kellermann qu'il ne faut pas perdre un moment pour former ces bataillons ; que, pourvu qu'ils soient armés, tout est bon ; que je les fournirai de tout à Magdeburg ; qu'enfin j'obtiendrai par là deux avantages, puisqu'ils ne me coûteront rien en France et qu'ils me garderont Magdeburg, ce qui me rendra d'autres troupes disponibles.

J'espère que ces troupes seront réunies à Mayence et partiront le 25, pour être rendues le plus tôt possible à leur destination.

Donnez ordre au commandant de la 25e division militaire de faire partir au 20 novembre tous les dragons à pied, chasseurs et hussards qui s'y trouveront au-dessus du nombre de chevaux qu'ils ont.

Donnez le même ordre pour les 5e et 26e divisions militaires. Donnez le même ordre à Paris pour les corps de dragons. Les ordres sont donnés aux corps de cavalerie qui se trouvent dans les 6e, 24e, 16e, 1re et 18e divisions. Tout doit donc venir à la Grande Armée. Il ne doit donc plus y avoir aux dépôts d'hommes à pied, hormis les invalides, auxquels il faut donner leur retraite, et les hommes qui ont des chevaux non encore dressés, et encore faut-il que ces chevaux partent à mesure qu'il y en a dix d'équipés et d'arrangés, pour venir rejoindre leur régiment.

Vous ferez remarquer au général Dejean l'avantage qu'il y aura, pour l'économie de mes finances et le bien de mon armée, dans l'envoi de ces hommes; qu'ils tiendront garnison dans les grandes places de Magdeburg, Potsdam, Spandau, Küstrin, Stettin, garderont mes derrières, s'instruiront plus vite parce qu'ils en sentiront le besoin, et ne coûteront rien à mes finances.

Il y a à Juliers deux compagnies de sapeurs qui y sont inutiles; faites-en partir une pour Magdeburg. N'en laissez qu'une à Mayence et à Wesel; que le reste parte. Il n'y en a pas besoin à Strasbourg.

NAPOLÉON.

Dépôt de la guerre.
(En minute aux Arch. de l'Emp.)

814. — 31ᵉ BULLETIN DE LA GRANDE ARMÉE.

RÉCAPITULATION DES PRISONNIERS, DRAPEAUX, CANONS, PRIS
DANS LA CAMPAGNE CONTRE LA PRUSSE.

Berlin, 12 novembre 1806.

La garnison de Magdeburg a défilé le 11, à neuf heures du matin, devant le corps d'armée du maréchal Ney. Nous avons 20 généraux, 800 officiers, 22,000 prisonniers, parmi lesquels 2,000 artilleurs, 54 drapeaux, 5 étendards, 800 pièces de canon, un million de poudre, un grand équipage de pont et un matériel immense d'artillerie.

Le colonel Gérard et l'adjudant commandant Ricard ont présenté ce matin à l'Empereur, au nom des 1ᵉʳ et 4ᵉ corps, 60 drapeaux, qui ont été pris à Lubeck au corps du général prussien Blücher; il y avait 22 étendards, 4,000 chevaux tout harnachés, pris dans cette journée, se rendant au dépôt de Potsdam.

Dans le vingt-neuvième bulletin, on a dit que le corps du général Blücher avait fourni 16,000 prisonniers, parmi lesquels 4,000 de cavalerie. On s'est trompé : il y avait 21,000 prisonniers, parmi lesquels 5,000 hommes de cavalerie montés; de sorte que, par le résultat de ces deux capitulations,

nous avons 120 drapeaux et étendards, et 43,000 prisonniers. Le nombre des prisonniers qui ont été
faits dans la campagne passe 140,000 ; le nombre
des drapeaux pris passe 250 ; le nombre des pièces
de campagne prises devant l'ennemi et sur le
champ de bataille passe 800 ; celui des pièces prises
à Berlin et dans les places qui se sont rendues
passe 4,000.

L'Empereur a fait manœuvrer hier sa Garde à
pied et à cheval dans une plaine, aux portes de
Berlin. La journée a été superbe.

Le général Savary, avec sa colonne mobile, s'est
rendu à Rostock, et y a pris 40 ou 50 bâtiments
suédois sur leur lest ; il les a fait vendre sur-le-
champ.

Moniteur du 20 novembre 1806.
(En minute au Dépôt de la guerre.)

---

815. — CONSEIL D'ADMINISTRATION DE L'ARMÉE : SOLDE, APPROVISIONNEMENT, HABILLEMENT, TRANSPORTS, HOPITAUX.

Berlin, 14 novembre 1806.

Le conseiller d'État Daru, intendant général, est présent. M. Roguin,
payeur général, est introduit. Il met sous les yeux de Sa Majesté l'état
de sa recette et de ses payements, et celui des moyens et des besoins
du service. Sa Majesté fait les observations et prescrit les dispositions
suivantes :

On ne voit pas figurer dans les rentrées les

700,000 francs provenant des caisses de Cassel. Cette omission doit être réparée.

Il n'est pas nécessaire de s'occuper du 8e corps, attendu qu'il a reçu 200,000 francs à Cassel.

Il faut donner sur-le-champ l'ordre de verser dans la caisse du 4e corps, à Lubeck, les 400,000 francs de Hambourg, qui ont été réalisés.

Le payeur général présentera au conseil d'administration, qui se tiendra dimanche prochain, à dix heures, un compte séparé de l'argent qui provient du trésor public de Paris, et de celui qui provient du pays conquis. Ces fonds ne doivent pas être confondus : le payeur doit compte des uns au trésor public, et il doit être tenu des autres un compte particulier dont le trésor public doit avoir connaissance, mais sur l'emploi desquels il n'a aucun moyen de vérification.

L'intention de Sa Majesté est que le mois de solde accordé à l'armée soit entièrement payé avec les fonds du pays conquis. Si, pour activer les payements, on était dans le cas de prendre sur les fonds qui viennent de France, ce ne serait qu'un emprunt. Il doit en être de même des sommes qui seront mises à la disposition de l'intendant général sur les ordonnances du major général. Les fonds envoyés par le trésor public de France sont pour le payement de la solde arriérée. Ainsi le mois qui a été payé à l'armée sur les fonds provenant du pays conquis est ponr la solde d'octobre; et, comme l'intention de Sa Majesté est que la solde courante soit payée, le premier mois à acquitter sera celui de novembre.

Dans les besoins auxquels les fonds du trésor de France doivent subvenir, le payeur général comprendra : 1° les ordonnances délivrées par les ministres et autorisées par le trésor; 2° la solde jusqu'au 1er octobre exclusivement.

Le payeur général apportera : 1° le bordereau séparé de ce qui a été payé sur les deux millions mis à la disposition du major général, et celui des ordonnances en vertu desquelles se sont faits ces payements; comme le trésor public a fait les fonds pour ces deux millions, ils entreront dans les dépenses à payer par le trésor de France; 2° le bordereau des dépenses des ministres de la guerre et de l'administration de la guerre; 3° enfin, le montant détaillé, corps par corps, d'un mois de solde pour toute l'armée.

M. Daru présente l'état des magasins de Magdeburg et de Spandau.

Sa Majesté ordonne que, jusqu'à nouvel ordre, on ne laisse rien sortir de la douane de Magdeburg, et qu'on fasse connaître l'argent qui se trouve dans la banque de cette place.

Elle prescrit de faire publier par les commandants, à Berlin, Magdeburg, Stettin et Küstrin, que toute personne qui fera connaître un magasin d'effets ou de denrées ayant appartenu au roi de Prusse, aux régiments ou aux capitaines de l'armée prussienne, recevra le quart de la valeur de ce magasin , à quelque somme qu'elle puisse s'élever.

M. Cetty, faisant les fonctions d'ordonnateur du service de l'habillement, et M. de Riccé, inspecteur général, sont introduits. Les états de magasins des diverses sortes d'effets d'habillement sont mis sous les yeux de l'Empereur. Sa Majesté prescrit les dispositions suivantes :

Les 2,103 culottes de peau existant dans les magasins seront distribuées aux régiments de dragons et de cuirassiers, excepté le 1er et le 2e, qui en ont déjà reçu, à raison de 50 par régiment. Cette distribution sera mise à l'ordre du jour de demain.

Il faut également distribuer les 6,000 chapeaux.

Donner aussi à l'armée les caisses de tambours qui se trouvent à l'arsenal, et dont le magasin général doit faire recette.

Donnez à l'artillerie les poudrières.

Présenter, pour être mise à l'ordre du jour, une distribution des draps fins provenant tant de Berlin que de Leipzig.

Distribuer les 14,000 aunes de coutil, en en donnant d'abord aux grenadiers d'Oudinot un pantalon par homme.

La mesure proposée de faire venir des capotes en masse est impraticable ; mais il faut ordonner que chaque maréchal d'empire, en conséquence de l'ordre du jour, fasse une distribution partielle, régiment par régiment, et que cette distribulion soit mise à l'ordre de chaque corps d'armée.

Comprendre, dans la distribution des capotes, les grenadiers d'Oudinot en masse, pour 3,000 capotes.

Avoir soin, lors de la distribution des manteaux aux dragons à pied qui ont été montés, de faire rendre une capote pour chaque manteau délivré.

Faire connaître au prochain conseil la quantité des draps qui proviennent de Stettin et de Francfort, et donner un état positif et détaillé de ceux qui ont été requis à Leipzig.

Faire réunir à Magdeburg du drap provenant des boutiques de draperie de cette ville, pour 20,000 capotes; en demander à Hambourg pour 50,000, et à chacune des villes de Brême et de Lubeck pour 15,000. Faire emmagasiner ces draps et confectionner les capotes, qui seront dirigées sur Magdeburg.

Enfin remettre, tous les huit jours, l'état de ce qui aura été donné, corps par corps.

Sa Majesté représente la nécessité de s'occuper avec activité d'un grand approvisionnement de souliers. Elle prescrit à cet effet les dispositions suivantes :

L'intendant général passera des marchés qui seront soumis à l'approbation du major général : à

Berlin, pour 50,000 paires, qui seront versées à
Spandau ; à Magdeburg, pour 50,000 paires, qui
seront emmagasinées dans cette place ; à Stettin,
pour 25,000 paires, qui seront emmagasinées
dans cette place ; à Francfort-sur-l'Oder, pour
15,000 paires, qui seront versées à Küstrin ; à
Küstrin, pour 10,000 paires, qui y seront emmagasinées ; à Leipzig, pour 50,000 paires, qui
seront versées à Magdeburg, et à Dresde, pour
50,000 paires, qui seront versées à Küstrin.

Les marchés fixeront l'époque des livraisons,
savoir :

Le premier cinquième, au 1er décembre ; le
second, au 15 ; le troisième, au 30, et les deux der-
niers cinquièmes, avant le 20 janvier ; avec la condition d'une déduction sur le prix en cas de retard.
Les payements seront faits après chaque livraison
de 1,000 paires.

Des ordres seront donnés à l'avant-garde pour
passer aussi des marchés de souliers, savoir : de
25,000 paires à Glogau, de 25,000 à Posen, et à
Varsovie de 50,000 ; aux mêmes conditions et dans
les mêmes délais.

On fera acheter à Hambourg du cuir pour
200,000 paires ; la livraison s'en fera à Magdeburg.
Dans ce cas, les marchés de souliers, pour cette
quantité de 200,000 paires, ne seront passés que
pour la façon.

M. Breidt, entrepreneur des transports et équipages militaires, et
M. Thévenin, inspecteur général de ce service, sont introduits. Sa
Majesté prescrit les dispositions suivantes :

Au lieu de laisser les agents de l'inspecteur
général auprès de chaque corps d'armée, il convient de les rappeler tous auprès de l'inspecteur
général. Ils y seront employés pour le service du
transport des réquisitions et pour d'autres missions.
On pourra, tous les mois ou tous les deux mois, les
envoyer faire l'inspection de l'état du service dans
les corps.

Il convient aussi d'envoyer sans délai un inspecteur
des équipages militaires à Lubeck, à Prenzlow et
dans les autres lieux du pays où l'armée prussienne
a été coupée, pour réclamer, auprès des baillis, les
caissons, voitures et équipages, selles et harnais de
l'ennemi.

Les inspecteurs doivent être chargés non-seulement des missions qu'ils recevront pour les transports par terre, mais encore de tout ce qui concer-
nera les transports par eau. Il faut donc que
M. Thévenin se mette au courant de tout ce qui
regarde les transports : sur l'Elbe, de Dresde à
Hambourg; sur l'Oder, de Glogau à Stettin, et sur
la Warta, de Posen à Küstrin. Il enverra des inspecteurs pour être au fait, par leurs rapports, des
prix, du nombre et de la capacité des bateaux, etc.,
afin d'être en état de disposer de ces moyens naturels de transport.

M. Lombard, commissaire ordonnateur du service des hôpitaux, et
MM. Coste, médecin en chef, Percy, chirurgien en chef, Bruloy, phar-
macien en chef, et Meuron, régisseur, sont introduits. M. Lombard
met sous les yeux de Sa Majesté les états relatifs au service des
hôpitaux et de l'ambulance.

Sa Majesté défend expressément aucune évacuation sur la France. Les évacuations sont funestes
aux blessés et aux malades. Mais, quand elles sont
indispensables, elles doivent avoir lieu sur Weimar
et sur Leipzig, pour ce qui est au delà de la Saale,
et, pour ce qui est en deçà, sur Magdeburg, Spandau et Küstrin.

Sa Majesté ordonne l'établissement d'un hôpital
pour 500 malades et 500 blessés à Magdeburg. Les
hôpitaux prussiens seront ôtés de la ville et évacués
sur Brunswick et dans cette direction.

M. Roman, commissaire ordonnateur du service des subsistances, et
MM. Reibell, entrepreneurs des vivres-pain, Valette, entrepreneur des
vivres-viandes, et Lannoy, entrepreneur des fourrages, sont introduits.
Les états de ces divers services sont mis sous les yeux de Sa Majesté,
qui prescrit les dispositions suivantes :

Les grains qui sont à Weissenfels seront transportés à Magdeburg.

On fera remonter 100,000 boisseaux d'avoine de
Stettin sur Küstrin.

Sa Majesté remarque qu'il y a bien peu de chose
à Erfurt. Elle désire qu'on prenne des mesures pour
y maintenir toujours un approvisionnement de
15,000 quintaux de grains.

Elle ne voit pas d'inconvénient à ce que l'on

frappe une réquisition sur Weimar et sur Fulde,
ainsi que sur les pays prussiens qui en sont voisins.

Dépôt de la guerre.

---

816. — MESURES A PRENDRE POUR FORMER UN CIN-QUIÈME ESCADRON DANS LA CAVALERIE; DEMANDE D'HOMMES NON MONTÉS.

AU GÉNÉRAL DEJEAN.

Berlin, 16 novembre 1806.

Monsieur Dejean, je reçois votre lettre par laquelle je vois évidemment que vous n'avez rien
fait pour le 5ᵉ escadron de cavalerie dont j'ai ordonné la formation. Vous écrivez aux colonels des
régiments qui sont au milieu de la Pologne, qui
n'ont pas le temps de lire vos lettres, ou qui même
ne les reçoivent pas ; vous n'arriverez ainsi à aucun
résultat. Il faut nommer les officiers de 5ᵉ escadron
parmi les officiers réformés. Vous êtes arrêté par la
difficulté de savoir si ce sont des officiers de cuirassiers ou d'autres régiments de cavalerie que vous
choisirez : cela devait d'autant moins vous arrêter
que, quelque décision que vous eussiez prise, cela
ne pouvait m'importer, et que, dans la circonstance,

tout ce que vous auriez fait eût été bien. Vous n'êtes pas assez tranchant, et vous ne vous pénétrez pas assez de la situation des choses. Je désire que, vingt-quatre heures après la réception de ma lettre, tous les officiers soient nommés, pourvu que vous ne les preniez pas dans l'armée et que vous ne nommiez pas des freluquets de 1792. Nommez-moi des hommes qui aient fait une partie des campagnes et qui soient bons sujets.

Quant aux régiments de cuirassiers qui sont en Italie et qui rejoignent l'armée, j'ai laissé les 4ᵉˢ escadrons en Italie pour qu'ils s'y forment. Par ce moyen, toutes les mesures qui sont prises pour la conscription ne souffrent aucun dérangement. Du moment que je saurai que les cadres des 5ᵉˢ escadrons sont formés et existent, je rappellerai les 4ᵉˢ escadrons à l'armée. On demande ici à grande force des hommes de cavalerie à pied ; 800 ont été envoyés à Cassel ; mais il y en a besoin de 800 autres ; il en faudrait aussi ici. Veuillez donc envoyer des officiers passer la revue des dépôts, pour en faire partir tous les hommes disponibles à pied, avec leurs selles, leurs manteaux, leurs bottes et leurs armes ; on leur donnera ici des chevaux. Il faut cependant laisser les hommes nécessaires pour soigner les chevaux. Les conscrits n'ont pas besoin de rester plus de huit jours aux dépôts. J'ai 60 à 70,000 hommes de cavalerie. Je suis persuadé qu'il y a encore en France plus de 10,000 hommes aux différents dépôts. Pour les chevaux qui, par le résultat des marchés, ne doivent être levés qu'en janvier, on aura le temps de fournir les hommes. Il faut laisser seulement des hommes pour les chevaux qui restent. Tout le reste, faites-le marcher. Il faut donc que vous m'envoyiez l'état de situation des hommes existant aux dépôts des différents régiments de cavalerie au 15 novembre ; du nombre de chevaux qui arriveront en conséquence des marchés passés pour le 1er janvier ; de ceux à réformer, ce qu'il faut faire le plus tôt possible, et des chevaux qui peuvent partir des dépôts au 15 décembre et au 1er janvier, et enfin du nombre des hommes que vous ferez partir ; je désirerais qu'il fût au delà de 6,000 hommes ou de 4,000 au moins. J'ai bien vu, dans votre rapport, des ordres que vous aviez donnés pour cet objet ; il faut presser ce travail, en faisant inspecter les dépôts par des officiers supérieurs et par des généraux. J'ai donné au roi de Bavière plusieurs centaines de chevaux que j'ai levés dans le pays de Baireuth, parce que je n'avais point d'hommes pour en avoir soin.

NAPOLÉON.

Dépôt de la guerre.
(En minute aux Arch. de l'Emp.)

817. — MESURES A PRENDRE POUR PROTÉGER ET TENIR BERLIN, PENDANT LA CAMPAGNE DE POLOGNE.

AU GÉNÉRAL CLARKE, GOUVERNEUR GÉNÉRAL DE LA PRUSSE.

Meseritz, 27 novembre 1806.

J'ai fait donner l'ordre aux gouverneurs de Stettin, de Küstrin, Spandau, Magdeburg et Wittenberg de correspondre avec vous tous les jours. J'ai ordonné qu'il fût placé des postes le long de l'Oder : par le commandant de Stettin, jusqu'à Oderberg, et par celui de Küstrin, de Küstrin jusqu'à Oderberg ; de sorte qu'il n'y aura plus aucune correspondance sur l'Oder que par Stettin, Küstrin et Francfort. Diligences, courriers, chariots de commerce, etc., devront passer la rivière sur un de ces points. M. de Thiard commande la place de Dresde ; il est fort convenable que vous vous mettiez en correspondance avec lui.

Berlin peut être attaqué par la Poméranie suédoise : j'ai ordonné au maréchal Mortier de tenir à Rostock et Anklam deux fortes divisions, qui formeront de 12 à 14,000 hommes ; non-seulement elles contiendront les Suédois, mais aussi serviront de réserve pour se porter à Berlin et partout où il sera nécessaire.

Des partis ennemis peuvent partir des bords de

la Vistule pour tenter un coup de main sur Stettin,
le gros de mon armée opérant sur le haut de la
Vistule : j'ai donné des ordres circonstanciés dans
ce sens au commandant de Stettin. J'ai ordonné
qu'une partie des dépôts de cavalerie fût portée sur
l'Oder ; dans un cas d'événement pressant, on trouvera toujours dans ces dépôts un millier de chevaux
qui repousseraient les partis ennemis. Dans ce cas
même j'ai ordonné au commandant de Stettin de
prévenir les généraux du corps du maréchal Mortier, qui ont ordre de venir au secours de Stettin et
de border l'Oder.

Une révolte à Berlin me paraît difficile. Je pense
que, des 1,600 hommes de garde nationale, vous
devez n'en armer que 800, sous prétexte que les
fusils manquent ; un fusil peut servir à deux
hommes ; ils se le passeraient. Il y aura à Berlin
assez de garnison pour pouvoir contenir la population. D'ailleurs, le dépôt de Potsdam sera toujours
en mesure de fournir un millier d'hommes, ainsi
que les garnisons de Stettin, de Küstrin, et enfin le
corps du maréchal Mortier, si les choses devenaient
graves. Le principal est de ne souffrir à Berlin
ni fusils, ni canons, ni sabres ; tout doit être en-
fermé soigneusement à Spandau et dans les places
fortes. La populace sans armes ne peut rien faire.
Au moindre événement, vous devez faire arrêter le
prince Auguste et le mettre à Spandau, en otage.

16.

Vérifiez ce que sont devenues les armes provenant du désarmement. Si on les a laissées à Berlin, faites-les transporter sans délai à Spandau.

Je vais vous envoyer à Berlin, pour garnison, deux bataillons de Nassau qui font bien le service.

Enfin, cependant, si l'ennemi parvenait à passer l'Oder, ou d'un autre côté menaçait Berlin, vous vous retireriez dans la citadelle de Spandau, après avoir prévenu le plus possible les commandants des différentes places et donné des ordres pour qu'on n'éprouve point des pertes.

Je vais ordonner la formation de plusieurs colonnes et camps volants, qui pourront se trouver à Berlin et parcourir les provinces. D'ailleurs, pendant longtemps vous aurez des troupes de passage. En exigeant que les commandants de Wittenberg, Magdeburg et Erfurt, etc., vous écrivent fréquemment, vous saurez toujours sur quoi vous pouvez compter. Une division de cuirassiers de 2,000 hommes, que commande le général Espagne, n'arrivera guère que dans quinze jours à Berlin ; enfin des bataillons provisoires, formés de conscrits que j'organise à Mayence, arriveront à la fin de décembre et en janvier, et vous fourniront plusieurs milliers d'hommes.

Portez une grande attention à ce qu'il n'y ait ni canons ni armes à Berlin, à ce qu'il n'y en ait que dans les places fortes. Envoyez des individus inspec-

ter les lieux où il y a eu des combats du côté de
Prenzlow, pour en retirer tous les canons qui pourront s'y trouver et les envoyer dans les places fortes.
Il y a un conseiller du grand-duc de Berg qui a
servi à Wesel et dans la campagne passée ; il parle
bien allemand, c'est un homme sûr ; vous pouvez
vous en servir avec avantage pour la police. Sur
toutes choses, écrivez tous les jours afin qu'on
sache ce qui se passe.

Portez une grande surveillance à ce que l'on con-
fectionne des souliers et qu'on les envoie à Küstrin ;
le temps devient mauvais, et l'on commence à en
avoir très-grand besoin.

On avait conclu ici une suspension d'armes avec
le roi de Prusse, qui a déclaré qu'il ne pouvait point
la ratifier, parce qu'il était entièrement au pouvoir
des Russes.

NAPOLÉON.

Archives de l'Empire.

818. — ORDRES D'ÉTUDIER L'EMPLACEMENT D'UNE PLACE FORTE AU CONFLUENT DE LA NAREW ET DE LA VISTULE.

AU GÉNÉRAL CHASSELOUP.

Posen, 1er décembre 1806.

Vous vous rendrez à Lenczyca et me ferez un rapport détaillé sur ce fort. Vous ordonnerez les travaux nécessaires pour le mettre en état de défense, et qu'il puisse contenir hôpitaux, magasins et le parc d'armée. Vous laisserez à Lenczyca un officier du génie pour exécuter vos ordres, et de là vous vous rendrez à Varsovie. Si nous parvenons à passer le pont, vous ferez établir des ouvrages pour assurer la défense de Praga. Vous irez ensuite reconnaître, au confluent de la Narew dans la Vistule, un emplacement pour y établir une place forte. Mon intention est de prendre une île pour cet emplacement, et de construire deux têtes de pont sur l'une et l'autre rive. Je placerai là mes magasins, mes dépôts. Cette île et les deux têtes de pont devront être fortifiées pendant l'hiver avec des sapins, du bois et tous les moyens que l'art pourra employer pour mettre la place en état de soutenir un siége. Mon intention est d'abandonner cette place à elle-même, si cela est nécessaire.   NAPOLÉON.

Archives de l'Empire.

819. — ORDRE DE PRENDRE LE GOUVERNEMENT DE GLOGAU ET DE LA HAUTE SILÉSIE.

AU GÉNÉRAL BERTRAND.

Posen, 3 décembre 1806, 9 heures du matin.

Monsieur le Général Bertrand, vous partirez avant une heure pour vous rendre à Glogau. Vous prendrez le gouvernement de cette place et de toute la haute Silésie, jusqu'à ce que j'aie envoyé quelqu'un vous remplacer. Vous ferez dresser un inventaire exact des magasins d'artillerie et des vivres. Vous m'enverrez tous les états, ainsi qu'une reconnaissance de la place. Je désire la garder, parce qu'elle me donne un pont sur l'Oder pour tomber en Silésie. J'attendrai votre rapport pour fixer mes idées. Vous me ferez connaître également la force de la garnison qui serait nécessaire pour mettre la place à l'abri d'un coup de main, la force des manutentions. Vous désignerez des emplacements pour les hôpitaux, etc.

Vous m'enverrez un premier aperçu de la statistique de toute la haute Silésie. Vous me ferez connaître la quantité de magasins à poudre, des forges à rougir les boulets, etc., les manufactures de drap, les tanneries qui se trouvaient dans la haute Silésie. Vous commanderez des souliers, dont vous savez le grand besoin que l'on a, et vous ordonnerez tous les petits travaux, soit d'artillerie, soit du génie, pour mettre la place en état.

Vous aurez soin de désarmer toute la ville de sabres et de fusils, et d'envoyer toutes les armes provenant du désarmement sur Varsovie pour armer les Polonais.

NAPOLÉON.

Comm. par M. le colonel Henry Bertrand.
(En minute aux Arch. de l'Emp.)

820. — URGENCE DE HATER L'ARRIVÉE DE SOULIERS A L'ARMÉE.

A M. DARU.

Posen, 3 décembre 1806.

Monsieur Daru, je vous avais demandé un rapport sur les souliers qui doivent être envoyés à Küstrin. Le premier compte que vous m'avez rendu m'annonçait qu'il en était arrivé 6,000 paires ; cependant il n'en est arrivé que 4,000. Il devait aussi en arriver de Dresde, d'Erfurt, et aussi d'un second et troisième envoi de Berlin. Il est urgent de prendre des mesures efficaces pour que ces souliers arrivent ici. Écrivez à M. Lambert de les faire partir pour Küstrin. Le général Oudinot les garde tous pour lui : ce n'est pas juste ; ses grenadiers sont pourvus, et j'ai ici des corps qui n'ont rien. Le général Oudinot demande 10,000 paires de souliers : il est convenable de les lui accorder, mais quand on lui donnerait 3,000 paires aujourd'hui, 3,000 paires dans quinze jours et 3,000 paires dans un mois, ce serait suffisant.

Écrivez à l'ordonnateur du corps du maréchal Ney qui est à Bromberg, que Bromberg et Thorn sont des pays de ressources où l'on peut se procurer des souliers ; et si l'on ne peut pas avoir des souliers, qu'on prenne du cuir avec lequel nos soldats sont assez industrieux pour raccommoder leurs vieux souliers. Lorsque 30,000 paires de souliers seront parties pour Küstrin, donnez le trente et unième mille au général Ménard pour les hommes qui sont dans le cas de rejoindre les différents dépôts ; mais faites-en venir trente mille à Küstrin, et puis la trente-deux millième paire jusqu'à la quarante millième seront également dirigées sur Posen.

NAPOLÉON.

Comm. par M. le comte Daru.
(En minute aux Arch. de l'Emp.)

821. — ORDRE DE FAIRE DÉMOLIR LES FORTIFICATIONS DE BRESLAU AUSSITOT LA VILLE PRISE.

AU MARÉCHAL BERTHIER.

Posen, 5 décembre 1806.

Mon Cousin, mon intention est qu'aussitôt que nous serons maîtres de Breslau, on en démolisse, sans perdre une heure, les fortifications, excepté la citadelle, s'il y en a une qui puisse être de quelque utilité ; mais la ville, étant peuplée de plus de 60,000 habitants, exigerait trop de garnison.

Donnez ordre au commandant du génie d'y diriger une compagnie de mineurs et une de sapeurs, pour qu'on puisse procéder à la démolition sans retard. Les pièces seront transportées à Varsovie pour l'armement des têtes de pont, à Glogau, qui est une place que je veux garder, et dans la citadelle de Breslau, si elle est jugée pouvoir être conservée.

Faites connaître également mes ordres au général d'artillerie, pour qu'il les transmette à ses officiers, et qu'il ait là une compagnie d'artillerie pour faire les évacuations et concourir aux démolitions.

NAPOLÉON.

Dépôt de la guerre.
(En minute aux Arch. de l'Emp.)

822. — DISPOSITIONS A PRESCRIRE AUX DIFFÉRENTS CORPS, OUVRAGES A FAIRE ENTRE LE BUG ET LA NAREW; AVIS ET ORDRES.

AU GRAND-DUC DE BERG.

Posen, 5 décembre 1806.

Je reçois votre lettre du 2 décembre, à sept heures du matin. Il paraît que l'arrivée de l'infanterie n'a pas tardé à décider les Russes à s'en aller. A l'heure qu'il est, j'imagine que le pont est tout à fait rétabli, que le général Chasseloup est arrivé et qu'il emploie tous les sapeurs et ingénieurs à travailler aux fortifications de Praga, afin que cela serve de tête de pont. Il n'y a pas un moment à perdre.

Je suppose que vos trois divisions de dragons, qui doivent former près de 8,000 hommes, et toute votre cavalerie légère, ont passé la rivière et bordent le Bug, la cavalerie légère en première ligne, vos dragons en seconde; que tout le corps du maréchal Davout a passé la Vistule, et que son avant-garde est sur la Narew; que le corps du maréchal Lannes tout entier est dans Varsovie; que celui du maréchal Augereau est descendu à l'embouchure de la Narew dans la Vistule et jette là un pont. Si ces dispositions ne sont pas faites, faites-les faire sur-le-champ .

Le maréchal Augereau laissera ses deux régiments de cavalerie légère vis-à-vis Plock, pour communiquer avec le maréchal Ney à Thorn. Je donne ordre au général Walther et à mon petit quartier général de se porter à Varsovie. Je ne me rendrai moi-même à Varsovie que lorsque vous aurez passé le Bug ou la Narew. Le Bug passé, vous ferez jeter un pont et travailler à une belle tête de pont. Ainsi donc je veux avoir un pont à l'embouchure de la Narew dans la Vistule, où je veux construire une place forte avec deux têtes de pont ; je veux avoir une tête de pont à Praga ; un pont et une tête de pont sur le Bug ; tout le corps du maréchal Davout en avant de la Vistule, pour défendre Praga et le pont de la Narew ; tout le corps du maréchal Lannes dans Varsovie et même dans Praga, fournissant des travailleurs, s'il est nécessaire ; le corps du maréchal Augereau défendant le pont à l'embouchure du Bug, fournissant des travailleurs pour la place que je veux construire, ayant sa cavalerie légère vis-à-vis Plock, et occupant Wyszogrod et Zakroczym. Il ne faut point violer le territoire autrichien, mais il faut passer ces deux rivières et remuer beaucoup de terre.

La Narew passée, il faudra inonder toute la Pologne de partis, jusque vis-à-vis Thorn, pour en soulever les habitants. Le général Watier est parti de Posen, il y a deux jours, avec le 11ᵉ régiment de chasseurs ; le régiment bavarois de chevau-légers du prince royal doit également y être rendu. Cette brigade, qui se réunit à Lowicz, est à votre disposition. Aussitôt que le pont sur la Narew sera jeté, poussez votre cavalerie en avant pour courir le pays et accélérer d'autant la retraite de l'ennemi.

Le corps du maréchal Soult prend du repos ici depuis trois jours. J'attends de connaître que vous êtes sur les bords de la Narew, et que vous espériez la passer, pour diriger ce corps d'armée sur-le-champ sur Varsovie.

Vous trouverez ci-joint les journaux de Posen, dont le contenu peut être mis dans les journaux de Varsovie. Demain partent d'ici 4,000 fusils pour les Polonais de Varsovie.

Comme j'imagine que vous aurez besoin du général Belliard, j'envoie le général Lemarois pour commander la place de Varsovie.

NAPOLÉON.

Archives de l'Empire.

823. — NOTE RELATIVE AUX HOPITAUX DE L'ARMÉE.

NOTE POUR L'INTENDANT GÉNÉRAL.

Posen, 8 décembre 1806.

Faire partir les 25,000 thalers trouvés à Glogau, pour Varsovie; on les versera dans la caisse du payeur de la réserve de cavalerie à la disposition du major général.

La matière des hôpitaux est très-délicate; il faut d'abord bien établir la langue pour s'entendre, car c'est faute de cela qu'on prend une chose pour l'autre.

Dans une armée, on prépare beaucoup d'établissements dont la moitié doivent être inutiles, mais c'est pour se trouver en mesure avec les événements.

Il faudrait distinguer les locaux, qu'il faut numéroter, où il faut même commencer une dépense pour les approprier, mais qui ne doivent servir que dans les circonstances, de ceux qui sont nécessaires aujourd'hui. Ainsi, on a demandé des locaux pour 2,000 hommes au fort de Lenczyca; mais on n'a pas demandé de placer ces 2,000 hommes dans ce fort, parce qu'on prévoit bien qu'ils y seraient fort mal; mais on a voulu qu'en cas d'événements ce travail soit préparé. Quelle que soit donc la situation de Lenczyca, il faut qu'il y ait des locaux pour 2,000 malades, ne fût-ce qu'une église ou une grange ; il ne faut donc pas y envoyer des fournitures, mais les choses les plus indispensables.

Presque tous les hôpitaux qu'ordonne l'Empereur sans rapports préalables sont de cette nature ; c'est subordonné aux rapports militaires et nullement à la convenance des localités.

Il y a ensuite des hôpitaux aux divers échelons de l'armée ; c'est là le cas des quatre hôpitaux qu'a ordonnés l'Empereur. Si un soldat tombe malade à dix lieues de Posen, on le fera venir à Posen ; cela tient au système de faire faire aux malades le moins de chemin possible. L'hôpital de Pinne et celui de Meseritz sont de même nature.

Maintenant, pour le travail des hôpitaux, l'armée se trouvera placée sur la Netze, et il faut un bel hôpital à Lowicz.

L'armée sera en avant et autour de Varsovie : il faut des hôpitaux à Varsovie ; 2,000 hommes y paraissent très-peu de chose, il faut plus.

Il y aura des corps d'armée à Posen et à Thorn : il faut, pour ceux de Posen, les avoir à Posen, et pour Thorn, à Bromberg et sur cette rive de la Vistule.

Ainsi le système actuel consiste à établir des hôpitaux dans les lieux où sont cantonnées les troupes ;

100,000 hommes à Varsovie ; 20,000 à Lowicz ; 20,000 à Thorn ; 20,000 à Posen.

De sorte que l'on pense que le système des hôpitaux est complet dans la position actuelle, si l'on a quatre hôpitaux de Posen à Varsovie pour le mouvement, un grand hôpital de dépôt à Lowicz pouvant fournir aux besoins de 25,000 hommes, des hôpitaux à Varsovie pouvant fournir aux besoins de 100,000 hommes, et des hôpitaux à Bromberg pouvant fournir aux besoins de 20,000 hommes.

Après cela, avoir pour principe de ne jamais faire aucune évacuation que par ordre. On n'obtiendra jamais cela des employés, si on n'y porte pas la plus grande attention.

Il faut présenter un projet d'organisation de dépôts de convalescents, par corps, à Varsovie ; ainsi il faut à Varsovie un hôpital de blessés, un de malades, un de vénériens.

Doubler ensuite tous ces établissements, de manière qu'il y en ait pour 6,000 personnes.

Il faut ensuite cinq grandes maisons pour dépôts sous l'administration des corps d'armée, de 4 à 500 hommes chacun.

La première mesure à prendre pour tout cela, c'est de faire venir les cinq sixièmes des agents français qui sont au delà de l'Oder. Pourquoi, à Berlin, Magdeburg, Leipzig, les malades français

ne seraient-ils pas aussi bien soignés par les médecins du pays?

Il serait donc convenable que l'ordonnateur des
hôpitaux, les officiers de santé en chef et le régisseur se rendissent à Varsovie, fissent choix de
six hôpitaux, et qu'on eût soin de destiner le même
hôpital à un ou deux corps d'armée.

NAPOLÉON.

Comm. par M. le comte Daru.

---

824. — IMPORTANCE D'UNE PLACE A L'EMBOUCHURE DE LA NAREW. — POSITION A RECONNAITRE DU COTÉ DE SIEROCK.

AU GRAND—DUC DE BERG.

Posen, 8 décembre 1806.

Je reçois votre lettre du 5 décembre à minuit. Je
vois avec peine que les moyens de passage sont
exigus. Les marins de la Garde et une compagnie
de pontonniers sont partis pour vous rejoindre.

Quand même l'île qui sera choisie à l'embouchure de la Narew dans la Vistule serait submergée
plusieurs fois par an, si l'on ne peut pas faire autrement, ce ne doit pas être une objection pour ne pas
exécuter mon projet. Mon principal but est d'avoir
une position qui tourne le Bug et la Narew, sans être

obligé d'aller à Varsovie. Le plus tôt possible, faites travailler à la tête de pont. Le général Chasseloup doit être arrivé. Je donne ordre qu'on expédie de Glogau 100,000 francs, et d'ici 100,000 francs, pour accélérer les achats de blé dans la Gallicie. Je donne ordre que l'ordonnateur des hôpitaux se rende à Varsovie, où il faut établir des hôpitaux pour 4,000 malades. Toute mon armée doit être cantonnée à Varsovie et environs. N'épargnez rien pour travailler avec activité à la tête de pont de la Narew et aux fortifications de Praga. J'ai envoyé Lemarois pour commander à Varsovie et y établir de l'ordre.

Le maréchal Ney a passé la Vistule à Thorn le 6. Il est maître de la ville et le pont est raccommodé. Je vous recommande une tête de pont du côté de l'Utrata. Une fois que vous aurez passé la Narew et que vous aurez beaucoup de cavalerie au delà, vous pouvez envoyer des partis, si vous le jugez convenable, sur les routes de Thorn, par la rive droite, pour communiquer avec le maréchal Ney.

Je crois vous avoir mandé hier que la guerre était déclarée entre la Porte et la Russie, et qu'une armée russe était entrée en Moldavie et Valachie et assiégeait Bender et Choczim.

Je désire que, du moment que vous aurez passé la Narew, vous vous portiez du côté de Sierock pour reconnaître là un champ de bataille où mes troupes puissent prendre une belle position. Il faudra établir des manutentions à Sierock ou dans tout autre endroit que vous choisirez à l'embouchure du Bug, pour nourrir l'armée.

Le maréchal Davout, qui forme l'avant-garde, se placera dans les cantonnements de ce côté.

NAPOLÉON.

Archives de l'Empire.

---

825. — ORDRE DE PASSER LA REVUE DES DÉTACHEMENTS QUI ARRIVENT A BERLIN, RECOMMANDATIONS A LEUR SUJET.

AU GÉNÉRAL CLARKE.

Posen, 8 décembre 1806

Je suis instruit que plusieurs détachements arrivant de l'intérieur sont dans un grand dénûment. Faites-les séjourner à leur passage à Berlin, et voyez-les tous les jours, à midi. Faites donner des souliers aux hommes qui n'en auraient point, et ceux qui seraient sans capotes, retenez-les à Berlin jusqu'à ce qu'ils soient habillés. J'ai rencontré des hommes qui arrivaient de Boulogne pieds nus. Cela ne sert à rien qu'à me donner des malades. Ayez tous les jours, à midi, une parade, et faites-y venir les

17.

hommes qui doivent partir le lendemain pour rejoindre leurs corps.

NAPOLÉON.

Archives de l'Empire.

---

826. — MARCHÉS A PASSER POUR LA CONFECTION DE SOULIERS; DISTRIBUTION QUI DOIT EN ÊTRE FAITE AUX SOLDATS.

AU GÉNÉRAL DEJEAN.

Posen, 8 décembre 1806.

Monsieur Dejean, vous recevrez un décret pour faire confectionner des souliers. Vous verrez que je vous autorise à passer un marché pour 50,000 paires, que vous réunirez à Mayence. Il est urgent qu'ils y arrivent le plus tôt possible. Voilà l'emploi que je désire qu'il soit fait de ces souliers. Tous les détachements qui viendront de Paris et de Boulogne doivent partir avec une paire de souliers et deux dans le sac. A Mayence, ils en recevront une paire en remplacement de celle qu'ils auront usée en route. A Magdeburg, ils en recevront une nouvelle paire pour celle qu'ils auront usée dans la route de Mayence à Magdeburg, de manière que les hommes arriveront toujours à leurs corps avec une paire de souliers aux pieds et une dans le sac. Les détachements qui partiront du Rhin doivent avoir leurs trois paires de souliers fournies par les corps.

NAPOLÉON.

Dépôt de la guerre.
(En minute aux Arch. de l'Emp.)

---

827. — INSTRUCTIONS POUR FORMER UNE 6e ET UNE 7e DIVISION ; LANGAGE A TENIR AU SUJET DE CETTE MESURE.

AU PRINCE EUGÈNE.

Posen, 8 décembre 1806.

Mon Fils, je pense qu'à l'heure qu'il est les divisions de Brescia, Vérone et Alexandrie sont réunies. Un grand nombre de conscrits doivent vous être arrivés. J'imagine qu'au fur et à mesure de leur arrivée aux dépôts vous les incorporez dans les compagnies de guerre, afin qu'on s'occupe avec la plus grande activité, dans les cantonnements, à les exercer et à les dresser. J'espère qu'au 1er janvier il n'y aura aucune de ces compagnies, soit du second corps de la Grande Armée, soit des divisions de Vérone, de Brescia et d'Alexandrie, qui ne soit à l'effectif de plus de 120 hommes, et qu'au 1er mars cet effectif se trouvera augmenté de manière que chaque compagnie se trouve à l'effectif de 140 hom-

mes. Mon intention est que les 3ᵉˢ bataillons des
régiments à quatre bataillons qui sont à l'armée
d'Italie rejoignent les divisions aussitôt que les compagnies seront à un effectif de plus de 120 hommes.

Mon intention est que, des 3ᵉˢ bataillons des régiments de l'armée de Dalmatie qui sont à quatre
bataillons, il soit formé une division qui sera réunie
à Bassano. Le 3ᵉ bataillon du 11ᵉ de ligne et le
3ᵉ bataillon du 79ᵉ formeront un régiment provisoire ; les 3ᵉˢ bataillons des 5ᵉ et 23ᵉ formeront un
second régiment ; les 3ᵉˢ bataillons du 60ᵉ et du 20ᵉ
ou 62ᵉ, à votre choix, formeront le 3ᵉ régiment.
Ces trois régiments, devant faire une force de
6,000 hommes, formeront ainsi une 6ᵉ division.
Vous ne réunirez cette division qu'autant que chaque
bataillon pourra partir de son dépôt, fort de 800
hommes, pour se rendre aux cantonnements de Bassano. Dans tous les cas, je ne souhaite pas que ce
soit avant le 20 janvier. Vous préparerez l'artillerie
pour cette nouvelle division.

Une autre division sera formée de quatre régiments d'élite provisoires. Ce sera une division de
réserve que vous joindrez à votre garde, et que vous
tiendrez toujours sous votre main. Vous la réunirez
à Padoue. Elle sera composée conformément au
tableau ci-joint. Mon intention est que vous la com-
posiez de beaux hommes pour les grenadiers, et de
petits hommes, mais robustes, pour les voltigeurs.

Cette division commencera à se réunir le 1ᵉʳ février
à Padoue. Il est convenable de proposer quelqu'un
de très-intelligent et bon manœuvrier pour la commander. Elle formera votre 7ᵉ division.

Vous ne ferez passer aucune troupe en Dalmatie
ni dans le royaume de Naples sans mon autorisation.

Faites-moi rédiger un état qui me fasse connaître
la force des corps; la force actuelle des dépôts; ce
qui leur reste à recevoir de la conscription de 1806
et de l'appel de la réserve (chaque état aura autant
de feuillets qu'il y aura de régiments), et si vous
avez assez de conscrits pour remplir mes intentions,
c'est-à-dire si les régiments à trois bataillons peuvent fournir deux bataillons à l'effectif de guerre
de 140 hommes par compagnie, je dis à l'effectif et
non présents sous les armes, et de plus les compagnies de grenadiers et de voltigeurs des 3ᵉˢ bataillons, complétées à 100 hommes chacune, présents
sous les armes. Les régiments à quatre bataillons
doivent fournir trois bataillons à l'effectif de 140
hommes par compagnie, c'est-à-dire trois mille six
ou sept cents hommes par régiment, et de plus
les compagnies de grenadiers et de voltigeurs du
4ᵉ bataillon.

Je vous répète que je n'ai aucune raison de me
méfier des intentions de l'Autriche; vous devez être
pacifique dans vos journaux, dans votre langage, et

ne laisser courir aucun bruit qui puisse alarmer cette puissance. Vous devez dire que la plus grande partie de ces troupes doit filer pour la Grande Armée. Je vous ferai connaître plus tard mes intentions.

Vos divisions doivent employer les mois de janvier, février et mars à s'exercer dans leurs cantonnements ; les généraux de division et de brigade, à connaître leurs officiers ; vous, à exiger des généraux qu'ils s'occupent de leurs manœuvres ; de sorte que j'aie en Italie une armée mobile de 60,000 hommes qui puisse se porter promptement partout où j'en aurai besoin. Quant aux dépôts de l'armée de Naples, le contingent qu'ils se trouvent vous fournir est peu considérable, puisqu'ils ne fournissent qu'une compagnie de grenadiers et de voltigeurs ; mais il faut qu'au printemps ils puissent me fournir 6,000 hommes pour recruter l'armée de Naples. Je vous donnerai des ordres pour leur envoi.

NAPOLÉON.

Comm. par S. A. I. Mme la duchesse de Leuchtenberg.
     (En minute aux Arch. de l'Emp.)

828. — OBSERVATIONS SUR L'ADMINISTRATION DE L'HABILLEMENT.

NOTE POUR L'INTENDANT GÉNÉRAL.

, Posen, 12 décembre 1806 [1].

L'administration ne suit aucune marche, parce qu'il n'y a pas d'organisation. Le commissaire des guerres chargé de la partie est un polisson, parce qu'il n'a pas d'idée de sa besogne. Administration de l'habillement, il n'y en a point.

On me fera un état qui me fasse connaître ce qui a été fait en conséquence de l'ordre du jour du 1ᵉʳ novembre, relatif à la distribution des capotes. La ville de Francfort devait fournir 6,000 capotes, celle de Stettin 4,000 ; il y avait à Berlin, pris à l'ennemi, des draps pour faire beaucoup de capotes. Il en a été délivré 9,200 à différents corps ; il en a été accordé 10,000 par l'ordre du jour ; à Leipzig, il en a été accordé 27,000 par l'ordre du jour. J'ai distribué 66,000 capotes. Depuis j'ai ordonné que 20,000 capotes seraient achetées à Glogau, à compte de la contribution. J'en ai fait faire 3,000 à Meseritz, 3,000 à Posen. J'en ai 50,000 à Hambourg. Il paraît que le prince de Ponte-Corvo en a pris 5,000

---

[1] Date présumée.

à Lubeck. Il faut que quelqu'un soit chargé de la correspondance relative aux différentes parties de ce service, et qu'on me fasse connaître ce qui a été distribué. On me fera connaître aussi ce qui reste dans les différents magasins, et ce qui resterait à fournir. Ainsi, par exemple, Berlin avait plus de 9,200 capotes lorsque nous sommes entrés dans cette ville ; Leipzig devait fournir plus de 80,000 aunes de drap, ce qui fait plus de 25,000 capotes ; Berlin et Francfort n'ont peut-être pas fourni l'un ses 10,000, l'autre ses 4,000 capotes.

Il faut me remettre les états sur autant de feuilles qu'il y a d'objets différents.

Il faut avoir un administrateur général, un inspecteur général, qui suivent la correspondance avec les employés chargés de l'habillement de chaque corps d'armée, et surveiller les distributions.

L'administration ne peut aller plus mal. On ne pourvoit à rien. Les effets se pourrissent à Spandau et ailleurs ; on ne prend aucun moyen pour pourvoir à leur entretien, à la responsabilité, etc.

NAPOLÉON.

Comm. par M. le comte Daru.

———————

829. — ORDRE POUR LA RÉORGANISATION DE L'ADMINISTRATION DES HOPITAUX DE L'ARMÉE.

ORDRE POUR L'INTENDANT GÉNÉRAL.

Posen, 12 décembre 1806.

1° Il sera confectionné sans le moindre délai à Berlin 6,000 matelas ; on emploiera, à cet effet, les 120,000 livres de laine qui se trouvent en magasin, et les 16,000 aunes de toile d'emballage ou de coutil qui se trouvent tant à Berlin qu'à Spandau ; à mesure que 200 matelas seront faits, ils seront envoyés à Posen, et ainsi de tous successivement.

2° 12,000 tentes seront sur-le-champ employées pour confectionner 9,000 paires de draps, et 12,000 autres tentes seront également employées pour la confection de 40,000 chemises, et pour celle de 40,000 pantalons affectés au service des hôpitaux. A mesure que 5,000 de chacun de ces objets seront confectionnés, on les enverra, par la voie la plus prompte, à Posen, pour être affectés au service des hôpitaux de la Pologne.

3° Il sera passé à Posen un marché pour la confection de 1,000 paillasses. M. l'intendant général fera requérir dans la basse Silésie 2,000 couvertures et 2,000 matelas. Il fera également requérir à Stettin 2,000 couvertures et 2,000 matelas. Il sera requis dans le département de Küstrin, et plus particulièrement à Landsberg et Francfort, 4,000 couvertures.

4° Le prix des objets requis ainsi qu'il est dit ci-dessus sera fixé par l'intendant général, et la valeur en sera déduite sur les contributions imposées à chaque département.

A mesure qu'il y aura 1,000 couvertures fournies de celles requises dans le département de Küstrin, elles seront dirigées sur Posen. On fera en sorte qu'il y en ait 1,000 livrées avant le 18 décembre. Il faut, à cet effet, prendre de préférence celles qui sont déjà faites.

5° Il sera attaché à chaque hôpital, en Pologne, un prêtre catholique comme chapelain, qui sera nommé par M. l'intendant général ; ce prêtre sera chargé de la surveillance des infirmeries, et il lui sera alloué, à cet effet, une somme de 100 francs par mois, qui lui seront payés le 30 de chaque mois.

Les infirmiers seront payés tous les jours par les soins du chapelain, à raison de 20 sous par jour et indépendamment d'une ration de vivres qui leur sera distribuée. Le directeur de l'hôpital payera les infirmiers en présence du chapelain, sur les fonds mis à sa disposition, ainsi qu'il sera dit ci-après.

6° L'intendant général, sur les fonds mis à sa dis-

position par le ministre de la guerre, prendra les
mesures pour que chaque directeur d'hôpital ait
toujours en caisse et par avance un fonds égal
a 12 francs pour chaque malade que l'hôpital doit
contenir par son organisation. Ce fonds servira à
payer la solde des infirmiers, à subvenir à l'achat
des menus besoins, comme œufs, lait, etc. La
viande, le pain et le vin seront fournis par l'administration. En conséquence, il est expressément défendu, sous la responsabilité de chacun, de faire
aucune réquisition aux municipalités pour les petits
aliments ou menus besoins. Tous les huit jours, les
commissaires des guerres chargés de la surveillance de l'hôpital feront connaître à l'intendant
général la dépense faite sur le fonds de 12 francs
par malade que peut contenir l'hôpital, et qui aura
été payée par l'économe, pour la solde des infirmiers et pour l'achat des petits aliments et le blan-
chissage, afin que l'intendant fasse de nouveaux
fonds pour remplacer ce qui a été dépensé, au fur
et à mesure. Les commissaires des guerres chargés
de la surveillance des hôpitaux en seront respon-
sables.

7° Cet ordre étant commun à tous les hôpitaux
de l'armée, à l'exception du chapelain, dans les
hôpitaux hors de la Pologne, Sa Majesté ordonne
que, vingt-quatre heures après que les présentes
dispositions seront connues à qui de droit, toutes les

pharmacies soient approvisionnées pour deux mois
et pour le nombre des malades que l'hôpital doit
contenir, en payant comptant les médicaments aux
apothicaires des lieux qui les fourniront, et sur les
fonds que l'intendant général mettra, à cet effet, à la
disposition des directeurs d'hôpitaux.

Sa Majesté ordonne que tout ce qui peut être dû
aux différents apothicaires qui, sur les lieux, ont
fourni nos hôpitaux, soit payé sans délai par les
soins de l'intendant général ; et ce qui peut être dû
pour Posen aux apothicaires leur sera payé aujour-
d'hui. L'intendant général prendra les mesures nécessaires, et le ministre de la guerre mettra à sa
disposition les fonds dont il aura besoin.

8° L'inventaire général des achats de médicaments, dont les pharmacies des hôpitaux doivent
être approvisionnées pour deux mois, sera envoyé
au bureau général des hôpitaux de l'armée ; mais
lesdits médicaments seront payés avant l'arrivée
desdits inventaires, et le seront sur les lieux
d'après l'ordonnance du commissaire des guerres
chargé de la police de l'hôpital, sur le crédit
que lui aura ouvert l'intendant général. Les
intendants des provinces ou départements sont
autorisés à faire acquitter d'urgence ces ordonnances, sauf aux receveurs des provinces ou départements à porter ces ordonnances acquittées en
payement.

9° Lorsqu'un médicament ne se trouvera pas dans les pharmacies de l'hôpital, d'après l'approvisionnement fait en conséquence des dispositions ci-dessus, le directeur de l'hôpital sera, dans ce cas seulement, autorisé à acheter ce médicament où il le trouvera, sur les fonds des petits aliments ou celui de 12 francs, et, dans les huit jours au plus tard, toute dépense faite par l'économie sur ce fonds sera visée par le commissaire des guerres chargé de la police de l'hôpital.

10° Il sera pris des mesures pour qu'il soit fabriqué de bon pain affecté au service des hôpitaux avec de la farine de froment. M. l'intendant général fera, autant qu'il lui sera possible, distribuer du vin de Stettin, qui est le meilleur.

Le maréchal Berthier, par ordre de l'Empereur.

Comm. par M. le comte Daru.

---

830. — ORDRE DE BATTRE LA CAMPAGNE AVEC LA CAVALERIE; OPÉRATIONS INDIQUÉES.

AU GRAND-DUC DE BERG.

Posen, 14 décembre 1806.

Le général Zajonchek arrive; il se rend à Varsovie. Il peut là vous être fort utile.

J'ai donné le gouvernement de Varsovie au géné-

ral Gouvion ; le général Lemarois lui en fera la remise ; après quoi, il m'attendra à Varsovie. Vous
ferez installer le général Gouvion pour véritable
gouverneur. Il y restera à demeure ; je l'ai fait venir
de Paris exprès pour cet objet.

Je vous envoie une lettre que j'écris au général
Chasseloup ; vous pouvez en prendre connaissance,
et même copie si cela vous convient.

J'apprends avec plaisir, par votre lettre du 10
à minuit, que l'ennemi a tout à fait évacué la rive
gauche de la Narew. Je suis encore plus aise que
le pont de la Vistule soit enfin terminé. J'espère
qu'enfin votre cavalerie aura passé. Vous aurez
appris que l'équipage de pont est parti le 11 de
Thorn ; il sera le 16 ou le 17 chez le maréchal
Augereau.

J'ai donné le commandement des divisions Sahuc,
Grouchy, d'Hautpoul et de la brigade Tilly au maréchal Bessières, qui, le 16, débouchera avec
7,000 hommes de cavalerie par Thorn, se portera
sur Rypin, Biezun, en faisant des reconnaissances
sur Pultusk, ramassera toute la cavalerie légère du
maréchal Soult, qui, le 16, aura passé la Vistule à
Wloclawek.

Je suppose que, dès que vous le pourrez, vous
passerez la Narew avec toute votre cavalerie. Envoyez des reconnaissances sur Biezun, pour faire
votre jonction avec le maréchal Bessières, et pour-

suivez l'ennemi avec le corps de réserve, les trois divisions de dragons, celle de Nansouty, les trois brigades légères de la réserve, toute la cavalerie des maréchaux Davout, Lannes et Augereau. Vous aurez ainsi près de 30,000 hommes de cavalerie, près de trente pièces d'artillerie légère. Vous ferez occuper Sierock par l'infanterie du maréchal Davout; il pourra même avoir une de ses divisions à Pultusk. Le maréchal Augereau occupera Zakroczym, Wyszogrod, et s'étendra, pour ses subsistances, jusqu'à Blonie et Plonsk. Le maréchal Lannes se concentrera dans Varsovie, le maréchal Soult du côté de Plock. Par ce moyen, mon infanterie prendrait du repos, et ma cavalerie seule battrait la campagne. Avec une si grande quantité de cavalerie, vous pouvez couper le chemin de Kœnigsberg à Pultusk et entamer l'arrière-garde de l'ennemi. Vous n'avez rien à craindre, puisque vous êtes maître de refuser ou de donner le combat, et que l'ennemi n'a pas le tiers de votre cavalerie. Ces escarmouches le démoraliseront autant qu'il pourrait l'être après une bataille rangée. Votre cavalerie doit l'écraser, le rejeter dans une terreur panique, et lui donner l'opinion que vous avez 100,000 hommes de cavalerie, ce que vous pouvez dire ouvertement. Il faut toujours porter la cavalerie à 100,000 hommes, et l'infanterie à 500,000.

Je ne pars pas encore de Posen; car, si l'ennemi

n'avait pas évacué Pultusk, mon intention était de passer par Thorn avec les corps des maréchaux Ney, Soult et Bernadotte, de me placer entre Kœnigsberg et Pultusk, et de tourner l'ennemi. Votre lettre de cette nuit a dérangé mon projet; car, si l'ennemi se retire, mon infanterie est inutile. Il ne peut être atteint que par la cavalerie, et cela vous regarde. Tâchez de communiquer par la rive droite sur Thorn et sur Rypin.

NAPOLÉON.

Archives de l'Empire.

---

831. — ORDRES CONCERNANT LA CONSTRUCTION DE TÊTES DE PONT SUR LA VISTULE ET LA NAREW, ET LES FORTIFICATIONS DE PRAGA.

AU GÉNÉRAL CHASSELOUP.

Posen, 14 décembre 1806.

Je reçois votre lettre du 10 décembre. Vous dites que deux îles avoisinent le confluent des deux rivières; une supérieure et l'autre inférieure, et ces deux îles ne vous paraissent pas convenir: l'île supérieure, parce qu'il faudrait un pont sur la Narew. Si cela était, ce serait une propriété de plus qu'aurait ma place, si elle me donnait à la fois des débouchés sur les deux rivières de la Vistule et de la Narew;

ce qui ferait qu'en cas de nécessité je pourrais me passer de l'autre pont établi sur la Narew. Quant à l'objection que l'autre île, qui est inférieure, ne peut convenir parce qu'elle est dominée par la rive droite, c'est un inconvénient, mais non pas une objection ; on peut y remédier. J'attendrai la reconnaissance que vous devez m'en envoyer ; mais l'une et l'autre me conviennent. Par tout cela, je crois qu'il est nécessaire de vous faire connaître mes projets.

Mon projet est de prendre pour champ de bataille le confluent des deux rivières, ma droite appuyée à Praga, et ma gauche à Wieliszewo, et, si j'avais peu de troupes, en appuyant ma gauche sur Jablonna, je n'occuperais qu'une ligne de 4,000 toises. Je veux que ce camp retranché ait derrière lui une île située au confluent des deux rivières, et ayant deux têtes de pont sur les deux rives de la Vistule, me donnant la facilité de passer de ce camp sur l'une et l'autre rive. Indépendamment de ce, j'aurais un pont à Varsovie, un fortifié à Praga et un autre situé à l'embouchure de la Wkra dans le Bug. Selon les circonstances et les temps, je couvrirais de bonnes redoutes la distance de Jablonna à Wieliszewo, et j'aurais là la conservation de mes ponts, de mes magasins, un bon camp retranché où une armée de 30,000 Français et de 20 ou 30,000 Polonais ou alliés serait à l'abri de toute attaque. Et si, au lieu de cela, on y suppose réunie mon armée, ma cavalerie sur la rive gauche de la Vistule, vous voyez que je suis en position de faire ce qui peut me convenir, et que, dans une telle position, l'ennemi se trouve fort embarrassé.

Quant à Thorn, c'est un système à part ; il est impossible que vous vous en occupiez pour le moment. Donnez tous vos soins à l'autre système. J'attends une reconnaissance de Thorn ; j'ai fait relever la vieille enceinte, et, avant deux mois, j'aurai là une place très-forte. On m'assure que les massifs des fortifications sont en meilleur état que ceux de Wittenberg.

Chargez quelque ingénieur de lever sur un grand plan la réunion des deux rivières, de bien remonter la Wkra. Mon intention est de faire travailler sérieusement à ce camp retranché et aux deux ponts. Je veux m'arranger de manière à battre avantageusement, avec 40 à 50,000 hommes, 150,000 ennemis.

Quant à Praga, les lignes polonaises me paraissent absurdes. Les petites redoutes faites sur des mamelons me paraissent bonnes, mais je désirerais qu'elles fussent fermées à la gorge ; toutefois cela n'inspire pas une grande confiance. Votre tracé est beaucoup meilleur ; mais ce que je préfère à tout, c'est l'île C D, qui, ayant 600 toises de long et 60 à 80 de

largeur, peut contenir toute mon armée. L'île C D
n'est séparée de la rive droite que de 60 à 80 toises.
Cela est assez et pas trop. Ne perdez pas un moment
à me construire à C D une redoute en forme de ca-
-valier, qui domine bien les deux rives, et à tracer
une belle tête de pont. Celle que vous avez tracée,
qui est une couronne, n'a point assez de profondeur,
puisque du bastion du centre au rivage il n'y a que
120 toises. Je désirerais que les deux fronts fussent
plus éloignés de 60 toises. Vous briseriez la branche
de la couronne au milieu, de manière que les
60 dernières toises de la branche se trouvent bien
flanquées. S'il y a possibilité d'établir sur la rive
gauche une autre tête de pont, il ne faut pas manquer de le faire. Je ne sais s'il y a beaucoup de
maisons. Toutefois, si cela est impossible, ne perdez
pas un moment à établir un pont de l'île à la rive
droite, et une bonne tête de pont, et un bon bac,
dans le genre de ceux établis sur le Pô, de l'île à la
rive gauche, sauf à le remplacer par un pont, lorsque nous serons moins pressés. Je vois que vous
avez établi une espèce de bonnet-de-prêtre en
avant de Praga ; cela obligerait à démolir beaucoup
de maisons, et cela ne serait pas grand'chose. Toutefois faites faire plusieurs tambours en palissades,
de manière que les habitants de Praga, par trahison
ou autrement, ne puissent s'en emparer, et que le
corps de garde qui sera là soit tout à fait maître du

pont. En cas donc que l'ennemi passât le Bug, et fût en force sur l'offensive, on lèverait le pont de Praga, et la communication se ferait par l'île C D. Un des inconvénients de la tête de pont en avant de l'île C D, c'est que la gorge n'a que 300 toises de long et qu'il serait possible d'abattre à coups de canon le pont. Ainsi, si on pouvait établir la communication de la rive droite au pont, en avant de l'île C D, en radeaux, cela serait très-avantageux. On a établi de ces ponts sur le Danube, et ils ont très-bien réussi, et le Danube est la même chose que la Vistule.

Quant aux redoutes de Praga, il faut les faire fermer; ce serait pour un corps de 40,000 hommes qui voudrait soutenir là l'attaque de l'ennemi.

J'imagine que vous avez du bois tant que vous voulez et à portée.

Quant à la tête de pont de la Narew, je vous ai dit, au commencement de ma lettre, que je désirais qu'elle fût au confluent de la Wkra, si la localité est bonne. Quant au débouché, il n'est pas difficile d'en établir un. Par le plan général que je vous ai fait connaître, il vous est facile de comprendre pourquoi je désire qu'elle soit là plutôt que du côté de Sierock.

NAPOLÉON.

Archives de l'Empire.

832. — ORDRE POUR LE PASSAGE DE LA VISTULE ; AVIS DIVERS.

AU MARÉCHAL SOULT.

Posen, 15 décembre 1806, 2 heures après midi.

Mon Cousin, le 11 à sept heures du matin, une division russe assez considérable, avec douze pièces de canon, se porta au village de Pomichowo, qu'elle attaqua. Le maréchal Davout avait, au delà de la Narew, du côté de la rive droite de la Wkra, une tête de pont et les 25e et 85e. Quelque supérieur que fût l'ennemi, il ne put rien faire. Il se contenta de détruire la moitié du village avec des obus. Nous avons eu un officier tué et vingt blessés. A deux heures après midi, l'ennemi se retira. Le 12, une simple reconnaissance de quatre cents ennemis vint au même village, et, après une légère fusillade, se retira.

Le 13, à midi, le pont sur la Vistule était terminé. Le pont sur la Narew est également terminé. Le maréchal Augereau avait à Utrata et Zakroczym quatre bataillons qui, depuis vingt-quatre heures, travaillaient à se couvrir. Ils étaient en communication avec ceux du maréchal Davout. Des bateaux et des radeaux étaient en assez grand nombre pour espérer que le 14, dans la journée, le pont serait construit là.

18.

Le 14, le grand-duc de Berg a dû passer la
Narew avec une grande partie de sa réserve. Tous
les renseignements portaient que les deux routes de
Grodno et Brzesc [1] étaient couvertes de Russes qui
marchaient dans le sens de la Vistule. Ils parais-
saient n'avoir qu'une avant-garde à Sierock. Lé 10,
le quartier général d'un de leurs généraux était à
Pultusk. Voilà tous les renseignements.

Du côté du maréchal Ney, l'ennemi était sur
Strasburg, montrant une extrême circonspection
et beaucoup de cavalerie.

J'ai donné l'ordre au maréchal Bessières, qui,
de sa personne, est arrivé à Thorn ce matin,
d'exécuter le mouvement que je lui ai prescrit.
Tout me porte à penser que, le 17, il aura des postes
de cavalerie sur Rypin et Biezun.

J'ai envoyé directement l'ordre au général Leval
de se porter, le 16, sur Thorn, et au maréchal Ney
de partir, le 17 au matin, avec tout son corps
d'armée, et de se diriger sur Rypin. Ainsi donc,
dans la journée du 17, vous vous trouverez avoir
une division à Thorn et deux à Brzesc, sur la rive
gauche de la Vistule, et à Wloclawek.

Je donne ordre au maréchal Bernadotte de se
porter sur Thorn. Sa tête y arrivera le 18.

Pendant la journée du 17, le général Leval aura

---

[1] Brzesc-Litewski.

envoyé une de ses brigades de Gollub pour appuyer le
maréchal Ney. Je suppose que, le 18, une partie de
votre cavalerie légère et de votre infanterie aura pu
passer, et alors vous vous conduirez selon les circonstances.

Vous enverrez un officier au maréchal Bessières
et au maréchal Augereau pour avoir des nouvelles.

Aussitôt que vous aurez mis le passage en train,
il sera convenable que vous vous portiez, de votre
personne, sur la rive droite. Je ne me flatte pas que
vous trouviez des barques en suffisance pour établir
un pont, mais vous en trouverez assez pour passer
une division par jour. Du moment que votre cavalerie sera passée, elle longera la Vistule sur la
droite, pour avoir des nouvelles du maréchal Augereau, à Zakroczym, et sur la rive gauche, pour le
même objet. C'est par là que vous parviendront mes
ordres. Envoyez quelqu'un au village de Plock pour
qu'on sache toujours où vous serez. Le maréchal
Bessières avec toute sa cavalerie couvrira les deux
corps d'armée.

Le maréchal Ney tiendra constamment la gauche
et vous la droite, dont l'extrémité doit se réunir le
plus tôt possible avec le maréchal Augereau. Ces
communications une fois faites, mes ordres vous
parviendront par là.

Votre parc et les autres objets qui ne pourraient
pas passer, dirigez-les sur le pont de Zakroczym,

car les affaires auront lieu, si l'ennemi ne s'en va pas, du côté de Pultusk. L'ennemi a le plus grand intérêt à ne quitter Pultusk que le plus tard qu'il pourra, car, si nous étions maîtres de Pultusk, nous nous trouverions entre Brzesc et Grodno.

Je serai de ma personne demain à Klodawa, où je coucherai; après, à Lowicz.

NAPOLÉON.

Dépôt de la guerre.
(En minute aux Arch. de l'Emp.)

---

833. — ORDRE DE PRENDRE TOUTES LES DISPOSITIONS RELATIVES AUX AMBULANCES EN PRÉVISION D'UNE BATAILLE.

A M. DARU.

Varsovie, 21 décembre 1806.

Tout porte à croire, Monsieur l'Intendant général, que d'ici à trois ou quatre jours nous aurons une grande bataille. Il est donc bien important de prendre toutes les mesures relatives aux ambulances, où sont-elles, dans quel état se trouvent-elles, et où sont les chirurgiens? Il est un objet bien important et qui n'a jamais été assez prévu dans nos batailles, c'est d'avoir, indépendamment des ambulances, quelques brigades de voitures du pays, avec de la paille, confiées à plusieurs agents, pour, aus-

sitôt après l'action, parcourir le champ de bataille
et y ramasser les blessés. Il serait utile d'avoir dix
de ces brigades à dix voitures chacune, ce qui ferait
cent voitures. Cela doit être indépendant des ambulances et de tout ce qui y est attaché ; c'est un
moyen de plus et qui est bien nécessaire ; mais,
pour que cela puisse être réellement utile, il faut
que ces voitures se trouvent sur le champ de bataille au moment où le combat finit, de manière
qu'avant la nuit tous les blessés soient enlevés. Mais,
je vous le répète, il faut que cela soit indépendant
des ambulances ordinaires et de tout autre moyen
d'évacuer les blessés.

Le maréchal Berthier, par ordre de l'Empereur.

Comm. par M. le comte Daru.

---

834. — NOTE CONCERNANT LE PERSONNEL MÉDICAL ET L'ORGANISATION DES AMBULANCES.

NOTE POUR L'INTENDANT GÉNÉRAL.

Varsovie, 21 décembre 1806.

État des médecins. — Que veut dire un médecin
en chef par corps d'armée ? C'est un privilége donné
pour ne rien faire. Il faut déterminer l'organisation
par corps d'armée. Ils doivent être distribués par le
médecin en chef dans le territoire. Les corps d'ar-

mée n'ont de territoire que dans les quartiers d'hiver; alors il est tout simple que le médecin principal commande dans le territoire.

Quant aux chirurgiens, ils doivent être considérés comme médecins dans les hôpitaux et comme proprement chirurgiens : comme chirurgiens dans les hôpitaux, ils n'appartiennent à aucun corps d'armée; comme chirurgiens proprement dits, ils appartiennent aux hommes, et dès lors à un corps d'armée.

Il doit y avoir quatre espèces d'ambulances : ambulances de régiment, de division, de corps d'armée, et de réserve ou grande ambulance du quartier général.

L'ambulance de régiment se compose expressément d'une portion des officiers de santé du corps; en matériel, des caissons que le corps doit avoir moyennant les avances qui lui ont été faites et les masses qu'il touche. Cette ambulance est sous les ordres du colonel et doit toujours suivre le régiment. C'est peut-être la plus importante, parce que l'esprit de corps fait que les officiers de santé s'attachent aux hommes et sont récompensés par l'estime des officiers du régiment. Le personnel des corps se compose de deux ou au plus de trois chirurgiens et d'un caisson; et, en supposant que chaque régiment eût quatre chirurgiens présents, vu les malades et les places vacantes, il resterait donc un chirurgien pour l'ambulance de la division ; ce qui ferait à peu près quatre chirurgiens pour l'ambulance de la division.

L'ambulance de la division est la seconde espèce d'ambulance ; il doit y avoir là des administrateurs (qui seront nommés dans une colonne), des officiers de santé, et du matériel qui consiste en deux caissons.

Il est évident que le défaut de cette organisation est qu'il faut que le chef de cette ambulance n'appartienne à aucun corps, pour qu'il soit impartial, et pour ne pas priver un corps de son chirurgien-major ; il faudrait donc ne priver aucun corps de son chirurgien-major, et avoir, par division, un chirurgien-major extraordinaire.

Les ambulances des corps d'armée sont appelées ambulances légères, parce qu'elles sont à cheval. En remettre également l'état sur trois colonnes, personnel d'administrateurs, d'officiers de santé, et matériel.

Quant à la réserve du quartier général, au lieu de la partager en un grand nombre de divisions, il faudrait la diviser en trois parties, et il faudrait que ces trois parties, administration, officiers de santé et matériel, marchassent ensemble, et reçussent des ordres de marche suivant les circonstances. NAPOLÉON.

Comm. par M. le comte Daru.

835. — ORDRE DE S'ASSURER DE LA DIRECTION PRISE PAR UNE COLONNE ENNEMIE PARTIE DE PULTUSK.

AU GRAND-DUC DE BERG.

Golymin, 28 décembre 1806, 3 heures du matin.

Une partie des troupes qui étaient à Pultusk s'est retirée dans la nuit du 26 au 27 par la rive droite de la Narew. Il est convenable que vous vous assuriez de la route qu'elle a prise ; et, si elle s'était dirigée sur Makow ou Budzyno, elle pourrait y être arrivée hier avant dix heures du matin, et l'ennemi dans cette position se trouve en force. Si au contraire elle s'est dirigée directement sur Rozan, il est bon de savoir si elle y a couché, ou si elle y a fait halte, et, comme le chemin de Pultusk à Rozan doit être très-mauvais, de faire reconnaître ce qu'elle aura été obligée de laisser. Si l'ennemi est en force à Makow, je vous recommande de ne rien engager, afin de pouvoir réunir dans la journée des forces très-considérables et livrer une bataille en règle. Si au contraire il a évacuée Makow, poursuivez-le. Mais il est toujours important de bien suivre les mouvements de la colonne de Pultusk ; car, si l'ennemi avait résolu d'attendre dans quelque position qu'il aurait reconnue, cela serait indiqué par la jonction de cette colonne.   NAPOLÉON.

Archives de l'Empire.

836. — ORDRE DE SE RENDRE AUX AVANT-POSTES POUR OBSERVER CE QUI SE PASSE ET EN RENDRE COMPTE A L'EMPEREUR.

ORDRE POUR LE GÉNÉRAL GARDANE.

Pultusk, 31 décembre 1806.

Le général Gardane se rendra aux avant-postes. Il mènera avec lui deux officiers d'ordonnance et deux aides de camp. Il m'en expédiera un toutes les fois qu'il y aura quelque chose de nouveau, ou tous les soirs, lorsque les rapports seront arrivés. Il se tiendra tant au quartier du général Watier qu'à celui des généraux Lasalle et Milbaud. Il aura soin de bien reconnaître le pays et les cantonnements qu'occupent tous les corps de dragons et de cavalerie légère, ainsi que les troupes du maréchal Soult. Il restera là huit jours, et jusqu'à ce qu'il soit relevé par un autre aide de camp. Il préviendra les généraux du départ de ses officiers, pour qu'on puisse en profiter et envoyer les rapports au major général.

NAPOLÉON.

Archives de l'Empire.

—————

837. — NOTE PRESCRIVANT LES DISPOSITIONS POUR POURVOIR A LA SUBSISTANCE DES DIFFÉRENTS CORPS D'ARMÉE.

NOTE POUR L'INTENDANT GÉNÉRAL.

Varsovie, 3 janvier 1807.

Il paraît que nous avions 8,000,000 de rations de vin ou eau-de-vie à Stettin, c'est-à-dire pour l'armée pendant cent jours.

2,900,000 rations sont déjà parties pour Küstrin.

500,000 — pour Bromberg.

Sur les 2,900,000 rations, 1,800,000 rations sont parties pour Posen, où elles doivent être arrivées à l'heure qu'il est ; il n'en reste donc plus à Küstrin que 1,100,000.

Il en reste à Stettin 4,600,000 rations. Il paraîtrait convenable d'en diriger encore 1,000,000 de rations sur Küstrin, 600,000 rations en droite ligne sur Posen, et 3,000,000 de rations sur Bromberg, partie pour venir à Varsovie et partie pour rester à Thorn.

Alors les 8,000,000 de rations que nous avions à Stettin se trouveraient partagées ainsi : 3,900,000 rations arrivées à Küstrin et de là filées sur Posen et sur Varsovie ; 4,000,000, filées directement sur Bromberg pour remonter la Vistule.

Il faut avoir soin qu'il reste toujours 1,000,000 de rations à Küstrin.

Il ne faut faire venir de Glogau que de la farine et point de blé.

Indépendamment des demandes de farine de Glogau sur Varsovie, il faudrait faire fabriquer 2,000 rations de biscuit par jour à Glogau pour Varsovie, autant à Stettin, autant à Küstrin et autant à Spandau. Cette fabrication éparpillée serait insensible et pourrait, selon les événements, être d'une grande ressource.

Mais c'est surtout à Varsovie, Posen, Bromberg et Thorn qu'il faut confectionner : 10,000 rations par jour à Varsovie, 3,000 à Posen, autant à Kalisz, à compte sur les magasins.

Il faut passer sans délai le marché pour 16,000 quintaux de froment à tirer de la Gallicie. On pourrait même faire des marchés pour 8,000 autres quintaux de farine également de froment ; il y a des moyens de mouture en Gallicie ; ainsi ce serait un marché de 24,000 quintaux, au lieu de 16,000. Mais la grande affaire, c'est le temps ; il faut que les versements de farines se fassent par 3 ou 400 quintaux dans les époques les plus rapprochées ; les versements de grains également : il faut qu'à chaque retard d'un jour d'un versement il y ait une retenue ; quand le calcul de cela porterait à dépenser 10,000 francs de plus, puisque nécessairement cela augmentera le prix de la denrée, ce serait 10,000 francs bien employés.

Si la Gallicie avait des moyens de mouture tels que l'on pût conclure tout en farine sans porter un trop grand retard dans les versements, ce serait encore meilleur, car avec de la farine on vit.

J'ai autorisé un marché de 24,000 quintaux de froment au lieu de 16,000 qui étaient demandés, parce que je désire que 8,000 soient versés à Pultusk.

Ainsi, en résumant, l'intendant général passera sans délai un marché de 24,000 quintaux de froment ou farine à condition que cela sera acheté dans la Gallicie; le tiers de tous les versements se fera à Pultusk, et nécessairement cette partie sera plus chère.

Pour Pultusk, du moment que le pays où est l'armée sera organisé, il faudra faire là une réquisition de blé et de seigle; si même la rivière ne gelait pas, on pourrait en tirer de plus loin.

Il faut envoyer à Pultusk un garde-magasin et un constructeur de fours et de quoi faire 30,000 rations par jour.

L'intendant chargera deux agents des subsistances de parcourir chaque cercle, d'avoir une conférence avec l'administration et de faire connaître quand les transports commenceront; il est probable même que ces moyens ne suffiront pas, et qu'il faudra

nommer un officier avec quelques gendarmes ou
cavaliers par cercle pour entretenir une correspondance et presser les neuf cercles de verser ici. Pour
aujourd'hui il n'y a qu'à se contenter de ces agents
et les faire partir pour qu'ils parcourent chacu-
quatre cercles; ils passeront un jour dans chaque
cercle et rendront compte de leurs opérations.

Dans les dispositions actuelles on vient de pourvoir à la subsistance des corps des maréchaux
Lannes et Davout; ceux du prince de Ponte-Corvo
et Ney tireront de Thorn; il reste donc les corps
des maréchaux Augereau et Soult auxquels on n'a
pas encore pourvu. Le maréchal Soult doit établir
sa manutention, son magasin et son hôpital à Plock;
le maréchal Augereau, à Wyszogrod sur la Vistule.
Indépendamment de ce, le maréchal Soult pourra
établir plusieurs petits magasins sur la ligne, et ces
magasins s'approvisionneront des réquisitions sur
la rive droite de la Vistule; mais aussi ils tireront
des magasins de Kowal et de Blonie (Kowal, le maréchal Soult; Blonie, le maréchal Augereau). Pour
cela il faut que ces magasins se trouvent approvisionnés; il faut donc écrire au commandant et à
l'intendant des départements de Posen, Kalisz et
Bromberg, qu'il faut que, tous les jours, ils se fassent rendre compte de ce qui sera porté, et qu'ils
prennent les mesures les plus vigoureuses pour que
les magasins s'approvisionnent.

Ainsi, pendant l'hiver, l'armée se nourrira de six magasins : Varsovie, Pultusk, pour le maréchal Davout ; Wyszogrod, pour le maréchal Augereau ; Plock, pour le maréchal Soult ; Thorn, pour le maréchal Ney ; Bromberg, pour le maréchal Bernadotte.

Il faut qu'il y ait dans chacun de ces endroits des fours pour nourrir leurs corps d'armée. Il faut que les ressources locales soient utilisées pour former ces magasins avec 800 quintaux de froment pour le magasin de Pultusk, provenant d'un marché, et un secours tiré du magasin de Blonie pour Wyszogrod, et un du magasin de Kowal pour Plock. Une fois ce service monté, il serait facile à chaque corps d'armée de se procurer, en quinze ou vingt jours de temps quatre jours de biscuit de réserve.

On fera comprendre que je veux que les magasins soient sur la Vistule, afin de pouvoir les transporter promptement sur la rive gauche ; ce qui n'empêche pas d'établir un, deux ou trois petits magasins journaliers à la tête des cantonnements.

NAPOLÉON.

Comm. par M. le comte Daru.

838. — ORDRES AU SUJET DES RÉGIMENTS DE CAVA-LERIE ENVOYÉS D'ITALIE A LA GRANDE ARMÉE.

AU GÉNÉRAL DEJEAN.

Varsovie, 5 janvier 1807.

Monsieur Dejean, je viens d'ordonner aux 3e et 24e de chasseurs, qui ont chacun 800 chevaux, de se rendre à la Grande Armée avec leurs selles et harnachement, en laissant à l'armée d'Italie 500 chevaux par régiment, qui seront distribués entre le 6e de hussards, les 8e, 6e et 14e de chasseurs, de manière à porter ces quatre régiments à 1,000 chevaux chacun. J'imagine que cette opération se fera par procès-verbal, et que vous pourrez en tenir compte aux régiments. Les 15e, 23e et 19e de chasseurs sont arrivés à la Grande Armée, provenant de l'armée d'Italie; ils ont dû faire la même opération et laisser les deux tiers de leurs chevaux en Italie. J'imagine également que vous aurez régularisé cette opération, et qu'elle se sera faite par procès-verbal et en règle. Par cette opération, tous les carabiniers et cuirassiers sont à la Grande Armée. J'avais ordonné que les régiments de cuirassiers qui viennent d'Italie et de Parme n'envoyassent que trois escadrons et laissassent le 4e. Comme vous avez dû former un 5e escadron, ordonnez que, lorsque le 5ᵉ sera formé, les 4ᵉˢ partent pour Potsdam, pour se réunir à leurs régiments.

Sur 30 régiments de dragons que nous avons, 24 sont à la Grande Armée, 6 sont en Italie.

Sur 24 régiments de chasseurs, 3 sont à Naples, 3 restent en Italie, et, dès lors, 18 sont ou vont être à la Grande Armée.

Sur 10 régiments de hussards, 9 sont à la Grande Armée et 1 en Italie.

Il y aura donc en Italie 6 régiments de dragons, 3 de chasseurs et 1 de hussards ; total, 10 régiments.

Il faut que vous fassiez passer une revue de ces régiments au 1ᵉʳ février, pour bien connaître leur situation et pouvoir les porter chacun à 1,000 chevaux ; de sorte que l'armée d'Italie se trouve avoir 10,000 chevaux. Il faut porter à la même force ceux du royaume de Naples.

Moyennant la remise de chevaux que j'ai ordonné de faire aux régiments qui restent en Italie, je pense qu'ils auront besoin de peu de secours ; toutefois il faut leur donner ceux qui seront nécessaires, de sorte qu'il y ait 10,000 chevaux à l'armée d'Italie, sans compter ceux de l'armée de Naples.

Quant aux cinq régiments de chasseurs que j'ai appelés d'Italie, je les monterai avec les moyens de la Grande Armée. Écrivez au général Bourcier de vous envoyer le procès-verbal de la remonte de ces régiments, afin que vous ne perdiez point de vue leur situation.

NAPOLÉON.

Dépôt de la guerre.
(En minute aux Arch. de l'Emp.)

_____

839. — CANTONNEMENTS DÉFINITIFS DE L'ARMÉE.

Varsovie, 7 janvier 1807.

Le corps de M. le maréchal Bernadotte, sur la gauche et sur la basse Vistule, occupe Osterode et Elbing.

Le maréchal Ney occupe Mlawa, Soldau, et a pour point d'appui Thorn, où il fera établir des hôpitaux et des manutentions.

Le corps du maréchal Soult occupe Przasnysz, Makow, Ciechanow, et aura pour point d'appui Plock, sur la Vistule, d'où il établira des communications directes avec les points ci-dessus. Il fera établir à Plock des hôpitaux et des manutentions.

Le maréchal Augereau occupe Nowemiasto et les environs, et a pour point d'appui Wyszogrod, sur la Vistule, où il fera établir des hôpitaux et des manutentions.

Le maréchal Davout a pour point d'appui Pultusk,

19.

et occupe les environs et une partie de la presqu'île entre la Narew et le Bug.

Le maréchal Lannes occupe Sierock, la presqu'île entre le Bug et la Vistule, ayant pour point d'appui Varsovie.

La cavalerie du général Nansouty sera cantonnée sur la rive gauche de la Vistule, sur la Bzura.

La division de cuirassiers du général d'Hautpoul sera cantonnée en avant de Thorn, entre Gollud et Rypin.

La division de dragons du général Klein sera cantonnée du côté de Plock, le long de la Vistule.

La division du général Grouchy doit se cantonner dans l'arrondissement du maréchal Bernadotte.

La division de cavalerie légère du général Lasalle et la division du général Milhaud restent cantonnées dans l'arrondissement du maréchal Soult.

La division de dragons Beker reste cantonnée dans l'arrondissement du maréchal Davout.

La division de cuirassiers du général Espagne est à Posen.

En cas de mouvements de l'ennemi qui nécessiteraient la réunion de l'armée, le corps du maréchal Lannes se rassemblerait à Sierock; le corps du maréchal Davout, à Pultusk; celui du maréchal Soult, à Golymen; celui du maréchal Augereau, à Nowemiasto; celui du maréchal Ney, à Mlawa. Les corps de grosse cavalerie se réuniraient sur-le-champ aux chefs-lieux de leurs cantonnements, où ils attendraient des ordres; il en serait de même pour les divisions de dragons et de cavalerie légère.

NAPOLÉON.

Dépôt de la guerre.

---

840. — DEMANDE D'UN ÉTAT GÉNÉRAL DE LA SITUATION DES TROUPES A CHEVAL; INTENTION D'ACHETER DES CHEVAUX.

AU GÉNÉRAL DEJEAN.

Varsovie, 8 janvier 1807[1].

Je désirerais un état général de la situation des troupes à cheval.

Le première colonne de cet état présenterait la formation, savoir :

Des régiments de grosse cavalerie à cinq escadrons;

Des régiments de hussards et de chasseurs à quatre escadrons;

Des régiments de dragons à quatre escadrons, faisant de 8 à 900 chevaux chacun.

La deuxième colonne de l'état ferait connaître la situation des chevaux au 1er septembre;

[1] Date présumée.

La troisième, ce que les dépôts se trouvent avoir acheté au 1er janvier et avoir envoyé à l'armée;

La quatrième, ce que les dépôts ont acheté et l'existant postérieurement au 1er janvier;

La cinquième, ce que les régiments ont reçu du dépôt de Potsdam : j'écris au général Bourcier de vous en envoyer l'état;

La sixième, le total de la situation des régiments au moment où l'état sera dressé;

La septième, ce que doivent produire les marchés approuvés par le ministre et les achats faits par des officiers isolés pour des chevaux qui doivent rentrer avant le 1er février;

La huitième, le nombre de chevaux qui peut être acheté avec l'argent qui reste dans les caisses et au moyen des marchés à conclure;

La neuvième, le total du nombre auquel s'élèvera alors l'effectif des régiments;

La dixième et dernière colonne, le nombre de chevaux qu'il sera nécessaire de se procurer pour porter chaque régiment au complet proposé.

Il ne restera plus, pour avoir une connaissance précise de la situation des corps de troupes à cheval, qu'à déduire de cet état les chevaux perdus, dont le nombre doit d'ailleurs être compensé par celui des chevaux pris à l'ennemi et incorporés sans passer aux dépôts.

Il faudra dresser un état pareil pour les hommes,

dont la première colonne sera l'effectif de chaque
régiment, en mettant cependant un terme commun,
pour qu'il n'y ait pas trop de différence ; ce qui est
d'autant plus praticable que, par l'appel de la réserve, on peut égaliser les corps.

En général, mon désir est que les hommes de
tous les dépôts soient mis à cheval, tant ceux qui y
sont en ce moment que ceux qu'ils vont recevoir de
la conscription de 1807. Je n'en excepte aucune
arme, pas même les dragons.

Je ne regretterais pas une dépense de six ou sept
millions, si cela devait me donner 7 ou 8,000 chevaux de plus. Mais il faut que j'aie les hommes, et
le ministre jugera, par la situation des dépôts, si
cela est possible. Tout ce que j'ai ici est ou sera
monté.

Ainsi donc, mon intention est d'avoir autant de
chevaux que je puis me procurer d'hommes. La
quantité d'hommes est bornée, puisqu'elle est su-
bordonnée à la nécessité d'en donner à toutes les
armes. La quantité de chevaux ne l'est pas, puisqu'elle ne dépend que de l'argent qu'on peut employer à en acheter, et je suis en position de pouvoir faire les dépenses nécessaires pour cela.

S'il est vrai que j'aie, avec les réserves, avec la
conscription de 1806, avec la réserve de cette année
et avec la conscription de 1807, le moyen de porter
ma cavalerie à 80,000 hommes, mon intention est

d'avoir, avant le mois de mai, 80,000 chevaux.

Dans cette supposition, et pour réaliser cette volonté, il n'y aurait plus d'autre objection que l'argent, et, comme je le dis plus haut, cette objection n'en est pas une dans ma position. On pourrait observer aussi que l'on aurait de la sorte des compagnies et des escadrons trop nombreux; mais cette objection n'est pas fondée. Les escadrons de grosse cavalerie sont à 180 hommes par la dernière formation; ils seraient à 220, qu'il n'y aurait à cela aucun inconvénient. Les petits dépôts, la consommation des marches, les ordonnances, les escortes de bagages, ont bientôt réduit les escadrons en ligne à 150 ou 160 chevaux. Les escadrons de cavalerie légère même sont aujourd'hui ridicules; ils ne sont pas à 100 hommes présents sous les armes en ligne. On les porterait, par l'organisation, à 300 ou 350, qu'il n'y aurait aucun inconvénient pour les mouvements.

Mon intention n'est donc pas d'augmenter mes cadres, mais je veux les renforcer autant que je pourrai leur fournir des hommes. Ma limite est là, et une fois que j'aurai les hommes, je ne veux rien épargner pour leur procurer des chevaux et les monter tous. Je crois, par exemple, que les régiments qui se trouvent en Italie sont à 900 et 1,000 hommes; il faut leur procurer des chevaux pour qu'ils aient 900 ou 1,000 chevaux. Il ne doit y avoir aucune différence entre l'Italie et la Grande Armée, parce que, cette mesure étant prise pour l'Italie, j'en tirerai alors des régiments pour les faire venir à la Grande Armée.

Si je n'avais à considérer que j'ai besoin d'hommes pour l'infanterie et l'artillerie, et si je pouvais en mettre dans les troupes à cheval autant que je le désire, je ne serais pas éloigné de porter les régiments de grosse cavalerie à 1,000 hommes, formant cinq escadrons de 200 hommes chacun ; les régiments de hussards et chasseurs à 1,200 hommes, formant quatre escadrons de 300 hommes chacun ; les régiments de dragons à 1,000 hommes, formant quatre escadrons de 250 hommes chacun ; ce qui me ferait un total de 84,000 hommes de cavalerie, et nul doute alors qu'il ne fallût procurer aux corps autant de chevaux qu'ils auraient d'hommes.

Mais il faut par-dessus tout faire la défense la plus formelle d'acheter des chevaux de moins de cinq ans. Je préfère de beaucoup des chevaux de 4 pieds 6 pouces, même de 4 pieds 4 pouces, âgés de cinq ou six ans, à des chevaux de 4 pieds 10 pouces qui n'auraient que quatre ans. Il ne s'agit pas de la guerre à venir, mais de la guerre présente, et, à la guerre, le moment est tout. Faites sur ce sujet une circulaire à tous les dépôts.

En résumé :

Je veux acheter autant de chevaux que j'ai d'hommes.

Je destine à la cavalerie 10,000 hommes de la conscription de 1807; il faut donc lui fournir autant de chevaux, à moins qu'il ne se trouve dans les dépôts autant de chevaux que d'hommes.

Il y a en Italie 3 ou 4,000 hommes non montés; il faut leur procurer 3 à 4,000 chevaux.

Enfin, si la guerre continue, j'augmenterai encore mes cadres au moyen de la conscription de 1808.

NAPOLÉON.

Dépôt de la guerre.

---

841. — ORDRE D'EXPÉDIER DES VIVRES A VARSOVIE, ET D'EMPÊCHER LA DILAPIDATION A BRESLAU.

AU PRINCE JÉROME.

Varsovie, 8 janvier 1807.

Mon Frère, je ne doute pas qu'à l'heure qu'il est vous ne soyez entré dans Breslau. Immédiatement après votre arrivée, faites partir, sans perdre de temps, tout le biscuit qui se trouve dans cette place, pour Varsovie. Faites partir également 20,000 quintaux de farine de froment. Il n'y a pas un moment à perdre. Dirigez vos convois par Petri-

kau. Je pense qu'il est convenable que vous séjour-
niez de votre personne à Breslau pendant quelque
temps, pour surveiller l'administration et empêcher
les voleries. Faites faire tous les inventaires. Correspondez avec moi tous les jours. Envoyez-moi
tantôt un aide de camp, tantôt un officier bavarois,
tantôt un courrier, pour me donner chaque jour de
vos nouvelles. J'ai besoin de Breslau pour me
nourrir ici. Si vous pouvez vous procurer 3,000,000
de rations d'eau-de-vie, envoyez-les-moi ; vous êtes
dans un pays de ressources. Soyez toujours à cheval. Visitez tous les magasins, tenez registre de
tout, et qu'on ne vous trompe pas, sans quoi
·ils vont se mettre tous, comme ils ont fait partout,
à s'emparer des magasins pour les vendre et les
dilapider.

NAPOLÉON.

Comm. par S. A. I. le prince Jérôme.
    (En minute aux Arch. de l'Emp.)

---

842. — MISSION A POSEN, STETTIN, ANKLAM, HAM-BOURG, SCHWERIN ; INFORMATIONS A PRENDRE, RAPPORTS A FAIRE.

A M. DE TURENNE, OFFICIER D'ORDONNANCE DE L'EMPEREUR.

Varsovie, 8 janvier 1807.

M. de Turenne se rendra à Posen. Il conférera

avec le commandant de la province, avec l'intendant et le commissaire ordonnateur. Il s'informera du jour où les différents convois d'argent, de souliers, de capotes, de fusils saxons ou prussiens, bons pour l'infanterie française, ainsi que les convois de vin et d'eau-de-vie, venant de Stettin et de Küstrin, ont passé par Posen, afin que je puisse calculer quand ils arriveront à Varsovie. Il prendra des informations en route sur ces convois, afin que, s'il en rencontrait, il puisse le relater dans le rapport qu'il m'enverra de Posen. Il visitera les hôpitaux. Il me fera un rapport détaillé sur la route, sur la situation des chemins après ces jours de gelée.

Il se rendra de là à Stettin, y séjournera vingt-quatre heures, afin de prendre connaissance de la situation des fortifications, et des magasins de cette place, des troupes qui s'y trouvent, et du départ des convois de vin, d'eau-de-vie, de souliers, de capotes, de draps. Il remettra ce second rapport au général Thouvenot, pour qu'il me le fasse passer par un officier ou par un courrier.

De là, M. de Turenne se rendra à Anklam, au quartier général du maréchal Mortier, et lui remettra la lettre ci-jointe.

De là, il se rendra à Hambourg et remettra à M. Bourrienne la lettre à son adresse. Il restera à Hambourg trois ou quatre jours pour prendre connaissance de la quantité de capotes et de souliers qu'on y a fait faire. Il verra le commissaire des guerres, et surtout mon ministre, pour en accélérer l'envoi. Il verra si mon décret sur le blocus sur l'Angleterre et mes différents ordres sont exécutés. Il prendra note de la situation du corps hollandais, du lieu où il se trouve, et de la manière dont il fait le service.

De là, il reviendra sur ses pas. Il s'arrêtera à Schwerin pour voir la situation du Meklenburg, où en est la levée des chevaux que j'ai ordonnée, et de quelle manière les choses se passent de ce côté. Il s'informera des différents marchés qui ont été passés pour des souliers.

De là, il reviendra au quartier général du maréchal Mortier pour voir ce qui s'y passe. Il repassera à Stettin, d'où probablement le corps du général Victor sera parti pour Danzig et Kolberg. Il s'informera de la situation de ce corps et reviendra à Posen.

Il mettra dans son rapport ce qu'il entendra dire de vrai ou de faux sur la route.

NAPOLÉON.

Dépôt de la guerre.

843. — ORDRE DE LAISSER A LA PLACE DE LA CONCORDE LE NOM QU'ELLE PORTE.

A M. DE CHAMPAGNY.

Varsovie, 11 janvier 1807.

Monsieur Champagny, il faut laisser à la place de la Concorde le nom qu'elle a. La concorde, voilà ce qui rend la France invincible.

NAPOLÉON.

Comm. par MM. de Champagny.
(En minute aux Arch. de l'Emp.)

_____

844. — INSTRUCTIONS POUR UNE MISSION ; MOUVE- MENTS DES RUSSES A SURVEILLER A TERESPOL, KAMINIETZ.

Varsovie, 17 janvier 1807.

M. de Montesquiou partira sur-le-champ. Il verra premièrement M. de Vincent pour lui demander des passe-ports, en lui disant qu'il part pour Terespol, vis-à-vis Brzesc, et de là descendre vers Kaminietz et Suczawa, pour observer les mouvements des Russes et savoir ce qui se passe en Moldavie; qu'il a voulu lui faire part de l'objet de sa mission, pour qu'il sache que c'est uniquement un voyage d'obser-

vation. Il se rendra droit à Terespol, vis-à-vis
Brzesc ; il restera là autant de temps qu'il jugera
nécessaire pour recueillir tous les renseignements
possibles sur les Russes ; il les obtiendra, soit par
les Polonais, soit par les Autrichiens mêmes. Il s'informera bien des mouvements (en spécifiant les
dates) des corps d'Essen, qui ont dû se porter de
Kaminietz sur Brzesc, et du mouvement inverse que
doivent avoir fait, ces jours-ci, plusieurs divisions
de Bennigsen et Buxhœvden pour se reporter sur
Brzesc. Il tâchera de savoir où sont les magasins et
hôpitaux des Russes, soit à Brzesc, à Kowel, ou
ailleurs. Quand il aura pris tous ces renseignements,
il me renverra un courrier français qu'il aura avec
lui, pour me faire connaître tout ce qu'il aura
appris. Il se rendra de là à Ostrow, à Chelm, à Za-
mosc et à Lemberg ; il verra le gouverneur autrichien. Il m'expédiera de là un courrier pour m'instruire de tout ce qu'il aura appris sur la route, sur
les mouvements que l'ennemi peut faire sur les
routes de Kowel, Dubno, Zytomirz, Kaminietz.
De là, il se rendra à Brody et Tarnopol et descen-
dra jusque vis-à-vis Kaminietz, d'où il m'expédiera
l'officier qu'il aura amené avec lui, pour me faire
connaître : 1° tous les mouvements de troupes ennemies en décembre et en janvier ; 2° les mouvements des hôpitaux et des magasins ; 3° enfin la force
de l'armée russe en Moldavie, et tout ce qui se passe

de ce côté contre les Turcs. Il se rendra de là à Suczawa, où il continuera ses observations. De là il retournera par le même chemin, pour s'informer de tout ce qu'il y aura de nouveau, et me rendra compte à Varsovie.

NAPOLÉON.

Dépôt de la guerre.

---

845. — OBSERVATIONS ET CRITIQUES SUR UN PROJET DE FORTIFICATION POUR OSOPPO. — INTENTIONS DE L'EMPEREUR.

AU PRINCE EUGÈNE.

Varsovie, 20 janvier 1807.

Mon Fils, le projet qu'on me propose pour Osoppo ne me satisfait pas, parce qu'il ne remplit pas les deux conditions demandées.

La première condition demandée est que 4, 5 ou 600 hommes soient suffisants pour défendre la forteresse et en protéger l'artillerie et les magasins; mais une forteresse qui n'occuperait que le plan supérieur serait incomplète, puisqu'il n'y aurait aucune possibilité de sortie, et que l'ennemi, avec moins d'hommes qu'il n'y en aurait dans la forteresse, pourrait la bloquer. On veut qu'à la rigueur elle puisse se défendre avec 4 ou 600 hommes; mais

on veut aussi que, si on avait 12 à 1,800 hommes,
ils puissent être placés de manière à remplir leur
jeu ; or, s'ils n'avaient aucune sortie, ils ne rempli-
raient aucun jeu. D'ailleurs, on ne croit pas que ce
soit un bon système de défense que de se percher
au haut du plan supérieur, de manière que le pied
du rocher ne soit vu d'aucun feu. Ainsi donc la
première condition demandée est non-seulement
que 4 ou 500 hommes puissent se défendre, mais
encore qu'ils y soient dans tout leur jeu ; et, de là,
l'ordre précis donné d'éclairer par des lunettes de
fortification permanente le pied de la hauteur, et par
trois, quatre ou cinq batteries. On voit facilement
qu'il serait impossible à l'ennemi de cheminer
contre ces batteries, sous l'immense commandement et plongée que donne la hauteur. Le poste
serait donc gardé toutes les fois que les quatre ou
cinq batteries le seraient. On voudrait encore que
toutes ces batteries fussent disposées de manière
que, si les garnisons se trouvaient d'une force raisonnable, elles pussent les lier par des chemins
couverts et des ouvrages de campagne, et se pratiquer par là un couvert. On pense que trois flèches
doivent remplir ce but.

La deuxième condition est qu'un corps de
4, 5 ou 6,000 hommes puisse y trouver refuge ;
mais il est évident qu'en établissant trois batteries
comme on vient de le dire, 5 à 6,000 hommes ne

manqueraient pas de construire quelques redoutes
sous ce grand commandement, et seraient là inattaquables; et alors, enfin, rien ne les empêcherait
d'occuper la hauteur qu'on propose de fortifier;
avec des moyens d'outils, d'approvisionnements et
toutes les ressources qu'on trouverait dans la place,
6,000 hommes se seraient mis bientôt à l'abri de
toute attaque.

Je ne veux donc point de camp retranché, parce
qu'en supposant que le camp retranché pût remplir
la deuxième condition, il ne remplirait pas la première, puisqu'il ne pourrait être défendu par
600 hommes. J'ai dit, en supposant qu'il remplit la
deuxième condition, car il n'est pas bien prouvé
que ce soit une bonne disposition militaire de placer
6,000 hommes derrière de mauvais ouvrages de
campagne; ces ouvrages ayant près de 2,000 toises
de développement, ces 6,000 hommes seraient sur
les dents et deviendraient peu disponibles pour
des sorties.

En résumé, je réitère l'ordre de me présenter
trois lunettes aux trois sommets du trilatère, au
niveau du terrain; les deux situées du côté du
village le dominant cependant. Ces trois redoutes
auront des communications avec le plateau supérieur, en auront entre elles par un chemin couvert,
et seront tracées de manière que la prise de l'une
n'influe en aucune manière sur la prise des autres.

Avec 80 ou 100,000 francs, on remplirait le but qu'on se propose. Avec 3 ou 400 hommes, on placerait 200 hommes sur le plateau et 50 dans chaque lunette. Enfin, si on avait un plus grand nombre d'hommes, n'a-t-on pas un pourtour de près de 900 toises dans le chemin couvert inférieur qui communique aux trois lunettes? N'a-t-on pas, dans la partie supérieure, 4 ou 500 toises de pourtour? N'est-ce pas bien plus qu'il n'en faut pour contenir 5 à 6,000 hommes sans faire aucun travail? Mais, dans ce cas-là, rien n'empêche le commandant de faire construire une redoute sur la hauteur voisine.

Le tracé ci-joint fera connaître notre idée; c'est à l'ingénieur à la concilier avec ce qu'Osoppo a de particulier. Ce qui a porté à le fortifier, c'est que cette position originale remplit d'elle-même les deux conditions indiquées : elle peut offrir protection à une division, en contenir les magasins, et peut être défendue par une poignée d'hommes; alors elle n'est jamais d'aucun embarras, car les places fortes sont aussi souvent très-embarrassantes, affaiblissent une armée, et sont la cause de la perte d'une bataille et d'une campagne. Mais ces idées sont étrangères à cette discussion.

En résumé, il faut trois flèches qui croisent entre elles leurs feux, aux trois sommets du trilatère au niveau du terrain, ou avec un petit commandement. Si on demande qui doit défendre ces trois flèches : elles doivent être défendues par le haut du plateau. Mais on ne s'opposerait pas à ce qu'on mît une batterie intermédiaire pour les flanquer; ce sont des détails qui dépendent des accidents du terrain.

NAPOLÉON.

Comm. par S. A. I. Mme la duchesse de Leuchtenberg.
(En minute aux Arch. de l'Emp.)

---

846. — INSTRUCTIONS POUR SURVEILLER A NIEPORENT ET A SIEROCK L'ARRIVÉE DES CONVOIS ET LES MANUTENTIONS.

A M. DE TOURNON.

Varsovie, 25 janvier 1807.

Il est parti aujourd'hui, 25 janvier, 250 quintaux de grains, 250 quintaux de farine, 25,000 rations de pain biscuité, 25,000 rations de biscuit et 200 bœufs. Tous ces objets sont dirigés sur Sierock; ils doivent être passés à Nieporent.

Il est parti également pour Nieporent 250 quintaux de grains, 250 quintaux de farine.

Il est parti pour Pultusk 500 quintaux de grains, 500 quintaux de farine, 300 bœufs.

M. de Tournon partira dans la nuit, de manière

à arriver à Nieporent à la petite pointe du jour. Il
comptera tous les convois et me fera un rapport qui
me fasse connaître ce qui est passé, et dans quel
ordre cela était. Il pressera la confection de la
manutention à Nieporent ; il s'assurera de la quantité de pain qu'on fait et de la quantité de blé qu'on
peut faire moudre. Il attendra jusqu'à dix heures
pour voir ce qui pourra passer encore, et, entre
dix heures et midi, il me fera un rapport très-dé-
taillé, tant sur le magasin et la manutention de Nieporent que sur les convois passés. Il me l'expédiera
par estafette.

Ensuite il se rendra au pont ; il y restera jusqu'à
ce que tout soit passé.

Avant la nuit, il me fera un rapport sur tous les
objets qui auront passé le pont, et me fera connaître quelle est leur situation à leur passage. Ensuite il retournera à Nieporent pour voir ce qui
sera arrivé des convois qui doivent partir le 26, et
il me fera, dans la nuit, un second rapport sur cet
objet.

Après-demain 27, il se rendra à Sierock pour
vérifier ce qui est passé, la situation de la manutention, la quantité de pain qu'on fait par jour,
celle de blé qu'on peut moudre, et la quantité de
pain biscuité et de biscuit qui est dans les magasins.

Il se rendra chez le commandant de la place. Il

marchera toujours avec ses chevaux et en équipage de guerre.

NAPOLÉON.

Dépôt de la guerre.

---

847. — ORDRES CONCERNANT LA SUBSISTANCE DE L'ARMÉE ET LE TRANSPORT DES VIVRES.

A L'INTENDANT GÉNÉRAL DARU.

Varsovie, 28 janvier 1807.

Il y a aujourd'hui 70 caissons à Varsovie ; ils portent 70,000 rations de pain. Il faut en faire partir demain 35 avec 35,000 rations, lesquels se rendront à Sierock, Pultusk et Przasnysz. M. Thévenin, M. l'ordonnateur du quartier général et l'agent en chef des vivres leur feront suivre le quartier général, et il ne sera rien distribué que sur les ordres du major général.

Après demain, s'il est possible, 25,000 autres rations partiront.

Les 20 caissons de Pultusk, qui doivent être arrivés aujourd'hui, et les 25 caissons de Sierock, qui doivent aussi être arrivés, partiront seulement chargés de pain.

Les 149 voitures chargées du service des fourrages de la place partiront chargées d'eau-de-vie. Cela me sera très-favorable.

Il faut donc bien recommander à l'ordonnateur général et à M. Thévenin de n'en disposer que par mon ordre ou celui du major général.

S'il arrive qu'on ne puisse pas envoyer du pain, pour ne pas trop retarder l'envoi des charrettes, il faut envoyer des farines, mais il faut remuer et mélanger d'avance ici les farines de Glogau avant de les envoyer.

Il faut une correspondance très-active entre l'agent des vivres et l'ordonnateur du quartier général.

Toutes les fois que des caissons des corps d'armée viendront à Varsovie prendre des vivres, si l'on n'a pas de pain, il faut leur donner des farines; jamais de blé, même de l'eau-de-vie. Jamais les retenir plus d'un jour.

A Pultusk, on fait 30,000 rations par jour; il faut donc que le maréchal Davout n'envoie plus de caissons ici, et qu'il vive par Pultusk.

Avoir soin d'alimenter la manutention de Sierock, non qu'on prétende s'en servir pour l'armée, mais pour les prisonniers, les malades.

Il faut bien aussi veiller à faire confectionner à Modlin; recommander au commissaire des guerres de ne point s'endormir; il peut envoyer le pain qu'il confectionnera au 7ᵉ corps.

20.

Il faut que l'ordonnateur du quartier général ait un état bien en règle, ainsi que M. Thévenin.

Enfin les vivres doivent principalement être dirigés sur le quartier général. Le maréchal Lannes, qui est détaché sur la Vistule, en a moins besoin.

Des farines serviront presque aussi bien que du pain.

NAPOLÉON.

Comm. par M. le comte Daru.

---

848. — ORDRE DE DISCIPLINER LA MARCHE DU QUARTIER GÉNÉRAL ET D'Y TRAITER TOUT LE MONDE MILITAIREMENT.

AU MARÉCHAL BERTHIER.

Varsovie, 28 janvier 1807.

Je vois avec peine que le quartier général ne marche jamais en règle. Aujourd'hui, à deux heures, les employés partaient isolément. Il faut traiter militairement tout ce monde, mettre aux arrêts, en prison, et établir de la discipline. Tous ces messieurs font leur plan et marchent à volonté; ensuite on ne les trouve pas où l'on en a besoin.

NAPOLÉON.

Archives de l'Empire.

849. — AVIS DES DISPOSITIONS POUR OPÉRER CONTRE LES RUSSES.

AU GRAND-DUC DE BERG.

Varsovie, 28 janvier 1807.

Le major général vous aura envoyé l'ordre de mouvement. Le 1ᵉʳ février, je compte prendre l'offensive en faisant seulement, ce jour-là, une petite journée. Le maréchal Lannes se porte sur Brok pour culbuter Essen ; le maréchal Davout, sur Myszyniec ; le maréchal Soult, sur Willenberg ; le maréchal Augereau, sur Neidenburg et Janowo ; le maréchal Ney, sur Hohenstein, et le prince de Ponte-Corvo, sur Osterode, en supposant que l'un et l'autre n'aient point fait de mouvement rétrograde, et vous sentez que, si l'ennemi les avait obligés à une marche rétrograde, cela ne me contrarierait pas. Mon intention est que les divisions d'Hautpoul, Klein et Milhaud, et vos trois brigades de cavalerie légère, soient réunies autour de Willenberg dans la nuit du 31. Il faut qu'aucun mouvement ne se manifeste ; qu'on fuie devant les Cosaques, qu'on ne fasse rien qui donne de l'inquiétude à l'ennemi ; qu'on ne laisse faire aucun prisonnier, afin de n'être pas prévenu par le bavardage de quelque soldat. Je serai demain à Przasnysz.

Toute ma Garde y sera réunie le 30 au soir. La division de dragons du général Beker marche avec le maréchal Lannes. Les divisions Grouchy et Sahuc peuvent rester dans leurs positions actuelles, en me faisant connaître seulement où sont les différents régiments, afin que, si je voulais les réunir, je puisse le faire avec précision. Causez de cela avec le maréchal Soult, et faites-moi connaître ce que l'on sait de la position de l'ennemi, de ses mouvements, ainsi que des ressources du pays de Pultusk à Myszyniec. Il faut que tous les mouvements se fassent avec le moins de bruit possible. Faites-moi connaître s'il y a des pommes de terre à Myszyniec, à Willenberg et en avant.

NAPOLÉON.

Archives de l'Empire.

---

850. — MISSION A THORN ET A BROMBERG; RENSEIGNEMENTS A PRENDRE.

A M. BONGARS, OFFICIER D'ORDONNANCE DE L'EMPEREUR.

Varsovie, 28 janvier 1807.

M. Bongars partira sur-le-champ pour se rendre à Thorn, où il remettra la lettre ci-jointe au maréchal Lefebvre. Si le maréchal n'était pas à Thorn, M. Bongars se rendra à Bromberg; il y fera la visite

des magasins. S'il ne va pas à Bromberg, il sera
inutile qu'il fasse ce voyage pour cet objet. A Thorn,
il visitera la place, les magasins, l'artillerie, les
hôpitaux. Il prendra des renseignements sur la
situation du corps du maréchal Lefebvre, sur la
situation des troupes polonaises, infanterie et cavalerie, régiment par régiment, sur le jour où les
différents corps appartenant au corps d'armée du
maréchal Lefebvre arriveront, ainsi que la situation
du blocus de Graudenz. M. Bongars fera tout cela en
vingt-quatre heures; il prendra les dépêches du
maréchal Lefebre et viendra me joindre à Willenberg; il tâchera d'y être arrivé le 2 ou 3 février. Il
recueillera sur la route tous les renseignements et
accueillera tous les bruits, même populaires, pour
m'en rendre compte.

NAPOLÉON.

Archives de l'Empire.

---

851. — ORDRE AUX PARCS DU GÉNIE DE SE RENDRE A PULTUSK; ORDRE AUX MAÇONS ET BOULANGERS DE SUIVRE LE QUARTIER GÉNÉRAL.

AU MARÉCHAL BERTHIER.

Varsovie, 28 janvier 1807, 10 heures du soir.

Mon Cousin, donnez l'ordre au parc du génie de

partir demain, à cinq heures du matin, pour se rendre à Pultusk. Il y aura 7,000 outils. Un officier supérieur du génie, six officiers du génie de différents grades au moins, et au moins 240 sapeurs l'accompagneront. Je vois avec peine que le génie n'a pas un plus grand nombre d'outils et de voitures à faire partir. J'aurais espéré avoir 30,000 outils et un millier de sapeurs. Toutefois faites partir ceux que je viens de vous désigner, et demandez au général Chasseloup une augmentation d'outils et de caissons.

Donnez l'ordre à tous les constructeurs de fours français et maçons de l'armée de partir demain à cinq heures du matin avec le parc du génie, et de suivre son mouvement; ils seront sous les ordres de l'ordonnateur qui suivra le quartier général. On m'enverra l'état de ce qui partira. Je compte qu'il y aura 40 ouvriers capables de faire quatre ou cinq fours dans vingt-quatre heures. J'attache une grande importance à cela. Vous vous souvenez qu'en Égypte nos fours étaient faits en vingt-quatre heures. Dans les pays riches, cela a été négligé; il faut le rétablir. Des ouvriers du pays feront les fours de Sierock, de Modlin et de Pultusk.

Donnez ordre au maréchal Bessières de faire suivre les trois fours portatifs qu'a la Garde; ils marcheront avec les boulangers de la Garde qui les servira. Donnez l'ordre aussi que tous les boulangers

de la Garde partent demain pour suivre l'armée,
et après demain quelques brigades pour suivre le
quartier général. Quant à la boulangerie de Varsovie, il est absurde de penser qu'on puisse manquer
de boulangers dans ce pays. En les payant à un taux
fixe par jour, et leur donnant une plus-value pour
le nombre de fournées qu'ils feront en sus, en
les payant exactement et n'épargnant pas les grati-
fications, on ne manquera pas de boulangers, et ce
ne sera pas un objet de 6,000 francs de plus au
bout du mois. Donnez donc l'ordre à l'intendant
général de renvoyer les boulangers français à la
suite du quartier général. Faites connaître à l'ordonnateur Joinville mes intentions sur les différentes
parties de l'administration, afin que, demain au
soir, à Pultusk, il puisse me faire connaître si tous
mes ordres sont exécutés.

NAPOLÉON.

Dépôt de la guerre.
(En minute aux Arch. de l'Emp.)

---

852. — ORDRE DE SE PORTER SUR STETTIN, DANS LE CAS OU UNE COLONNE ENNEMIE SERAIT REJETÉE DE CE COTÉ.

AU MARÉCHAL MORTIER.

Varsovie, 28 janvier 1807, minuit.

Mon Cousin, le 1ᵉʳ février je prends l'offensive

pour jeter l'ennemi derrière le Niemen. Il serait possible qu'une colonne de 15 à 20,000 hommes fût coupée et jetée du côté de Danzig et Stettin; elle serait poursuivie par le maréchal Lefebvre. Ce cas arrivant, vous ne laisseriez devant Stralsund que les troupes nécessaires, et avec le reste de votre corps vous vous porteriez sur Stettin; vous prendriez sous votre commandement la division italienne et le régiment de fusiliers de ma Garde qui s'y trouvent, et vous marcheriez à l'ennemi pour le jeter sur la Vistule. Cette supposition est trop hypothétique; l'ennemi, trop instruit par les événements passés, montrera trop de circonspection pour cela. Toutefois il est nécessaire que vous ayez l'œil sur tout ce qui pourra se passer sur le bas de la Vistule dans les dix premiers jours de février, afin que vous puissiez prendre conseil des circonstances et concourir à attaquer l'ennemi ou à défendre l'Oder.

NAPOLÉON.

Comm. par M. le duc de Trévise.
(En minute aux Arch. de l'Emp.)

853. — DISPOSITIONS A PRENDRE CONTRE L'ENNEMI, POSTÉ A ALLENSTEIN.

AU GRAND-DUC DE BERG.

Willenberg, 2 février 1807, 3 heures et demie du matin

L'état-major vous donne des ordres de mouvement pour aujourd'hui. La nouvelle de votre arrivée à Passenheim ne m'est arrivée qu'à deux heures du matin ; c'est trop tard ; j'ai besoin d'être prévenu de bonne heure pour donner des ordres ; il aurait fallu me prévenir hier, du moment que vous aperceviez un corps de 2,000 hommes de cavalerie. Faites de cette manière demain. Je ne sais si le maréchal Ney est à Hohenstein ; je n'ai pas reçu de nouvelles de lui depuis celles que vous connaissez. Le général Augereau est arrivé à Neidenburg. Le général Davout sera à Ortelsburg de bonne heure. Il n'y a pas d'ennemi de ce côté.

Si l'ennemi n'a que 12 ou 15,000 hommes à Allenstein, il faut le pousser vigoureusement et tâcher de les avoir.

Si l'ennemi était plus fort que je ne pense, vous en auriez des informations cette nuit et demain matin, à mesure que vous avanceriez. Alors il faudrait prendre position à Allenstein, et, dans la journée, les maréchaux Davout et Augereau se réu-

IV.   21

niraient. A ce que je puis conjecturer par des instructions très-neuves, je suis fondé à penser que
l'ennemi n'aura pas plus de 15,000 hommes demain
à Allenstein. Marchez bien en règle et ne partez que
lorsque le jour sera bien fait.

NAPOLÉON.

Archives de l'Empire.

854. — ORDRE DE FAIRE PARTIR UN PIQUET DE
CHASSEURS QUI TIENDRA AU COURANT DE CE QUI
SE PASSE A ALLENSTEIN.

AU MARÉCHAL BESSIÈRES.

Passenheim, 3 février 1807, 3 heures du matin.

Mon Cousin, vous ferez partir, à quatre heures
du matin, un piquet de 50 chasseurs avec deux
officiers de votre état-major. Ils iront jusqu'à Allenstein. En route, du moment qu'ils entendront le
canon, ils expédieront une ordonnance avec une
note qui fera connaître où ils ont entendu le canon,
et le nombre des coups qu'ils ont entendus. Une
demi-heure après ils expédieront une autre ordonnance, pour faire connaître si la canonnade augmente. Ils auront soin de dire dans quelle direction
ils l'ont entendue. Ils continueront ainsi de vous
instruire, de demi-heure en demi-heure, par une

ordonnance, jusqu'à Allenstein. S'ils n'entendent
ni n'apprennent rien, ils vous expédieront une
ordonnance à demi-chemin pour faire savoir qu'il
n'y a rien de nouveau.

NAPOLÉON.

Comm. par Mᵐᵉ la duchesse d'Istrie.
(En minute aux Arch. de l'Emp.)

---

855. — ORDRE DE SE PORTER A GUTTSTADT EN MARCHE DE GUERRE ET DE CORRESPONDRE FRÉQUEMMENT AVEC L'EMPEREUR.

AU MARÉCHAL SOULT, A ALLENSTEIN.

Passenheim, 3 février 1807, 5 heures du matin.

Mon Cousin, partez à la pointe du jour pour vous
rendre à Guttstadt. Je donne ordre au maréchal Ney
de se porter sur votre gauche et d'intercepter la
route d'Osterode à Guttstadt. La division Friant,
qui est à Mensguth, part aujourd'hui de bonne
heure pour se rendre à Wartenburg; le reste du
corps du maréchal Davout la suit. Comme il pourrait
se faire que je ne fusse point là, j'écris au grand-
duc de Berg de pousser en avant la division Friant,
si les circonstances l'exigeaient. Le maréchal Augereau ne pourra être qu'aujourd'hui à Allenstein.

Quoique le prince se trouve avec vous, je n'en

désire pas moins que vous correspondiez fréquemment avec moi. Instruisez-moi donc fréquemment, dans la journée, de tout ce qui viendra à votre connaissance; et, si vous rencontrez l'ennemi, faites-moi connaître directement ce que vous pensez de son nombre. Si vous êtes entré à Guttstadt et que l'ennemi se soit retiré, envoyez-moi, comme aujourd'hui, les renseignements que vous avez pu recueillir. Recommandez à vos généraux de division de marcher serrés, en ordre, leur artillerie placée comme elle doit être, et faites-leur connaître que c'est une marche de guerre.

Éclairez bien votre gauche; faites-moi connaître si la rivière de l'Alle et la rivière de la Passarge sont entièrement gelées, de manière qu'on ne doive les compter pour rien.

NAPOLÉON.

Rappelez Guyot et votre cavalerie légère. J'aimerais mieux la voir sur votre gauche.

Dépôt de la guerre.
(En minute aux Arch. de l'Emp.)

856. — DISPOSITIONS GÉNÉRALES POUR ATTAQUER L'ENNEMI.

AU GRAND-DUC DE BERG.

Allenstein, 3 février 1807.

Le général Grouchy avec sa division se rendra sur le chemin de Guttstadt, occupera Diwitten, enverra reconnaître sur-le-champ Spiegelberg et rendra compte au maréchal Soult ; il sera aux ordres de ce maréchal pendant toute la journée.

Le maréchal Soult commandera la droite de l'armée, se rendra avec la division Leval et la division Legrand à Diwitten, fera occuper Rosenau et choisira des chemins pour tomber sur les derrières de l'ennemi, s'il est en force sur Gettkendorf, chemin de Liebstadt ; il n'attaquera cependant cette position que quand le grand-duc de Berg aura attaqué de son côté.

Le grand-duc de Berg commandera la gauche de l'armée, se rendra sur le chemin de Liebstadt, où il fera passer la division de dragons de Milhaud ; la division Saint-Hilaire sera sous les ordres du grand-duc, ainsi que le corps du maréchal Ney. Il attaquera l'ennemi aussitôt qu'il croira avoir des forces suffisantes, c'est-à-dire vers une heure après midi. Le maréchal Ney est destiné à rester à la gauche. Aussitôt que l'ennemi sera débusqué de Gettkendorf, le maréchal Ney tiendra la tête et le poussera plusieurs lieues. La division Saint-Hilaire restera alors en réserve à Gettkendorf.

Le maréchal Berthier, par ordre de l'Empereur.

Dépôt de la guerre.

---

857. — HOPITAUX A CRÉER A THORN, MAGASINS ET MANUTENTIONS A ÉTABLIR. — AVIS ET ORDRES.

A M. DARU.

Arensdorf, 6 février 1807.

Monsieur Daru, j'ai ordonné que les prisonniers fussent dirigés sur Thorn. J'ai ordonné que tous les blessés y fussent également dirigés. Envoyez un ordonnateur dans cette ville, et prenez des mesures pour y établir des hôpitaux pour 2,000 malades et blessés. Il est inutile d'augmenter les hôpitaux de Varsovie; il n'y aura jamais plus de monde qu'il y en a actuellement; cela ira au contraire en diminuant.

Faites transporter à Thorn tous les magasins de Bromberg, et faites-y organiser une manutention capable de cuire 50,000 rations.

Je vous ai déjà mandé, cette nuit, de ne plus envoyer ni pain, ni viande, ni aucune espèce de vivres à l'armée, hormis au 5e corps et à la division du général Oudinot, qui encore peuvent se nourrir de la manutention de Pultusk.

Faites faire 25 à 30,000 rations de biscuit par jour, et remplissez vos magasins. Vous ne devez pas vous dissimuler que, de tout ce que vous avez envoyé à l'armée, rien n'y est arrivé, parce que l'armée a toujours marché, au lieu que, si tout cela avait pu partir en même temps que l'armée, elle eût été abondamment nourrie. C'est donc un million de biscuit qu'il faut avoir à pouvoir distribuer du soir au lendemain. Il n'y aura d'utile pour l'armée que les 38,000 rations qu'a apportées la Garde, parce qu'elles sont parties avec elle.

NAPOLÉON.

Comm. par M. le comte Daru.
(En minute aux Arch. de l'Emp.)

---

858. — ORDRE CONCERNANT LES HOPITAUX. — DISPOSITIONS GÉNÉRALES POUR ÉTABLIR L'ARMÉE EN QUARTIER D'HIVER.

A M. DARU.

Eylau, 12 février 1807.

Monsieur Daru, le résultat de la bataille d'Eylau m'a donné 6,000 blessés. Je les ai fait évacuer sur

Thorn. Mon intention est qu'à Thorn, Bromberg, Gnesen, Posen, il soit établi des hôpitaux pour les malades ; c'est dans la direction de l'Oder qu'on doit les placer. Mes hôpitaux de Varsovie doivent diminuer. Mon intention n'est pas d'y avoir plus de 2,000 malades. Il n'en faut rien évacuer, mais empêcher qu'aucun malade soit dirigé sur ce point.

Comme la ligne de communication de l'armée passera par Thorn, et non par Varsovie, il faut que les souliers et effets d'habillement soient dirigés désormais sur Posen et Thorn.

Faites diriger de Posen, et même de Glogau, du biscuit et des farines sur Thorn. Faites redoubler les fabrications de Küstrin et de Stettin, pour les diriger également sur ce point. On peut aussi faire des établissements le long de la gauche de la Vistule, du côté de Danzig, mon intention étant de mettre mon armée en quartiers et de la disposer de la manière suivante : un corps à Bromberg, un autre à Liebstadt, un autre à Elbing, un autre à Osterode ; la cavalerie sera en colonne depuis Thorn jusqu'à Osterode. Le 10e corps assiégera Danzig et Graudenz. Le grand quartier général sera à Thorn. Un corps occupera Varsovie, Pultusk, Sieroch, ainsi que toute l'armée polonaise, que je veux concentrer sur ce point, afin que le gouvernement puisse la diriger.

Je vous fais connaître ces dispositions générales

afin que vous puissiez faire tous les préparatifs pour
l'organisation de ces établissements. Par ce moyen,
les communications de mon armée, depuis Magdeburg jusqu'à Bromberg, se feront par des canaux.
Ces dispositions ont pour but de couvrir le siége de
Danzig et de Colberg, dont il est important que je
m'empare avant de faire d'autres opérations. Il est
donc nécessaire que vous donniez des ordres pour
que tout ce qui arrivera à Posen soit dirigé dans ce
sens, conformément aux nouvelles dispositions que
je dois prendre.

NAPOLÉON.

Comm. par M. le comte Daru.
(En minute aux Arch. de l'Emp.)

---

859. — MESURES DIVERSES A PRENDRE PAR LE GOUVERNEUR DE THORN.

AU GÉNÉRAL RAPP.

Osterode, 26 février 1807.

Prenez le commandement[1] comme gouverneur.
Le général Jordy reste comme commandant d'armes.
Faites évacuer les blessés sur Bromberg, Posen et
la rive gauche. Renvoyez les officiers et généraux à
leur poste. Faites rejoindre les traînards. Faites

[1] De Thorn.

21.

raccommoder le pont et filer les convois de subsistances sur Osterode. Le 44ᵉ doit être arrivé à Thorn pour tenir garnison. Établissez une sévère police. Envoyez-moi souvent des nouvelles du lieu où se trouve le maréchal Lefebvre, de ce qu'il fait, et faites-lui connaître votre arrivée à Thorn. Mettez-vous en correspondance avec le général qui commande le blocus de Graudenz, afin qu'il vous fasse passer ce qui viendra à sa connaissance; et, de votre côté, instruisez-le des événements qui se passeront, pour lui servir de règle de conduite.

L'ennemi manœuvre comme s'il voulait s'avancer. Je suis résolu à lui livrer bataille ici. La seule chose qui me donne un peu de sollicitude, ce sont les subsistances; procurez-nous-en autant que vous pourrez. N'épargnez pas l'argent pour les transports; que les caissons de la compagnie Breidt reviennent chargés de subsistances. Renvoyez ici Lombart, du moment qu'il aura jeté un coup d'œil et organisé son service. Je compte sur votre zèle dans cette circonstance importante.

NAPOLÉON.

Archives de l'Empire.

860. — INTENTION D'ATTENDRE L'ENNEMI A OSTERODE.

AU MARÉCHAL SOULT.

Osterode, 26 février 1807, 11 heures et demie du soir.

Mon Cousin, je vous ai expédié, à quatre heures après midi, un colonel polonais. Ayant reçu, depuis, la nouvelle du petit combat qui a eu lieu ce matin à la pointe du jour, à trois lieues en avant de Guttstadt, au petit village de Peterswalde, où on a fait prisonnier le général baron de Korff, le major général vous en a donné avis. J'ai peine à penser que, par l'horrible temps qu'il fait, l'ennemi veuille engager une affaire avec nous; ce serait un étrange aveuglement. Toutefois je suis décidé à tenir sur le plateau d'Osterode, où je réunirai en un jour et demi plus de 95,000 hommes; mais il serait fâcheux qu'il nous laissât là après avoir logé quelques-uns de ses avant-postes dans nos cantonnements. Il faut ne les quitter que quand il paraîtra en force et que la prudence le prescrira. S'il ne vous présente que des forces inférieures, culbutez-le, et que, par votre contenance, l'ennemi soit prévenu que nous ne voulons point abandonner la position et que nous sommes bien décidés à la défendre. Pour passer une rivière et attaquer une ligne, il faut que l'ennemi démasque ses forces. Mais faites évacuer vos malades, vos blessés et vos équipages inutiles. Correspondez avec le prince de Ponte-Corvo et écrivez-lui dans ce sens, en l'informant de ce qui s'est passé devant vous et de ce que vous faites. J'ai donné des ordres conformes au maréchal Ney. On a toujours dû s'attendre que, même en supposant que l'ennemi n'eût pas l'intention de livrer une bataille, il serait disposé à tâter notre résolution et à s'établir, s'il le pouvait, sur la rive droite de la Vistule.

NAPOLÉON.

Dépôt de la guerre.
(En minute aux Arch. de l'Emp.)

---

861. — ORDRES DIVERS POUR DES ÉTABLISSEMENTS A MARIENBURG ET POUR LA DÉFENSE DE L'ILE DE NOGAT.

·ORDRES POUR LE MARÉCHAL BERTHIER.

Osterode, 28 février 1807.

Il y aura à Marienburg un commandant d'armes nommé par le major général, et qui correspondra avec le major général tous les jours ; il y aura une compagnie d'artillerie, deux officiers du génie, un commissaire des guerres, des garde-magasins.

L'ancienne enceinte sera relevée et mise à l'abri d'un coup de main. Le général Songis fera armer le plus tôt possible cette enceinte d'une douzaine de pièces de canon.

Il y aura des fours et de la farine pour nourrir 2,000 hommes pendant un mois.

Il y sera établi un hôpital de 500 lits.

Il sera établi, sur la rive gauche, dans l'île de Nogat, une petite flèche, de manière que, si l'ennemi s'emparait de l'île de Nogat, le pont fût couvert et pût être défendu. Le général du génie y dirigera deux compagnies de sapeurs, et prendra des mesures pour que, dans une huitaine de jours, elle soit en état. Il n'y a dans l'armée aucun travail plus pressé.

Donner l'ordre qu'on reconnaisse sur-le-champ Dirschau, pour voir si l'enceinte est susceptible de servir de tête de pont.

Donner ordre qu'on établisse un hôpital à Mewe et un à Stargard. Les blessés seront évacués de Marienburg sur Mewe.

Le major général préparera un travail qui établisse la route de l'armée par Osterode, Marienburg, Dirschau, Neu-Stettin et Stettin, et une autre de Dirschau par Bromberg et Varsovie.

Le major général proposera un officier supérieur pour commander l'île de Nogat et être chargé du gouvernement et de la défense de cette île, sous les ordres du major général. Il aura quelques pièces de campagne, un détachement de cavalerie et d'infanterie pour la défense de ladite île.

Le grand-duc de Berg fera reconnaître, par un officier de son état-major, si cette île de Nogat ne serait pas propre à contenir tous nos dépôts de cavalerie.

Le major général donnera ordre au général d'artillerie de faire revenir, par la rive gauche de la Vistule, sur Thorn, les six pièces d'artillerie du parc mobile qui avaient été laissées à Varsovie aux ordres du général Lemarois.

Il donnera ordre que tous les généraux se rendent à Thorn, pour de là se rendre au quartier général d'Osterode.

Supprimer tous les commandants d'armes qui sont en Saxe, même celui de Wittenberg. Que l'artillerie rappelle les détachements de canonniers qu'elle a laissés dans les places, hormis un planton pour garder les effets; l'étendue du pays qu'occupe l'armée est telle, que l'artillerie se trouve épuisée par cette dissémination.

NAPOLÉON.

Dépôt de la guerre.

862. — NOUVELLES POSITIONS A PRENDRE PAR L'ARMÉE.

AU MARÉCHAL SOULT, A LIEBSTADT.

Osterode, 28 février 1807, 6 heures du soir.

Mon Cousin, je reçois votre lettre d'aujourd'hui à midi. Je vais diriger la division de cuirassiers Espagne sur Mohrungen, afin qu'elle soit à portée, avec la division Klein, de faire un coup d'éclat. Vous lui désignerez des cantonnements. Bien entendu que mon intention est qu'elle ne fasse aucun service et qu'elle reste très en arrière.

J'ai vu avec peine, dans un de vos rapports d'hier, qu'un paysan était venu d'Elditten à Liebstadt. Ne saurons-nous donc jamais servir? Pas même un lièvre ne doit passer la ligne. Le premier qui passera, faites-le fusiller, innocent ou coupable. Cette terreur sera salutaire. Nous ignorons ce que fait l'ennemi, il faut qu'il ignore ce que nous faisons.

Je vous ferai connaître cette nuit les nouvelles dispositions à faire pour appuyer votre droite. Le maréchal Ney a déjà une division à Deppen. Il s'est trouvé embarrassé dans son mouvement sur Liebstadt, parce qu'il n'a pas compris le sens de mes ordres.

Mon intention est d'occuper Guttstadt comme avant-poste, et la ligne d'Elditten à Guttstadt, bordée d'infanterie et de cavalerie, comme tête de cantonnement, de garder la rive droite de l'Alle depuis Guttstadt jusqu'à Allenstein pour mon flanc droit, et d'occuper Allenstein comme arrière-garde.

Le maréchal Ney établira son quartier général entre Deppen et Guttstadt, sans attacher d'importance à tout ce que l'ennemi pourra faire sur ma droite. La retraite du maréchal Ney sera sur Deppen. Lorsque ces dispositions seront exécutées, vous pourrez placer ailleurs le général Saint-Hilaire.

Marienburg se trouve être une place forte. Je viens d'ordonner qu'elle soit armée. On travaille au pont. La ligne de communication de l'armée sera par Marienburg, Dirschau et Stettin. Du moment que cette ligne de communication sera établie et que j'y pourrai compter, ce qui demande encore deux ou trois jours, mon intention est de placer le maréchal Davout à Holland et de le charger de la garde des ponts de Spanden et d'Alken. Le maréchal Bernadotte serait à Mühlhausen et Braunsberg. Vous continuerez à vous nourrir par Marienwerder et avec les ressources du pays. Le maréchal Davout se nourrira par Marienburg. Les deux petites villes qu'occupe le général Dupont ont des ressources. Elbing fournirait le supplément à tout le monde.

Thorn nourrirait le maréchal Ney. Établissez quelques fours et une manutention à Mohrungen.

Il est très-convenable de remuer de la terre. C'est le cas des redoutes et des fortifications de campagne qui ont, indépendamment de leur valeur réelle, un avantage d'opinion. Je pense que tout le monde sent l'importance du repos actuel, que les armes se réparent, qu'on fait des appels rigoureux et qu'on rétablit un peu la discipline. Faites-moi connaître positivement comment vous vivez. Il serait important que vous ayez en réserve à Liebstadt et à Mohrungen de quoi faire une ou deux distributions d'eau-de-vie à votre corps.

Du moment que la communication par l'île de Nogat sera établie, je désignerai, sur la rive gauche, une petite ville pour le dépôt de chaque corps.

L'ennemi fait des mouvements très-éloignés sur la rive droite de l'Alle ; peut-être n'est-ce que pour vivre ; mais, si nous étions assez heureux pour que ces mouvements fussent faits en force, nous serions en position de l'écraser. C'est pour cela qu'il faut toujours se tenir sur le qui-vive et prêt à reprendre l'offensive ; car, pour peu que l'ennemi s'étende de deux marches, mon intention est de lui tomber sur le corps.

Je vous recommande de ne faire faire aucun service aux dragons de la division Klein. Les Polonais et votre cavalerie doivent suffire. Ce sont les divi-

sions de réserve qui ne doivent être employées que
pour agir, et qui ont surtout besoin d'être reposées.
Portez un soin particulier à leur nourriture, et
faites-leur faire des distributions au moins aussi
bien qu'à vos troupes, parce qu'il ne faut pas
qu'elles croient que ce sont des troupes de rebut
dans les corps d'armée. Les hommes sont ce qu'on
veut qu'ils soient.

NAPOLÉON.

Dépôt de la guerre.
(En minute aux Arch. de l'Emp.)

863. — ENVOI D'UN OFFICIER POUR SAVOIR SI L'ENNEMI
FAIT DES MOUVEMENTS SUR L'ALLE.

AU GÉNÉRAL MORAND, A ALLENSTEIN.

Osterode, 4 mars 1807, 6 heures du matin.

Je vous expédie un officier d'ordonnance pour
savoir ce qui se passe du côté d'Allenstein et connaître le mouvement de l'ennemi sur notre droite.
La division de dragons de Milhaud a ordre de se
rendre près de vous ; envoyez à sa rencontre. Vous
dites, dans une de vos lettres au major général, que
l'ennemi a eu de l'infanterie à Passenheim. Qu'il
y ait eu de la cavalerie et des Cosaques, cela se
conçoit ; faites-moi connaître positivement ce qu'il

en est. A-t-il encore de l'infanterie à Wartenburg?
Depuis que l'ennemi s'est mis en retraite, et que
nos troupes sont au delà de Freimarkt, et que j'ai
fait réoccuper Guttstadt, quel mouvement aperçoit-
on dans les postes qu'il avait sur l'Alle? Vous êtes
bien placé pour envoyer des espions. Ne ménagez
pas l'argent et envoyez-moi, deux fois par jour, des
rapports de ce que vous apprendrez.

NAPOLÉON.

Archives de l'Empire.

---

864. — MESURES A PRENDRE A THORN. — RECOM-MANDATIONS POUR LES SUBSISTANCES.

AU GÉNÉRAL DUROC.

Osterode, 5 mars 1807.

Je suppose que vous êtes arrivé hier à Thorn.
Tournon m'écrit qu'il m'a expédié 45,000 rations
de pain de Bromberg. Faites remplir de farine, de
pain, de biscuit et d'eau-de-vie tous les caissons de
la compagnie Breidt, qui retournent de conduire
des blessés, ainsi que les voitures du pays.

Il faut tirer de Varsovie le plus de chirurgiens
qu'on pourra. Ceux de la ville pourront soigner une
partie des blessés qui y sont, afin que les chirur-

giens de Thorn puissent revenir, si nous en avons besoin.

Il faut organiser la manutention de Thorn de manière qu'on y fasse par jour 40,000 rations de pain et qu'il y ait de la farine pour quinze jours.

Organisez une manutention pareille à Bromberg. Mais ce qui est le plus pressant, c'est de nous approvisionner à Osterode et ensuite à Strasburg, où il faut quatre ou cinq gros fours et un bon approvisionnement, tant pour les passages que pour les mouvements de l'armée, si je juge à propos de me concentrer. Ce ne serait pas trop d'y faire 20,000 rations par jour. L'intendant général peut y avoir les ressources de Plock et des autres districts.

Nous vivons médiocrement, grâce à Elbing et à Marienburg ; mais bientôt nous ne vivrons pas du tout, car les localités seront bientôt épuisées.

Il faut que l'intendant général cherche, par tous les moyens possibles, à avoir du riz.

Tout le vin que j'avais sur le canal et à Stettin doit être près d'arriver ; ce serait une belle et grande ressource.

J'ai ici une manutention pour faire 15,000 rations par jour, mais je ne suis pas approvisionné en farine.

Il faut que Rapp passe, tous les jours à midi, la revue des hommes qui rejoignent l'armée, afin qu'aucun homme ne parte s'il n'est point armé et n'a ses cartouches; il faut que les hommes qui partent de Thorn pour l'armée aient du pain jusqu'à Strasburg, où on leur en donnera jusqu'ici.

J'ai établi que tous les hommes sortant des hôpitaux, les bagages, etc., appartenant au 3ᵉ corps seraient à Thorn; ceux du 4ᵉ, à Bromberg; ceux du 6ᵉ, à Fordon, et ceux du 1ᵉʳ, à Schwetz. Faites-moi connaître si le gouverneur de Thorn et l'intendant général ont reçu là-dessus les ordres du major général; que le gouverneur écrive aux commandants, et l'intendant général aux intendants, pour diriger sur ces points les hommes et les bagages des différents corps.

Le dépôt général de cavalerie est à Culm.

L'armée a bien besoin de fusils. Il y en a à Posen et à Thorn; prenez des renseignements là-dessus.

Visitez avec soin le pont; on m'assure qu'il est raccommodé : qu'on y travaille de nouveau pour l'assurer davantage.

Rapp désire venir à l'armée active, je le désire aussi, car il y a ici des gens qui, au premier événement, ne soutiennent plus leur réputation. Cependant il faut un homme à Thorn qui puisse le remplacer, à moins que Lemarois n'ait assez de santé pour cela. D'ailleurs, faites-moi connaître si Rapp est entièrement guéri.

J'ai fait passer la Passarge à tous mes corps d'armée ; l'ennemi s'est partout retiré précipitamment. Soult a poussé l'ennemi au delà de Freimarkt ; le prince de Ponte-Corvo, au delà de Mehlsack. L'ennemi s'est retiré précipitamment sur Kœnigsberg. Il a paru craindre que nous n'y arrivassions avant lui. Effectivement, je n'en suis qu'à quinze lieues, de Braunsberg. L'ennemi s'est aperçu quand on réparait les ponts de la Passarge, et on n'a pu le surprendre. Voici la situation d'aujourd'hui.

Je désire savoir le nombre des blessés qui ont passé à Thorn, corps par corps, en distinguant les grandes et les petites blessures. Rapp, j'espère, mettra une assez bonne police pour empêcher que les traînards et petits blessés ne désertent, et renverra tout le monde à son poste.

Il faut que l'intendant général prenne des moyens très-sérieux pour nous approvisionner ici; il faut qu'il fasse venir des voitures de Posen et de toute cette partie de la Pologne ; qu'il donne, de son chef, une nouvelle direction aux fournitures de Bromberg. Il pourrait en faire des magasins à Mewe, comme le district de Posen pourrait mettre à même d'en former à Thorn et dans les environs.

Recommandez à l'intendant général de veiller à ce qu'on ne désapprovisionne pas trop Stettin et Küstrin et à ce qu'on convertisse les blés en farine.

Répondez-moi à cela article par article. Gardez Tournon à Thorn. C'est un homme plein de zèle et dont je suis très-satisfait, et qui aidera à faire marcher tout cela. J'ai ici de la cavalerie polonaise, mais je n'ai pas de sabres; écrivez au général Liébert combien il est pressant d'en envoyer.

Napoléon.

Comm. par M. le comte Daru.
(En minute aux Arch. de l'Emp.)

---

865. — MAUVAIS SERVICE DE LA COMPAGNIE BREIDT. — PROJET DE FORMER DES BATAILLONS DU TRAIN DES ÉQUIPAGES.

AU GÉNÉRAL DEJEAN.

Osterode, 6 mars 1807.

Monsieur Dejean, mille selles et mille paires de bottes doivent être prêtes au 1ᵉʳ mars. Faites-les diriger par les caissons de la compagnie Breidt sur Magdeburg, où elles seront à ma disposition. Faites diriger de la même manière, et sur le même point, les mille selles et les mille paires de bottes qui seront prêtes au 30 mars. Faites également diriger sur Magdeburg, par les caissons de la compagnie Breidt, les effets de la Garde impériale. Il faut aussi laisser les corps envoyer l'habillement ainsi que le harnachement de la cavalerie, et mettez de l'ordre dans ces envois. Le meilleur

moyen est de lever les brigades de la compagnie
Breidt. Il faut donc en prévenir les corps et particulièrement ceux de cavalerie qui voudront envoyer
leurs effets à Mayence. Le général Kellermann
m'enverra l'état des objets et le numéro des
brigades qui seront dirigés sur Madgdeburg. Je
donnerai ensuite les ordres de direction sur
Spandau, Küstrin, et ainsi de suite sur les régiments.

Rien n'est vicieux comme l'organisation des
transports de la compagnie Breidt. Elle fait un mauvais service, mais elle en fait un. J'ai perdu une
centaine de ces caissons, partie enlevés par les
Cosaques, partie rompus dans les mauvais chemins.
Ceux qui ont été pris par les Cosaques, au nombre
de quinze ou vingt, ont été perdus par la faute des
agents, qui restent huit ou dix jours dans un même
endroit.

Je voudrais que vous commençassiez à organiser
économiquement ces équipages. A cet effet, je
voudrais former des bataillons de transport des
équipages militaires. Chaque bataillon aurait un
conseil d'administration, et serait commandé par
un homme ayant rang de capitaine dans la ligne.
Chaque compagnie pourrait être composée de
trente-deux caissons attelés de quatre chevaux chacun et conduits par deux hommes. Il est absurde de
mettre un homme pour quatre chevaux ; les hommes

tombent malades et ne peuvent se remplacer, tandis
que les chevaux se remplacent dans le pays. C'est
aussi une mauvaise économie de ne mettre que trois
chevaux par caisson. Ainsi il y aurait dans une compagnie 32 caissons, 128 chevaux de trait et
64 hommes. On y ajouterait une forge de campagne, une voiture de rechanges de harnais et d'approvisionnements de réparations pour les caissons.
Chaque compagnie serait divisée en quatre escouades
chacune de huit caissons et commandée par un maréchal des logis chef. Six compagnies pourraient
former un bataillon, qui se trouverait ainsi composé de 192 voitures, 768 chevaux et 384 hommes.
Chaque bataillon aurait un quartier-maître. Il y
aurait une masse pour l'entretien des caissons, une
de harnachement et une d'achat de chevaux. Les
caissons et harnais seraient fournis.

Par ce moyen nous n'aurions plus d'intérêt à
opposer à l'intérêt de l'armée, ce qui n'est pas à
présent; car, par exemple, lorsque j'ai intérêt à ce
que les caissons arrivent vite, l'entrepreneur a un
intérêt opposé. D'ailleurs, rien n'est absurde comme
ces marchés où l'entrepreneur joue à la loterie et
où il peut être ruiné sans qu'il y ait de sa faute,
ou gagner un million sans raison. Causez de cela
avec M. Lacuée. Rédigez un projet pour la formation
de dix bataillons, et faites-le discuter au Conseil
d'État. Ensuite commencez par former un bataillon,

et n'attendez pas ma signature. J'approuve d'avance le projet que le Conseil aura rédigé. Il serait utile qu'il y eût un chef de bataillon chargé du commandement du régiment, et un directeur général des transports des équipages militaires ayant rang de chef de brigade. Notre administration est dans une grande barbarie. Mais il ne faut pas toucher à la compagnie Breidt et avoir soin que ces nouveaux arrangements n'apportent aucun retard, et m'envoyer très-promptement tout ce qu'il y a de prêt des équipages de cette compagnie. Quoique mal organisée, elle m'a rendu de grands services. Je n'ai que 6 à 700 de ses caissons, et il m'en aurait fallu 3,000.

Je veux, par la nouvelle organisation, faire des transports des équipages militaires comme du train d'artillerie, qui m'a rendu de très-importants services. Sans la manière dont le train est organisé, je n'aurais pas pu tirer mon immense artillerie des mauvais chemins, et jamais une pièce n'est restée en route. Ces résultats dédommagent bien de la dépense que cette organisation occasionne en temps de paix; nous n'avons fait qu'un pas en administration, c'est celui-là. Il faut donc organiser de même le train des transports des équipages militaires. Ayez aussi soin d'ordonner que les caissons soient plus légers et plus solides, qu'ils soient construits avec un bois bien sec et avec une grande attention.

On donnera au train des équipages un uniforme différent de celui du train d'artillerie. Ses charretiers doivent être appelés soldats des équipages; ils sont exposés, quoique ce ne soit pas de la même manière que le train. Mais chacun l'est dans une armée, et ce n'est pas un modique salaire, c'est l'esprit du métier qui porte à faire son devoir malgré le danger. Sous ce rapport on avait fait les commissaires des guerres militaires, et cela devait être.

En résumé, continuez à m'envoyer les brigades de la compagnie Breidt, dont j'ai grand besoin pour apporter les objets qui viennent de France. Organisez des bataillons du train des tranports des équipages; et, aussitôt qu'une compagnie sera formée, faites-la partir. Vous pouvez fort bien commander encore à Sampigny une centaine de voitures, et m'en envoyer tous les mois une compagnie de 32 voitures. Cela réparera mes pertes. Mais ayez soin qu'elles soient bien construites; de mauvaises choses ou des vieilleries ne servent à rien.

NAPOLÉON.

Dépôt de la guerre.
(En minute aux Arch. de l'Emp.)

866. — ORDRE DE FORMER EN RÉGIMENTS PROVISOIRES LES TROUPES DESTINÉES A L'ARMÉE ET DE HATER LEUR DÉPART.

AU MARÉCHAL KELLERMANN, A MAYENCE.

Osterode, 6 mars 1807.

Mon Cousin, ne mettez aucun délai dans le départ des troupes destinées à la Grande Armée. Je suppose que les 5ᵉ, 6ᵉ, 7ᵉ et 8ᵉ régiments provisoires sont partis, et qu'aussitôt qu'ils seront complétés vous vous occuperez de former les 9ᵉ, 10ᵉ, 11ᵉ et 12ᵉ. Formez également quatre régiments provisoires de cavalerie; chaque régiment composé de cinq compagnies, savoir : la 1ʳᵉ compagnie composée de détachements tirés des dépôts des régiments de hussards, la 2ᵉ de détachements de chasseurs, les 3ᵉ et 4ᵉ de détachements de dragons, la 5ᵉ de détachements de carabiniers et de cuirassiers. Chaque compagnie sera de 120 hommes; ce qui formera par régiment 600 hommes. Vous en donnerez le commandement à un chef d'escadron ou à un major. J'espère que vous ne tarderez pas à faire partir le premier. Vous le dirigerez sur Potsdam. Vous aurez soin qu'il soit bien équipé, bien armé et bien habillé. Vous sentez que, par ce moyen, ces régiments arriveront en ordre à l'armée, et qu'ils pourront être utiles dans la route, suivant les circonstances.

NAPOLÉON.

Comm. par M. le duc de Valmy
(En minute aux Arch. de l'Emp.)

---

867. — IMPORTANCE D'AVOIR DES POINTS OFFENSIFS SUR UNE LIGNE DÉFENSIVE; OBJET D'UNE TÊTE DE PONT A BRAUNSBERG.

AU MARÉCHAL BERNADOTTE, A PREUSSICH-HOLLAND.

Osterode, 6 mars 1807, minuit.

Mon Cousin, je vois avec plaisir, par votre lettre du 5, que la tête de pont de Spanden est déjà occupée; mais cela n'est pas suffisant : il nous faut une tête de pont à Braunsberg. Si le faubourg de Braunsberg ne gêne pas, qu'on travaille sans délai à cette tête de pont; s'il gêne, et que la position ne soit pas favorable, que le général Dupont choisisse sur la droite de Braunsberg une position convenable pour qu'on travaille sans délai à un pont et à une tête de pont. C'est dans la défense d'un pont et d'une tête de pont que consiste toute notre bonne position. Supposez que 25 ou 30,000 hommes se portent sur Braunsberg, et que vous vous y portiez avec votre corps d'armée pour leur couper le passage, et que,

22.

profitant d'une opération si téméraire de la part de
l'ennemi, un ou deux corps débouchent par Spanden pour tomber sur ses derrières, s'il n'y a pas un
pont et une tête de pont, vous ne pourriez pas par-
ticiper au combat, et nous aurions un désavantage
marqué. Une rivière ni une ligne quelconque ne
peuvent se défendre qu'en ayant des ponts offensifs;
car, quand on n'a fait que se défendre, on a couru
des chances sans rien obtenir; mais lorsqu'on peut
combiner la défense avec un mouvement offensif,
on fait courir à l'ennemi plus de chances qu'il n'en
a fait courir au corps attaqué. Faites donc travailler
jour et nuit à la tête de pont de Spanden et à celle
de Braunsberg; quand je dis Braunsberg, j'entends
à une lieue ou environ de cette ville, dans la position la plus convenable. Une fois cela fait, faites
bien reconnaître la nature du pays de Braunsberg à
Mehlsack et à trois lieues autour de cette position;
car, un peu plus tôt, un peu plus tard, si l'ennemi prend l'offensive, je pense que c'est là qu'on
se battra.

L'ennemi avait fait bien des fautes. Si j'avais eu
du pain et que les mauvais temps ne m'eussent
pas arrêté, je serais arrivé à Kœnigsberg avant lui,
et je l'aurais battu en détail. Il est constant qu'il
avait détaché 25,000 hommes sur la rive droite de
l'Alle, et qu'il avait des régiments d'infanterie arrivés à Passenheim. Le mouvement offensif qui a été

fait lui a fait connaître sa témérité; et, depuis le 4 au matin, il marche en toute hâte pour se replier et reprendre sa position naturelle.

NAPOLÉON.

Comm. par S. M. le roi de Suède.
(En minute aux Arch. de l'Emp.)

---

868. — INSTRUCTIONS POUR ÉLOIGNER L'ENNEMI ET ASSURER LE BLOCUS DE DANZIG DU COTÉ DE LA MER.

AU MARÉCHAL LEFEBVRE, A DIRSCHAU.

Osterode, 6 mars 1807, minuit.

Je vois avec plaisir que, le 8, Danzig sera investi. J'espère que vous serez content des Saxons. Faites connaître au prince Sulkowski que je l'ai nommé membre de la Légion d'honneur. Autorisez-lé à porter le ruban, jusqu'à ce que je lui aie remis la croix. Quand le 2ᵉ léger attaquera les bords de la mer, faites-le soutenir par huit pièces de canon français, par les deux régiments de cavalerie française ou des cuirassiers saxons, et par 2,000 hommes de vos meilleures troupes saxonnes. Mettez Drouet et Schramm à la tête de cette expédition. Qu'ainsi, avec 4 ou 5,000 hommes, ils poussent sur l'estran, l'épée dans les reins, tout ce qui s'y trouvera, et cela pendant l'espace de plusieurs lieues, même jusqu'au bord de l'estran, si cela était possible. Après cela, ayez des officiers du génie tout prêts, qui élèvent des redoutes et palissades pour empêcher l'ennemi de revenir. C'est, je pense, l'objet le plus important du siége et qui affectera le plus la garnison. Je crois que vous avez quatre ou cinq officiers du génie. En cas que vous n'ayez pas ce nombre, j'écris au général Chasseloup de vous les envoyer. Établissez un régiment polonais tout entier dans l'île de Nogat, pour en garnir le pourtour. Que ce régiment envoie 200 hommes à Marienburg. Les Saxons doivent avoir beaucoup d'artillerie; vous devez en avoir douze pièces françaises; les Badois et les Polonais doivent aussi en avoir. Faites remuer de la terre, c'est nécessaire, surtout avec de mauvaises troupes; par ce moyen vous bloquerez Danzig sans danger.

Je n'ai point de nouvelles si Kolberg est investi; il devrait l'être à l'heure qu'il est. Écrivez à Stettin pour qu'on mette en marche tous les canons et mortiers dont on a pu disposer. Aucune opération ne sera plus utile à l'armée et plus glorieuse pour le brave maréchal Lefebvre.

Je désire beaucoup avoir un pont à Dirschau. Écrivez vis-à-vis Graudenz qu'on dirige tous les pontons à Dischau.

NAPOLÉON.

Archives de l'Empire.

869. — ORDRES CONCERNANT LA SUBSISTANCE DE SON CORPS D'ARMÉE ET LES NOUVELLES A PRENDRE DE L'ENNEMI.

AU MARÉCHAL DAVOUT.

Osterode, 11 mars 1807.

Je reçois votre lettre du 11 mars. Il faut d'abord que vos troupes aient régulièrement ration complète de pain et de viande, et de l'eau-de-vie tous les deux jours. En supposant 20,000 rations, il faudrait chercher à vous procurer 12,000 rations du pays; il y a du blé, des moulins et des fours; je vous en ferai donner 8,000 d'Osterode. Vous pourriez tirer quelque chose de Plock. Je voudrais savoir si cet arrangement vous convient. Je désire qu'enfin le soldat ait ration complète. Vous aurez 8,000 rations d'Osterode, mais il serait mieux qu'il vous en fallût moins. Il faut que vous envoyiez chercher ces rations. Quant à l'eau-de-vie, on vous en fournira tous les jours 10,000 rations.

Quant à l'ennemi, il paraît qu'il ne veut rien faire. Moi, je veux organiser mes vivres. C'est jouer à la loterie que de faire quelque chose en mars et en avril. Si, avec 8,000 rations qu'on vous enverrait d'Osterode, vos soldats avaient ration complète, j'éprouverais une grande satisfaction. Il faut à Allenstein faire faire des fours et rassurer les habitants.

Douze régiments provisoires sont en marche ; quatre arriveront avant dix jours. Il y a des détachements de tous les corps. Le 17ᵉ et le 21ᵉ ne tarderont pas à recevoir leurs 3ᵉˢ bataillons forts de 1,000 hommes. Mais il faut rétablir la discipline. Mettez votre gendarmerie sur les derrières, afin que des hommes, sous prétexte d'être malades, ne passent pas la Vistule.

Faites-moi connaître, ces jours-ci, votre situation. Avez-vous eu des vivres pour le 11, en avez-vous pour le 12, en avez-vous pour le 13 ? Je viens d'ordonner aujourd'hui qu'on vous en envoie 9,000 rations.

Je ne vois pas d'inconvénient que vous portiez, le 14, votre quartier général à Allenstein. Vous y aurez l'avantage d'être mieux instruit de ce que fait l'ennemi et de ce qui se passe sur l'Alle. Mais, comme demain Soult et Ney rentrent dans leurs cantonnements, il faut avoir l'œil sur ce que fait l'ennemi.

Reposez votre cavalerie légère ; ne lui faites pas faire de reconnaissances et de courses inutiles. Le moyen que vous employez est le véritable : c'est, tous les jours, d'envoyer chercher des baillis à une lieue. Je préférerais donc qu'au lieu de reconnaissances, qui sont souvent ramenées, on fît partir

tous les deux jours 200 ou 150 hommes sans porte-
manteaux, avec une compagnie de voltigeurs en
croupe qui iraient prendre les baillis. Il n'y aurait
aucune chance à courir; au contraire, on rosserait
les Cosaques. Il paraît aujourd'hui prouvé qu'ils ne
sont jamais dans un moindre nombre que 150 hommes.

NAPOLÉON.

Archives de l'Empire.

---

870. — ORDRE D'ATTENDRE QUE NEY SOIT ENTRÉ DANS SES CANTONNEMENTS, AVIS ET RECOMMAN-DATIONS.

AU MARÉCHAL SOULT, A SCHWENDT.

Osterode, 11 mars 1807, 11 heures du soir.

Mon Cousin, le maréchal Ney prend demain ses
cantonnements. Ne reprenez pas les vôtres, et ne
repassez la Passarge que lorsque vous serez certain
qu'il aura pris les siens. Que la division des cuirassiers et la division Klein soient en position de déboucher par Elditten pour soutenir la gauche du
maréchal Ney. Il ne peut être attaqué que par là. Si
l'ennemi jetait de la cavalerie sur sa gauche, il
serait très-bien que vous fissiez déboucher ces
3,000 chevaux pour le soutenir.

J'ai fait réunir à Willenberg la division Gazan et la division Beker. J'ai réuni 10,000 Polonais à pied et à cheval à Neidenburg. La division Suchet et 10,000 Bavarois couvrent Ostrolenka et Pultusk. Le grand-duc de Berg, à une lieue de Willenberg, a encore eu le renseignement qu'il y avait là 12,000 hommes d'infanterie, tant est grand l'art des Russes pour exagérer leur nombre et tromper sur leurs mouvements. Arrivé à Willenberg, il a fait charger le prince Borghèse, qui a fait prisonniers une centaine d'hommes, deux capitaines et six autres officiers. Arrivé à Willenberg, il a été prouvé qu'il n'y avait jamais eu plus de 600 hommes de cavalerie et un millier de Cosaques, qui s'étaient éparpillés dans les campagnes.

Le grand-duc de Berg est aujourd'hui, avec 6,000 hommes de cavalerie et le général Oudinot, à Passenheim, et fouille la rive droite de l'Alle; il espère encore faire quelque mal de détail à l'ennemi.

Je vous laisse le maître de camper. Dans ce cas, je désire que vous campiez par division, chaque division en bataillon carré, savoir : trois régiments de front et deux dans l'épaisseur, la baraque du général au milieu, ainsi que le parc. En plaçant ces trois camps dans de belles positions, on finirait par les couvrir de redoutes et les retrancher. Une fois rentré dans nos cantonnements, si, comme je n'en

doute pas, l'ennemi reste tranquille, je vous recommande de reposer vos deux divisions de grosse
cavalerie, surtout la division Klein, qui a beaucoup
souffert à Freimarkt. Veillez à ce qu'on ne donne
pas les billets d'hôpital si légèrement; il faut qu'ils
soient signés du colonel. J'ai mis des gendarmes
sur tous les points, et il y en a qui déclarent tous
les jours 150 billets d'hôpital.

Il faut aussi faire des distributions complètes et
régulières. Marienwerder ne fournit qu'à vous.
Elbing doit vous fournir de 8 à 10,000 rations par
jour. Le pays doit vous fournir aussi de grandes ressources.

Dites et faites dire à l'ennemi que le général
Oudinot, avec 18,000 grenadiers, nous a rejoints
à Osterode; que le prince royal de Bavière, avec
20,000 hommes, a rejoint l'armée; que dix régiments sont aussi venus nous renforcer; qu'en causant les soldats disent cela à l'ennemi.

NAPOLÉON.

Dépôt de la guerre.
(En minute aux Arch. de l'Emp.)

871. — OPÉRATIONS A FAIRE APRÈS AVOIR INVESTI DANZIG.

AU MARÉCHAL LEFEBVRE, A PRAUST.

Osterode, 12 mars 1807.

Je reçois votre lettre du 11 mars. Je vois avec plaisir que vous avez investi Danzig. C'est déjà une première opération; vous en avez trois autres à faire. La première, c'est de jeter un pont sur le bras de la Vistule, de manière à pouvoir aller jusqu'à la mer. J'ai ordonné à cet effet que l'équipage de pont vous fût envoyé. Comme la Vistule n'a là qu'une centaine de toises, vous aurez de quoi faire un et deux ponts. La deuxième opération, c'est d'isoler le fort de la ville, et, par ce moyen, ôter à la ville toute communication avec la mer. La troisième, c'est d'entretenir vos communications libres avec Stettin, afin que les trains d'artillerie puissent arriver.

Gardez en réserve votre cavalerie française, qui, d'ailleurs, a besoin de repos et a besoin d'être ménagée. Tous les détachements vont insensiblement se réunir. Envoyez les chevau-légers saxons pour maintenir vos communications avec Stettin; ils seront chargés de poursuivre les partisans. Des trains d'artillerie assez considérables se préparent à Stettin

pour se rendre devant Danzig. Le pont de Marienburg, qui avait été établi, a été emporté ; mais, la
débâcle étant terminée, on va le rétablir.

Le pont de Marienwerder va être construit. J'ai
besoin de ce pont pour les mouvements de l'armée.
On fera après le pont de Dirschau. Je n'ai pas besoin de vous dire de faire beaucoup de redoutes
pour bien asseoir votre blocus. J'ai ordonné qu'on
vous envoyât le général Gardanne. Je vous envoie le
général Von der Weid, qui parle allemand. Mais
surmontez tous les obstacles et isolez la ville du
fort et de la mer. Envoyez un ou deux de vos aides
de camp, avec des chevau-légers saxons, battre la
plaine pour activer l'arrivée des convois d'artillerie
qui doivent partir de Stettin. La cavalerie ne vous
est pas trop nécessaire où vous êtes. Employez les
cuirassiers saxons à parcourir le pays. Songez que
votre gloire est attachée à l'importante prise de
Danzig, et que toute l'Europe a les yeux sur vous.
Nous manœuvrerons constamment ici pour vous
couvrir. Apprenez-moi, par votre première dépêche, que vous avez passé le bras de la Vistule et
que Danzig est cerné de tous côtés. Le général
Chasseloup se rend pour reconnaître la place et
vous aider de ses conseils. Les généraux d'artillerie
et du génie doivent fournir les fonds pour qu'on
paye tous les travailleurs. Si vous avez des officiers
saxons intelligents, donnez-leur deux ou trois cents

chevaux, et promettez-leur la croix de la Légion s'ils arrêtent les partisans. Faites fusiller le premier qui commettra des désordres. Faites réclamer le général Victor, qui a été échangé contre le général Blücher.

NAPOLÉON.

Archives de l'Empire.

---

872. — MOTIFS POUR LESQUELS LA DIVISION GAZAN EST MAINTENUE A WILLENBERG.

AU MARÉCHAL MASSÉNA, A PULTUSK.

Osterode, 13 mars 1807, 2 heures du matin

Mon Cousin, l'aide de camp que je vous ai expédié me remet votre lettre. Le major général vous aura fait connaître mes intentions. Je désire que la division Gazan se trouve à Willenberg pour trois buts : 1° pour que, si l'ennemi m'attaque, je puisse avoir cette division le troisième jour à Osterode; 2° parce qu'elle maintiendra d'une manière solide et permanente mes communications avec vous, et que Willenberg est la clef de l'Omulew; 3° parce que mon intention est de marcher à l'ennemi dans une quinzaine de jours. Je puis réunir, par des marches composées, 140,000 hommes, et l'exterminer.

Il n'y a du reste rien de nouveau. Nous sommes de part et d'autre dans nos cantonnements assez tranquilles.

Le maréchal Lefebvre a entièrement cerné la ville de Danzig.

Ne souffrez point que l'ennemi ait des ponts à Ostrolenka; allez les lui brûler. Faites cuire à Pultusk, à Makow, Przasnysz, à Ciechanow et même à Willenberg. Tâchez, d'ici à huit jours, d'avoir dans tous ces lieux 80,000 rations de pain demi-biscuité, en réserve. Visitez vous-même tout l'Omulew depuis Willenberg jusqu'à la Narew. Une nouvelle division bavaroise est en marche pour arriver sous vos ordres à Varsovie.

NAPOLÉON.·

Archives de l'Empire.

---

873. — PROJET DE DÉCRET A PRÉPARER POUR ABAISSER LA TAILLE DES HOMMES ET DES CHEVAUX DANS LA CAVALERIE.

AU GÉNÉRAL LACUÉE.

Osterode, 15 mars 1807.

Dans le tableau de la conscription de 1807, je vois que le 100ᵉ de ligne est oublié.

Je réponds à votre lettre.

Il faut des cuirassiers grands, mais la taille est tout à fait inutile aux hussards et aux chasseurs; au contraire, elle est nuisible. Par une suite de la grande taille des hommes, il faut de grands chevaux, ce qui double la dépense et ne rend pas le même service. Présentez au Conseil d'État un projet de décret pour qu'un homme ne puisse entrer dans les chasseurs et les hussards s'il a plus de 5 pieds 1 pouce. Il faut baisser d'un pouce la taille des chevaux. Les chevaux de hussards et de chasseurs sont de véritables chevaux de dragons. On utilisera par là le grand nombre de petits chevaux que nous avons en France. Je pense que, pour les hussards et chasseurs, il faut des chevaux de 4 et 5 pouces. Ordonnez aux dépôts de dragons de recevoir les hommes n'importe la taille.

NAPOLÉON.

Archives de l'Empire.

---

874. — ORDRE DE RASSEMBLER TOUTE LA CAVALERIE DISSÉMINÉE DEPUIS LE RHIN JUSQU'A LA PREGEL.

AU GRAND-DUC DE BERG.

Osterode, 15 mars 1807.

Il ne faut point se dissimuler que la cavalerie est disséminée depuis le Rhin jusqu'à la Pregel. Cette dissémination fait notre faiblesse. Il faut prendre des mesures promptes pour la faire rejoindre. Mon intention est que vous fassiez partir sur-le-champ un officier de votre état-major, de confiance, qui se rendra à Plock, prendra l'état de tous les hommes de cavalerie qui s'y trouvent et les dirigera sur Culm, où il faut envoyer tous les dépôts de cavalerie, soit de la réserve, soit des corps d'armée, hormis le 21ᵉ de chasseurs et le 10ᵉ de hussards.

Cet officier restera à Plock jusqu'à ce que les détachements aient été mis en mouvement et qu'il soit certain qu'il ne reste pas un homme de cavalerie dans ce département.

Vous enverrez un autre officier à Varsovie pour ramasser tout ce qui serait resté à Rawa, Lowicz, Lenczyca, Kalisz ; il y en a jusqu'en Silésie. Ces officiers auront de vous l'ordre aux détachements, bien portants ou éclopés, de la cavalerie de la réserve ou des corps d'armée, de se diriger sur Culm, n'en exceptant que le 21ᵉ de chasseurs et le 10ᵉ de hussards, qui doivent rester sur Varsovie. Ces officiers se rendront dans tous les lieux, et vous écriront tous les jours pour vous faire connaître tous les détachements qu'ils auront découverts, la route qu'ils leur auront tracée. Celui de Varsovie remettra ses lettres au gouverneur de Varsovie, qui me les fera parvenir ; celui de Plock, au commandant du département de Plock. Vous en enverrez un troisième à Posen, qui fera la même chose pour tous les districts de ce département. Enfin vous les rendrez porteurs de lettres pour le gouverneur de Varsovie et les commandants des départements de Plock, Kalisz et Posen. Je suis persuadé que le résultat de ces missions sera de nous produire plus de 3,000 hommes de cavalerie.

Il faut centraliser tous les dépôts de cavalerie à Culm. Il faut que vous correspondiez tous les jours avec le général Rouget, commandant le dépôt de Culm.

Choisissez trois officiers de zèle, actifs, et qui, passant chacun huit ou dix jours dans le département, les emploient à courir, et ne reviennent que lorsqu'ils seront assurés que tout est parti.

Écrivez aussi à tous les colonels des régiments, afin qu'ils vous fassent connaître le lieu où ils ont des détachements. Ayez une correspondance avec tous les commandants des départements et des provinces pour faire rejoindre tous vos détachements

NAPOLÉON.

Archives de l'Empire.

875. — DISPOSITIONS GÉNÉRALES POUR LES SUBSIS-
TANCES ; RÉPARTITION A EN FAIRE ENTRE LES
PLACES.

A M. DARU.

Osterode, 16 mars 1807.

Monsieur Daru, je reçois un état des magasins
de Varsovie ; il en résulte qu'entre Varsovie, Praga
et ce qu'on appelle la réserve :

Farine. Il y avait, le 13 mars, 6,000 quintaux
de farine. Ordonnez qu'on en fasse filer sur Thorn,
Plock, et en droite ligne sur Osterode. Ce qui débarquera à Plock sera chargé sur les voitures du
pays et dirigé sur Osterode ; l'autre partie sera dirigée sur Culm, Graudenz, et débarquera sur ces
deux points pour être transportée à Osterode. Ainsi
il arrivera des convois à Osterode par trois routes.
Ordonnez qu'on ne laisse jamais les magasins de
Praga, de Varsovie et de la réserve avec moins de
3,000 quintaux de farine ; car il faut qu'il y ait constamment 80,000 rations de pain biscuité à Varsovie,
pour qu'on ne soit jamais embarrassé pour le service, qu'on puisse faire tous les jours 20 à
30,000 rations de biscuit, et qu'on se trouve toujours en mesure d'alimenter les manutentions de
Pultusk, de Przasnysz, de Makow et de Sierock. Je

23.

vois qu'il n'y a à Pultusk que 1,800 quintaux de farine. Il y en a à Sierock 1,700 quintaux, qui peuvent alimenter Pultusk, ainsi que les 1,000 qui sont à Nieporent. J'en vois 1,800 à Blonie qu'on peut verser sur Varsovie.

Blé. Je vois qu'il y a entre Varsovie, Praga et la réserve 17,000 quintaux de grains, ce qui avec les 5,000 qui sont à Blonie fait 22,000 quintaux. Il doit d'ailleurs, à ce que j'imagine, rentrer à Varsovie des blés provenant de votre marché. Je ne vois pas d'inconvénient que l'on dirige 12,000 quintaux sur Thorn par eau. Mais il est convenable que vous gardiez à Varsovie une douzaine de milliers de quintaux, afin de fournir aux besoins imprévus, pouvant, au moyen de cette réserve, à mesure qu'il en rentrera, en expédier sur Thorn. Je vois qu'il y a 3,500 quintaux de blé à Sierock : ils m'y paraissent inutiles ; on n'aura jamais là les moyens de moudre cette quantité de blé ; il faut les faire filer sur Thorn, hormis un millier qu'on peut garder pour alimenter les moulins de Pultusk et de ces arrondissements. Je vois qu'il y a à Makow 9,000 quintaux de grains, à Lenczyca également 9,000 quintaux. Ordonnez dans ces deux places qu'on les fasse convertir partie en farine, et qu'en partie on les dirige bruts sur Thorn.

Biscuit. Il y a à Varsovie 194,000 rations de biscuit : il faut les diriger par terre sur Osterode. Il y

en a 45,000 à Lenczyca : il faut les diriger sur Thorn ;
30,000 à Pultusk : il faut les diriger sur Przasnysz.
Il faut de plus fournir à Pultusk 50,000 autres
rations de biscuit, le maréchal Masséna ayant
besoin de 80,000 rations. Je vois qu'il y a 5,500 rations de pain à Nieporent : il faut les diriger sur
Pultusk, le maréchal Masséna ayant besoin dans
quelques jours de 80,000 rations de pain sur
Przasnysz. Il y en a 133,000 à Praga et à Varsovie :
on peut les diriger sur Osterode par terre, et maintenir à Varsovie et à Praga 80,000 rations de pain.

Liquides. Entre Praga et Varsovie il y a
44,000 pintes d'eau-de-vie : il faut en diriger
34,000 pintes sur Osterode et Thorn ; il en restera
10,000 pour Varsovie, Pultusk, Przasnysz. Il y en
a 12,000 pintes à Lenczyca : il faut les diriger sur
Thorn. Il n'y en a que 2,000 pintes à Pultusk : il
faut y en envoyer 4,000 de Varsovie.

Habillement. Je vois sur les états qu'il n'y a que
10,000 paires de souliers à Varsovie, c'est trop peu.
Il faut en envoyer 6,000 au maréchal Masséna pour
être distribuées entre ses corps ; les 4,000 restantes
seront pour les hommes isolés. Mais il faut toujours
avoir 10,000 paires de souliers en réserve à Varsovie.

Je vous envoie l'état sur lequel j'ai fait ces raisonnements. Faites-moi connaître s'il est exact.

NAPOLÉON.

Comm. par M. le comte Daru.

(En minute aux Arch. de l'Emp.)

876. — ORDRES CONCERNANT LES DISTRIBUTIONS DE VIN, DE BIÈRE ET D'EAU-DE-VIE.

AU MARÉCHAL BERTHIER.

Osterode, 17 mars 1807.

L'ordonnateur Faviers a fait un marché de procurer à l'armée 10,000 bouteilles d'eau-de-vie par semaine; la bouteille ne contenant que deux tiers de la bouteille de France, cela ne forme que 106,000 rations par semaine, c'est-à-dire une ration et demie par homme, ce qui est bien insuffisant pour soutenir un peu les forces du soldat. Mon intention est qu'il fasse sur-le-champ des marchés pour avoir 100,000 bouteilles de bière par semaine; ce qui fera par jour, à raison de sept jours par semaine, 14,285 bouteilles, que l'on m'assure être tout ce que l'on peut fabriquer dans la ville; cela donnera un autre jour de distribution pour l'armée; s'il peut en faire fabriquer ou en faire trouver une plus grande quantité, il faut qu'il la prenne.

Ces 100,000 bouteilles de bière seront distribuées entre les 1er, 4e, 3e et 6e corps de la Grande Armée, à raison de 20,000 bouteilles par semaine; il en restera 5,000 qui seront pour les divisions Beaumont, Nansouty et Espagne.

Il y a à Elbing 4,000 pintes d'eau-de-vie de France qu'on dirigera sur-le-champ sur le quartier général. Il y a encore 120,000 bouteilles de vin de France, de Bordeaux. Ce vin sera destiné en gratification aux officiers de l'armée. Vous m'en présenterez le tableau, de manière que cela puisse servir aux officiers pendant un mois. On ne comprendra pas les officiers qui se trouvent du 5ᵉ corps, ou à Varsovie, qui sont trop loin.

10,000 bouteilles des meilleures seront dirigées sur le quartier général, pour y rester en réserve pour un moment extraordinaire.

Vous donnerez l'ordre qu'il soit fourni de la bière au 5ᵉ corps, des magasins de Varsovie. Il n'est point juste qu'un simple négociant soit ruiné; on fera évaluer les vins et bières qu'on lui prend, mon intention étant de les payer.

La caisse provenant du sel et les revenus d'Elbing et de Marienwerder seront employés à payer la bière qu'on fabriquera et l'eau-de-vie.

Pour le payement du vin, dès le moment qu'on sera d'accord, il sera payé en lettres de change provenant de la contribution de la Saxe.

Mon intention est que la Garde à pied et à cheval reçoive tous les jours une ration d'eau-de-vie.

Donnez des ordres pour l'exécution du présent ordre. NAPOLÉON.

Dépôt de la guerre.

877. — NÉCESSITÉ DE TENIR STETTIN, KUSTRIN APPROVISIONNÉS EN MUNITIONS DE GUERRE ET DE BOUCHE.

AU GÉNÉRAL CLARKE.

Osterode, 18 mars 1807.

Dans la campagne qui va s'ouvrir, il est impossible de calculer tous les événements qui auront lieu. Il est nécessaire que Stettin, Küstrin, Glogau, Magdeburg soient abondamment approvisionnés en munitions de guerre et de bouche, de manière à pouvoir soutenir un siége, ainsi que Hameln. Faites passer la lettre ci-jointe au commandant de Hameln. Correspondez avec lui afin de pouvoir m'instruire de la situation de cette place. Il faut à Magdeburg et Hameln de très-grands magasins de vivres. Il y a, je crois, à Magdeburg 3,000 hommes des troupes du grand-duc de Berg. On y placera le 18e provisoire. D'ailleurs, en cas d'événement, le maréchal Brune, qui a avec lui 8,000 hommes, se réunira autour de cette place ainsi que le maréchal Mortier. Comme les magasins de Breslau, Schweidnitz, Brieg, ont plus que n'en peut contenir Glogau, ils pourront en fournir sur Magdeburg. Envoyez de Wittenberg pour m'en rendre compte, afin que, si les événements prenaient une certaine direction, on

pût trouver là un point d'appui. Quant à Spandau,
je le suppose dans le meilleur état de défense. Soit
que l'ennemi fasse un très-grand débarquement à
l'embouchure, soit qu'il le fasse à Stralsund, s'il
avait de très-grandes forces, il serait possible qu'il
fût momentanément maître de Berlin. Frédéric
même n'a pas défendu sa capitale. Mais, dans le
premier cas, le maréchal Brune, dans le deuxième
cas, le maréchal Mortier, garniraient, le premier
Magdeburg et Hameln, le second les places de Stettin
et de Küstrin. Il faut donc que l'artillerie et les magasins soient prêts. Spandau sera toujours un point
occupé, mais il me paraît bien peu fort, si l'entreprise était sérieuse, pour vous conseiller de vous y
réfugier. Préféreriez-vous Stettin, Küstrin ou Magdeburg? Veillez sur l'approvisionnement et le parfait
armement des trois places en travaux d'artillerie et
du génie.

NAPOLÉON.

Archives de l'Empire.

878. — ORDRE POUR UNE MISSION : RAPPORTS A FAIRE SUR MARIENWERDER, MARIENBURG, ELBING ET TOLKEMIT.

AU GÉNÉRAL BERTRAND.

Osterode, 19 mars 1807.

Le général Bertrand se rendra à Marienwerder. Il y verra la tête de pont, et la Chambre de Marienwerder pour se plaindre qu'elle ne fournit pas assez de subsistances, et que c'est cependant à cette considération que je ne leur ai pas imposé de contributions. Il me fera un mémoire qui me fasse connaître les ressources en vivres, et sur ce qu'on a fourni et doit fournir dans toute la juridiction de Marienwerder ; un mémoire sur la tête de pont, qui me fasse connaître quand je puis espérer que le pont sera fini ; quelle est l'île qui est là ; si elle est susceptible d'être armée pour assurer la défense de la tête de pont ; si la mer la submerge et dans quelle saison, et le moyen à prendre pour réunir les deux ponts quand cette île sera submergée.

De là, il se rendra à Marienburg ; il me fera un second mémoire sur ce que Marienburg a fourni et doit fournir ; un mémoire sur la tête de pont de Marienburg et sur quoi je puis compter ; sur l'île de

Nogat, et quand je puis espérer que le pont de Dirschau sera fini.

De là, il se rendra à Elbing; il me fera un mémoire sur les subsistances, sur les chemins à Holland, à Marienburg et au Frische-Haff. Il se rendra aux bords du Frische-Haff : quand il sera dégelé et quand la navigation pourra avoir lieu; quelle espèce de tentative l'ennemi pourrait faire par le Frische-Haff; si nous pourrions, dès aujourd'hui, pénétrer par le Frische-Haff sur la langue de terre de Danzig à Kœnigsberg; quand les bateaux que nous avons, et pour lesquels j'ai destiné quarante marins de la Garde, seront armés, et s'il y a des canons pour cet objet.

Il se rendra à Tolkemit en côtoyant le Frische-Haff, et reconnaîtra bien toutes les embouchures de la Vistule dans le Frische-Haff, et toute cette côte jusqu'à Brandenburg et Braunsberg; quel est le fond qu'il y a depuis Tolkemit jusqu'à la langue de terre; y a-t-il là de la marée? On prétend qu'il y a un point, à basse marée, où il y a moins de quatre pieds d'eau quand le Frische-Haff sera navigable.

Il se rendra de là à Braunsberg, verra l'embouchure de la Passarge, la tête de pont qu'on a faite à Braunsberg, et viendra me joindre en toute diligence.

Avant de partir d'Elbing, il m'enverra un mémoire ainsi qu'avant de partir de Tolkemit.

Il aura soin, dans tous les mémoires relatifs aux subsistances, de me faire connaître le nombre des bestiaux, vaches, moutons et bœufs qu'on pourra tirer de Marienwerder et de l'île de Nogat.

NAPOLÉON.

Archives de l'Empire.

---

879. — ORDRE DE RAPPELER A L'ARMÉE LES CHIRURGIENS, MÉDECINS, ETC., QUI SONT SUR LES DERRIÈRES.

A M. DARU, A THORN.

Osterode, 20 mars 1807.

Monsieur Daru, je reçois votre lettre du 18 mars. Je ne partage en rien votre opinion. Il y a, me dites-vous, à Erfurt, 751 malades français formant cinq hôpitaux : ces 751 malades sont le reste de 3 ou 4,000; ils auraient pu être placés dans un hôpital ou deux, et alors il n'y aurait pas fallu des employés pour cinq hôpitaux. Secondement, ces malades auraient dû être laissés avec un seul médecin français et tous les autres médecins ou chirurgiens étrangers; d'autant plus que, dans ces 751 malades, il y a un grand nombre de Prussiens. D'ailleurs, c'est ma volonté. Faites rejoindre tous les médecins et chirurgiens français hormis un.

Faites rejoindre tous les employés qui peuvent être remplacés par des gens du pays. Je dis la même chose pour Würzburg, Bamberg, Iena, Naumburg, etc. Vous considérez la question d'une manière abstraite; mais, s'il faut prendre un parti dans les événements, il faut prendre le meilleur. Faut-il avoir à Erfurt 160 chirurgiens ou employés, ou vaut-il mieux les avoir à Eylau? Les hommes à Erfurt ne peuvent pas me servir comme ils le feraient à l'armée. J'ai perdu peut-être 200 hommes à Eylau, faute de chirurgiens et d'employés. Il y a longtemps que je fais la guerre. Exécutez mes ordres sans les discuter. Il ne doit se trouver aucun chirurgien ou employé ni à Erfurt, ni à Iena, Naumburg, Würzburg, etc. Vous ne citez d'ailleurs que ces endroits, mais il y en a vingt autres où toutes les administrations sont disséminées. Croyez-vous, par exemple, qu'à Magdeburg et Potsdam vous ne trouverez pas des chirurgiens prussiens? Ils seront enchantés de gagner de l'argent. Devant l'ennemi, je n'ai besoin que de Français, parce que je ne puis me fier qu'à eux. Je sais bien qu'à Berlin nos malades ne voulaient pas être traités par les médecins du pays; mais cette question oiseuse m'était indifférente alors; quand je suis à deux cents lieues de Berlin, elle devient ridicule.

Vous me dites qu'il faut un sous-employé pour 15 malades: mais ignorez-vous donc que je n'ai pas un sous-employé pour 3,000 malades, et pensez-vous que les commissaires d'Erfurt, Iena, Naumburg, etc., aient plus de peine à trouver des employés ou des femmes que ce pauvre M. Lombart et les commissaires du quartier général? M. Percy a fait continuellement le métier d'infirmier. Votre raisonnement est faux : il y a trois mois que je vous le dis; vous persistez dans votre opinion.

On peut, dites-vous, retirer un ou deux employés d'Erfurt; mon intention est qu'on les retire tous, et qu'il n'y ait pas un seul employé au delà de l'Elbe, hormis les commissaires des guerres; bien entendu qu'il ne faut pas les retirer ou les faire partir du soir au matin, mais d'abord une partie, que vous ferez remplacer par les gens du pays, et ensuite une autre.

Que m'importe la distinction que vous faites entre les chirurgiens commissionnés par le ministre, ou l'intendant, ou les officiers en chef? c'est une vétille. Le fait est que je manque de tout et que les derrières absorbent tout. Six chirurgiens commissionnés, onze non commissionnés, qui sont à Erfurt, me seraient plus utiles sur la Vistule. 30 Prussiens peuvent y rester.

Il est absurde de laisser des boulangers à Wittenberg, lorsqu'ici je ne puis cuire que dans huit fours, faute de boulangers; même chose dans les

autres places. Manque-t-il de femmes, et que font
là tous ces boulangers? Ou bien avez-vous pensé
que, comme dans les guerres de Perse, les boulangers prussiens pouvaient empoisonner le pain?

Qu'ai-je besoin d'employés de fourrages à Wittenberg ou à Halle, où la route ne passe plus? Les
employés pour la viande de même : les gens du
pays peuvent les suppléer. Les Français sur les derrières sont inutiles.

Votre lettre du 18, d'ailleurs, ne comprend pas
tous les employés que j'ai sur les derrières. Réitérez vos ordres. Si je faisais tous les raisonnements
que vous faites, je n'aurais pas 6,000 hommes à
l'armée; et si j'entrais dans les raisonnements de
chaque gouverneur ou commandant de place, mon
armée ne suffirait pas pour garder le pays. C'est
ainsi qu'en temps de paix j'ai vu l'armée pas assez
nombreuse pour faire le service dans toutes les
places.

Croyez-vous, par exemple, que le général Clarke
n'ait pas besoin de 600 hommes pour la garnison
de Berlin ; le gouverneur de Magdeburg, de même ?
Ne faites donc pas la question : tel employé est-il
utile là? mais plutôt : est-il plus utile là qu'au quartier général ? Tout cela est vieux pour qui a l'expérience de la guerre. Je n'aurai rien à dire, au contraire, si vous me dites que j'ai assez d'employés à
l'armée : alors je consentirai qu'il y en ait sur les

derrières, où ils serviront mieux que les étrangers ; mais vous ne prétendez pas que j'aie assez d'employés.

L'armée et l'administration sont placées en sens inverse. L'armée est toute en deçà de la Vistule, les administrations toutes au delà.

D'ailleurs, quand ce que je dis là ne conviendrait à personne, c'est ma volonté, que je vous ai déja manifestée à Varsovie, à la fin de décembre, surtout pour les chirurgiens, boulangers et infirmiers.

NAPOLÉON.

Comm. par M. le comte Daru.
(En minute aux Arch. de l'Emp.)

---

880. — ORDRE DE FAIRE REJOINDRE TOUS LES PETITS DÉTACHEMENTS MAINTENUS EN ARRIÈRE.

AU GÉNÉRAL CLARKE.

Osterode, 20 mars 1807.

Vous savez le proverbe : les ruisseaux font les fleuves, et les sous les millions. Les petits détachements que tous les commandants de places gardent affaiblissent la Grande Armée. Faites que tout rejoigne. Que signifie en effet qu'un commandant de place ait ou n'ait pas 8 ou 10 hommes à pied ? Mais cela, multiplié mille fois, me donne 8 ou 10,000 hommes sur le champ de bataille de moins dans un jour d'affaire. Écrivez à Prenzlow et dans tous les arrondissements ; scrutez vous-même l'état de la situation, et qu'il ne reste personne.

Dans les circonstances imprévues, quand vous devez garder des détachements de cavalerie pour réprimer les abus sur les derrières, vous devez garder des détachements de dragons. Renvoyez-moi les cuirassiers et carabiniers surtout, car ceux-là décident d'une bataille. Après les détachements de hussards et de chasseurs, ceux dont je puis le plus me passer, ce sont les détachements de dragons.

NAPOLÉON.

Archives de l'Empire.

---

881. — ORDRE EN PRÉVISION D'UN MOUVEMENT SUR LA RIVE GAUCHE DE LA VISTULE.

A M. DARU.

Osterode, 22 mars 1807.

Monsieur Daru, le pays où nous sommes ne pourra pas nous nourrir longtemps. Il faut prévoir le cas où il serait possible que, les ponts de Marienburg et de Marienwerder étant bien établis, et les têtes de pont de ces deux points, ainsi que celle de

Sierock, bien assurées et bien armées, je sois contraint de mener mon armée sur la rive gauche de la Vistule, pour couvrir le siége de Danzig : alors les principales forces seraient sur Dirschau, Mewe, Neuenburg, Schwetz, Bromberg, Thorn, Wloclawek. Vous avez à Thorn des magasins et des manutentions; vous en avez à Bromberg. Je vous ai donné l'ordre de faire faire des fours à Mewe et d'y établir des magasins; faites également construire des fours à Schwetz et à Neuenburg. J'imagine qu'il y en a également à Fordon. Il faudrait à Mewe 6 fours, 2 ou 3,000 quintaux de blé, que l'on peut faire venir d'Elbing, et 2,000 quintaux de farine, que vous pouvez y envoyer. Indépendamment de cette combinaison de reporter mon armée sur la rive gauche, il serait possible qu'agissant par ma parole je dirigeasse l'armée par le pont de Marienwerder, et alors les convois de Thorn recevraient l'ordre de passer par Mewe. Je regarde donc Mewe comme un point extrêmement important. Il vous est facile d'y diriger des farines par la Vistule; prenez-vous-y d'avance, afin que nous n'éprouvions pas d'embarras. Faites-moi faire un mémoire sur tout le pays de cette rive gauche depuis Dirschau jusqu'à Thorn, qui me fasse connaître ses ressources à cinq ou six lieues de profondeur, sous le point de vue des vivres et des fourrages. Faites-moi également un mémoire sur cette question : Si mon armée passait sur la rive gauche, un corps d'armée à Mewe, un autre à Neuenburg, un autre à Schwetz, un autre à Bromberg, un à Thorn, comment vivrait-elle? Comment serait-elle cantonnée? Aurait-elle des villages à droite et à gauche, à six lieues de profondeur, pour s'y établir?

Je ne sais si le canal est enfin navigable. Faites évacuer tous les blessés sur Nackel et déblayer Thorn le plus possible, pour qu'on puisse y envoyer les blessés s'il y avait une bataille. Je pense qu'un hôpital à Mewe serait bien placé. Faites-moi connaître le jour où les boulangeries et magasins de Mewe, de Neuenburg et de Schwetz seront fournis, et combien de rations on pourra y cuire. Vous sentez que, dans tout état de choses, cette lettre ne doit jamais être connue que de vous.

NAPOLÉON.

Comm. par M. le comte Daru.
(En minute aux Arch. de l'Emp.)

---

882. — DISPOSITIONS DIVERSES EN CONSÉQUENCE DU TRANSPORT DU QUARTIER GÉNÉRAL D'OSTERODE A FINKENSTEIN.

AU MARÉCHAL BERTHIER.

Osterode, 23 mars 1807.

Le pont de Marienburg et celui de Marienwerder

étant établis, mon intention est de porter mon quartier général à Finkenstein. Vous voudrez bien, en conséquence, ordonner que l'on reconnaisse sur-le-champ la route de Saalfeld et Finkenstein à Thorn, par Freistadt, Rehden et Culmsee. Comme cette route n'a pas plus de vingt-cinq ou trente lieues, elle est plus courte que celle de Thorn à Osterode; il faut l'organiser par journées d'étapes ; ce sera la route de communication avec le quartier général.

Proposez-moi les changements que cela doit opérer dans la route de Varsovie au quartier général ; puisqu'elle ne devra plus passer par Osterode, cela la rapproche de la Vistule.

Ma Garde et le corps d'Oudinot seront cantonnés aux environs de mon quartier général, savoir : à Riesenburg, Freistad, Christburg, Deutsch-Eylau.

Le maréchal Davout s'étendrait dans tous les cantonnements de la Garde, et porterait son quartier général à Osterode. Le maréchal Soult cessera de rien tirer de Marienwerder.

La division Nansouty sera cantonnée, la droite à Christburg et la gauche à Elbing. Elle fera son mouvement demain. Tous les convois qui, de Thorn, se dirigent sur Osterode, se dirigeront sur Finkenstein.

Les convois par eau, qui sont à Thorn, 200,000 rations de biscuit, 3,000 quintaux de farine et 100,000 rations d'eau-de-vie, seront dirigés par eau sur Marienwerder, d'où ils ne seront qu'à dix lieues du quartier général. Marienwerder deviendrait le véritable point d'appui de l'armée.

La manutention d'Osterode continuera à avoir lieu pour aider à nourrir les 3ᵉ et 6ᵉ corps, et même le 4ᵉ. On fera partir demain tous les constructeurs qui sont à Osterode, un commissaire des guerres, un garde-magasin, pour établir à Finkenstein des fours et des magasins dans l'église ; s'il n'y a pas d'église et qu'il soit impossible d'avoir des magasins, on les établira à Riesenburg.

Le maréchal Bessières enverra aujourd'hui son chef d'état-major pour reconnaître les emplacements de la Garde à Riesenburg, Rosenberg, Christburg, Freistadt, etc. La droite à Deutsch-Eylau.

Des ingénieurs géographes iront lever le terrain depuis Deutsch-Eylau, Saalfeld jusqu'à Marienburg et Elbing. Des ingénieurs militaires partiront aujourd'hui pour reconnaître tous les environs et reconnaître une position militaire qui appuierait la droite au lac de Saalfeld et à Deutsch-Eylau et la gauche à Elbing.

Mon petit quartier général se rendra demain au château de Finkenstein, pour y préparer mon quartier général et marquer les logements.

On distinguera dans les magasins d'Osterode ce qui appartient à l'armée et à la Garde. Les quatre fours qui avaient été donnés à la Garde seront donnés au 3ᵉ corps. Le reste continuera à appartenir à l'armée. Les boulangeries, soit de la Garde, soit de l'armée, continueront à cuire à Osterode, jusqu'à ce que les fours et magasins soient établis à Finkenstein. On donnera l'ordre à Elbing d'envoyer sur-le-champ au magasin de Finkenstein 3,000 quintaux de farines, de l'eau-de-vie, du vin et de la bière.

Tout ce qui existe à Mohrungen en magasin et les fours qui auraient été construits seront remis au 4ᵉ corps. On fera construire six fours à Marien-werder.

Aussitôt que la reconnaissance de la rive gauche de la Vistule sera revenue, vous me proposerez une route pour mes courriers et pour les troupes de Marienwerder à Stettin.

NAPOLÉON.

L'épôt de la guerre.
(En minute aux Arch. de l'Emp.)

---

883. — URGENCE DE PRENDRE DES MESURES POUR MONTER LES HOMMES A PIED DANS LES DÉPOTS DE CAVALERIE.

AU GÉNÉRAL DEJEAN

Osterode, 25 mars 1807.

Monsieur Dejean, il me vient des plaintes de presque tous les régiments de cavalerie. Ils disent qu'ils ont beaucoup d'hommes aux dépôts, qu'il leur en arrive tous les jours, mais qu'ils n'ont point de chevaux pour les exercer; de sorte que les recrues perdent un temps précieux, et que je n'ai aucune espèce de secours à en espérer.

Je vois, par l'état du 4 mars, que la grosse cavalerie a 2,600 chevaux à recevoir par les marchés qui ont été passés, et 230 par les officiers en remonte. Mais il n'est passé aucun marché pour les 722 qui restent à fournir pour le complet; et il ne faut pas vous abuser, même ces 722 chevaux fournis, cela ne formera pas 14,000 chevaux de grosse cavalerie, parce que les pertes sont très-considérables. Je viens de faire des levées en Silésie pour remplacer les chevaux que j'avais perdus dans la campagne. Ce que vous devez prendre surtout pour guide, ce sont moins les bases qui ont servi à la confection de l'état que la situation des dépôts. Ainsi, par exemple, il y a dans le dépôt de tel régiment 300 recrues; il faut donc 300 chevaux; il faut donc que vous les lui procuriez sans délai. Apprenez-moi, par le prochain courrier, que les marchés pour les 722 chevaux qui manquent sont passés, et qu'ils pourront être aux corps dans le courant d'avril; et, outre cela, autorisez les dépôts qui ont beaucoup d'hommes à pied à acheter des chevaux en suffisance pour les monter tous. J'ai de l'argent, j'ai des hommes. Vous sentez combien

24.

je perds à nourrir tous ces hommes dans les dépôts de cavalerie, s'ils n'ont point de chevaux. Pour les dragons, je vois qu'il leur faut 2,400 chevaux, selon les demandes de votre état; mais il y en a 4,300 qui leur ont été fournis par le dépôt de Potsdam et qui couvrent à peine les pertes qu'ils ont faites.

Il faut d'abord que ces marchés soient passés sans délai, et ensuite accorder à chaque corps l'autorisation d'acheter autant de chevaux qu'il a d'hommes à pied au dépôt, en spécifiant la quantité, et lui faire fournir des fonds. Peu importe, en dernière analyse; à la fin de la guerre, cela se compensera avec les pertes. Si vous attendez le procès-verbal des pertes, vous n'aurez pas monté un homme de six mois. Le temps de guerre n'est pas un temps de paix. Tout retard est funeste en temps de guerre. Il faut de l'ordre, sans doute; mais il faut que l'ordre soit d'une nature différente qu'en temps de paix. En temps de paix, l'ordre consiste à ne rien donner qu'avec les formalités voulues; en temps de guerre, l'ordre consiste à donner beaucoup sans aucune formalité, mais sur des états qui puissent servir à régulariser. Il arrive qu'un régiment a 300 hommes à pied à son dépôt et seulement 12 ou 15 chevaux; il faut faire une enquête, mais commencer d'abord par lui donner 300 chevaux, 300 selles, 300 brides, afin que ce régiment me fournisse 300 hommes devant l'ennemi. Comme

vous suivez la méthode qu'on suit en temps de paix,
tout mon service éprouve de la lenteur. L'économie
aujourd'hui consiste à donner. Un conscrit à pied,
à un dépôt de cavalerie, me ruine et ne me sert à
rien. Présentez-moi sans délai, 1° la situation des
hommes de tous les dépôts de cavalerie au
15 mars; 2° l'état des chevaux existant aux dépôts
ou devant y arriver par des marchés conclus;
3° l'état des chevaux pour lesquels vous autorisez
des marchés, en conséquence de votre état général
et du complet de 996; enfin, dans une colonne
supplémentaire, ce qu'il faut pour que les hommes
des dépôts présents au 15 mars, plus les conscrits que les dépôts vont recevoir de la réserve de
1807, soient tous montés. Donnez plutôt 100 chevaux de plus que de moins, 100 selles de plus que
de moins, un million de plus que de moins. Qui
est-ce qui pourrait bien établir aujourd'hui la situation de ma sellerie, toute ruinée par trois campagnes? Faites des marchés, je fournirai l'argent nécessaire. Qu'en avril mes dépôts soient remplis de
chevaux. L'Allemagne peut à peine suffire à ma
consommation. Il me faut 4,000 chevaux pour
réparer mes pertes. Je les cherche en Allemagne;
je les aurai à peine trouvés qu'il m'en faudra
4,000 autres. Le même raisonnement s'applique
aux chasseurs. Le 10° de hussards a 300 hommes à
son dépôt et n'a que 16 chevaux; les 160 qui sont

portés à la colonne d'achat sont déjà en Allemagne ; il n'a rien à espérer des marchés passés, des officiers en remonte ; il n'est porté dans les états, comme lui revenant, que 119 chevaux. Il y a huit jours, il n'y avait point d'ordre pour acheter ces 119 chevaux ; cependant il y a bien du temps que j'ai donné des ordres à ce sujet. Ainsi donc, prenant ce régiment pour **exemple** (je le cite parce que j'ai beaucoup causé avec le major, qui vient de France), il faut lui donner l'argent nécessaire pour acheter ces 119 chevaux, et ensuite 200 autres que vous porterez dans une colonne à part sur les états, pour pertes dont il justifiera, et par là ses 300 hommes du dépôt seront montés.

Pénétrez-vous bien de l'importance de cela et du mal que ferait une économie mal entendue ou une rigidité hors de saison. On sera toujours à temps de régulariser. Donnez de l'argent aux dépôts de cavalerie pour qu'ils achètent des chevaux, pour qu'ils confectionnent ; voilà le bien, voilà l'économie. Cet objet est si important que j'ai jugé devoir prendre un décret ; occupez-vous-en ; c'est le plus important de tous. Les équipements, les habillements qui viennent de France valent mieux que tout ce qu'on peut faire en Allemagne. D'ailleurs c'est de l'argent qui reste dans le pays. Ce que je dis pour la Grande Armée s'applique aux régiments qui sont en Italie, où je n'ai laissé que la moitié de ce qui devait y être, parce je que croyais avoir doublé la remonte des régiments.

NAPOLÉON.

Dépôt de la guerre.
(En minute aux Arch. de l'Emp.)

---

884. — INTENTION DE PORTER AU COMPLET TOUS LES CORPS DE L'ARMÉE D'ITALIE.

AU GÉNÉRAL LACUÉE.

Osterode, 25 mars 1807.

J'écris fort en détail au vice-roi pour lui faire connaître mes intentions sur mon armée d'Italie. Correspondez avec lui et occupez-vous de compléter les corps à quatre bataillons. J'ai là le 11ᵉ, le 35ᵉ, le 92ᵉ, le 79ᵉ, le 23ᵉ, le 56ᵉ, le 93ᵉ, le 5ᵉ, le 62ᵉ, le 20ᵉ qui sont à quatre bataillons, et qui sont susceptibles de recevoir encore un grand nombre de conscrits. Depuis six mois j'augmente progressivement mon armée d'Italie, et je veux l'augmenter encore, afin d'avoir en campagne autant de troupes que les cadres peuvent en contenir. Vous sentez que c'est là ma plus grande sauvegarde contre l'Autriche, qui aurait besoin d'une grande armée contre mon armée d'Italie et Dalmatie, et qui s'attirerait sur les bras une guerre sérieuse que la pénurie de ses finances et le vide de ses arsenaux ne lui permettent pas d'entreprendre. Mes armées d'Italie et de Dalmatie réunies forment déjà une très-belle armée, mais je continue à y porter une attention suivie. Quoique j'aie sous la main les éléments de ce travail, pour ne point me fatiguer d'un travail inutile, j'attendrai les états que je vous ai demandés pour savoir si nous devons encore envoyer des conscrits à cette armée. Le complet, tel que je l'entends, est à 140 hommes par compagnie ; c'est là le maximum de ce qui peut entrer raisonnablement dans un cadre, ce qui forme 1,260 hommes pour l'effectif et ne fait guère que 1,050 hommes présents sous les armes, qui, en quelques mois de campagne, se réduisent à 900, ce qui est encore une force raisonnable.

NAPOLÉON.

Archives de l'Empire.

---

885. — DISPOSITIONS ARRÊTÉES POUR ASSURER D'UNE MANIÈRE RÉGULIÈRE LA SUBSISTANCE DE L'ARMÉE.

A M. DARU.

Osterode, 26 mars 1807.

Monsieur Daru, l'armée commence à vivre d'une

manière régulière. Voici les dispositions que j'ai
arrêtées :

Les 1er, 3e, 4e et 6e corps ont des fours et des magasins, et se nourrissent aussi des ressources qu'ils
peuvent se procurer dans les localités. Mais ces ressources deviennent tous les jours moins considérables; il faut donc alimenter leurs fours par les
magasins principaux de l'armée. Les magasins principaux de l'armée sont de plusieurs lignes : *Première
ligne,* Osterode, Finkenstein, Elbing et Przasnysz.
Deuxième ligne, Marienwerder et Pultusk. *Troisième
ligne,* Varsovie, Thorn, Bromberg et Mewe. Mon
intention est qu'il y ait constamment à Osterode
200,000 rations de pain biscuité, 140,000 rations
de biscuit, 3,000 quintaux de farine, 1,600 quintaux de blé, 300,000 rations d'eau-de-vie. Le biscuit sera bientôt complet, l'eau-de-vie l'est déjà ; le
pain l'est aussi. Il ne s'agit plus que de faire face à
ce que le magasin d'Osterode doit fournir tous les
jours. Il faut qu'il fournisse au passage, ce qu'il faut
évaluer à 2,000 rations par jour; au 3e corps, ce qui
est évalué à 14,000 rations de pain et 140 quintaux
de farine; au 6e corps, 8,000 rations de pain et
80 quintaux de farine; au 4e corps, 10,000 rations
de pain et 80 quintaux de farine; total 34,000 rations de pain, c'est à peu près à quoi se monte la
fabrication de la manutention, ce qui fait une consommation de 300 quintaux de farine, qui, joints

aux 300 quintaux qui sont envoyés aux corps, font 600 quintaux par jour, que consomme le magasin d'Osterode. Les moutures lui en procurent 60 quintaux; il peut aussi fournir au 3° corps 60 quintaux de blé au lieu de farine. C'est donc à peu près 500 quintaux de farine qu'il faut au magasin d'Osterode, et, vu les accidents de la route, il faudrait que Thorn et Bromberg pussent fournir, tous les jours, un convoi de 300 quintaux, et Varsovie un pareil convoi. Le blé serait fourni par Elbing.

On peut calculer la consommation de l'eau-de-vie à 1,600 pintes d'eau-de-vie par jour. Il faudrait que Varsovie et Thorn en fournissent chacun la moitié par jour. Elbing fournit aux 1er et 4° corps.

On se procurera une réserve de 100,000 rations de pain biscuité dans cette ville. Ce magasin servira à former celui de Finkenstein, et la ville pourra envoyer du blé à celui de Mewe. Les 300,000 rations de biscuit nécessaires au magasin de Finkenstein ne pourront être fournies que par Thorn et Varsovie, ainsi que les 3,000 quintaux de farine.

Il faut donc envoyer de Varsovie 3,000 quintaux de farine sur Marienwerder, et 300,000 rations de biscuit; de Thorn et de Bromberg, 2,000 quintaux de farine sur Marienwerder, et 300,000 autres rations de biscuit; de Thorn et de Bromberg, 3,000 quintaux de farine sur Mewe. Elbing fournirait successivement 3,000 quintaux de farine sur Finkenstein.

Pendant les quinze premiers jours, Thorn dirigera par jour sur Finkenstein 30,000 rations de pain et 150 quintaux de farine. Le magasin de Finkenstein, indépendamment du temps qu'il lui faut pour confectionner ces 200,000 rations de pain, devra tous les jours fournir 15,000 rations à la Garde et au quartier général, et autant au 4ᵉ corps. Mais il peut tous les jours tirer 10,000 rations de pain de Marienwerder ; avec les 16,000 qu'on y fabrique et les 10,000 qu'il tirera de Mewe, on pourra concevoir l'espoir qu'il s'approvisionne promptement.

On peut ainsi, de Varsovie, diriger 60,000 rations de pain biscuité sur Marienwerder. De là à Finkenstein il n'y a que douze lieues, ce qui formera une grande diminution de transport.

Quant à la manière d'approvisionner les magasins centraux de Varsovie, de Thorn et de Bromberg, c'est une question inutile à traiter ici et dont s'est occupé l'intendant général.

La manutention de Finkenstein ne sera pas en activité avant le 4 ou le 5 avril ; cependant les besoins vont commencer le 30. Vous ne sauriez donc trop accélérer les transports par eau sur Marienwerder, et par terre sur Finkenstein.

NAPOLÉON.

Comm. par M. le comte Daru.
(En minute aux Arch. de l'Emp.)

886.— ORDRES POUR LES DÉPOTS ET LA CONSTRUCTION D'UNE TÊTE DE PONT A MARIENWERDER.

AU GÉNÉRAL BERTRAND.

Osterode, 28 mars 1807.

J'ai reçu votre lettre du 26. Vous me dites qu'on a pris 2,000 chevaux dans l'île de Nogat ; les régiments de cavalerie en ont-ils profité, ou bien les trains d'artillerie, ou les équipages?

Faites-moi connaître l'état de situation des dépôts qui se trouvent à Marienburg, Marienwerder et dans l'île de Nogat.

J'avais ordonné que 5 à 600 chevaux hors de service fussent placés dans l'île de Nogat. Envoyez-y un officier qui vous rendra compte si cette mesure a été exécutée.

Le pont de Marienwerder étant jeté, je suis décidé à garder ce point ; mais je veux y construire une place comme à Praga, c'est-à-dire qui ait 3 à 400 toises de développement et des revêtements en bois, de manière que, l'armée sur la rive gauche, cette tète me conserve le pont et un passage sur la rive droite. J'ai écrit là-dessus au général Chasseloup. Voyez le général Cazals, qui doit se trouver près de vous, pour qu'il trace sur-le-champ cette tête de pont.

Celle qu'on projetait ne signifiait rien, puisqu'elle ne gardait pas le pont.

J'ai lu avec plaisir les détails que vous m'avez donnés sur Marienburg. Il faut qu'on y travaille avec activité. Il paraît que sur ce point le travail est aux trois quarts fait.

Les alléges que le commandant de la marine a choisies sont-elles maniables? vont-elles à la rame? car la marche est la plus grande affaire pour la marine. Songis a donné des ordres pour que des pièces en bronze soient envoyées. Veillez à ce que l'on travaille aux affûts.

Tâchez d'avoir des plans des environs d'Elbing et de l'île de Nogat; l'ingénieur d'Elbing doit en avoir.

Raisonnez un peu dans cette hypothèse : Si je passe la Vistule ayant une tête de pont à Marienwerder et à Marienburg, par où l'ennemi pourrait-il passer pour faire lever le siége de Danzig? Je suppose que j'abandonne Elbing à l'ennemi : pourrai-je me porter sur la rive gauche de la Nogat pour l'empêcher de jeter là un pont? Raisonnez dans cette autre hypothèse : Y a-t-il une ligne qui couvre Elbing, passe derrière le Draussen-See et arrive jusqu'à Saalfeld?

Envoyez-moi l'état de situation de tous les régiments de cavalerie qui sont à Elbing. Il doit y en avoir plus que vous n'en portez, savoir :

Brigade Durosnel, le 7ᵉ, le 20ᵉ et le 22ᵉ chasseurs ;

Division Lasalle, les 5ᵉ, 7ᵉ; 1ᵉʳ de hussards et le 13ᵉ de chasseurs, le 11ᵉ de chasseurs et le régiment du prince royal de Bavière.

Cela fait 9 régiments.

Outre ces 9 régiments de cavalerie légère, il doit y avoir 3 régiments de dragons de Klein : total, 12 régiments.

Au fur et à mesure que les circonstances vous en offriront l'occasion, causez avec les colonels sur la situation de leurs régiments. Combien ont-ils de chevaux, de selles, d'hommes présents? Combien ont-ils trouvé de chevaux dans l'île de Nogat? Les dépôts les ont-ils rejoints? Où sont leurs détachements?

Donnez-moi sur tout cela des renseignements exacts.

SUBSISTANCES. J'ai ordonné que 3,000 quintaux de blé fussent dirigés d'Elbing sur Marienwerder, 3,000 sur Mewe, 3,000 sur Neuburg et 3,000 sur Osterode.

J'ai ordonné que de la même ville d'Elbing on dirigeât 3,000 quintaux de farine sur Mewe, autant sur Marienwerder, autant sur Neuburg, autant sur Finkenstein, et cela indépendamment de ce qu'Elbing doit fournir journellement aux 4ᵉ et 6ᵉ corps.

Quelle est la situation des magasins de farine, de blé, d'eau-de-vie et d'avoine à Elbing?

Quels sont les moyens que les régiments de cavalerie trouvent à Elbing pour réparer leur harnachement et leur ferrage?

Je ne vois point d'inconvénient à établir aussi un hôpital à Elbing.

Écrivez au général Vedel qu'il doit faire des rapports plus fréquents et plus détaillés sur les dépôts de l'île de Nogat.

Je porterai probablement après-demain mon quartier général au château de Finkenstein, où je fais construire des fours.

Éclaircissez vos idées sur la manière dont Elbing se lie à Holland. On m'assure qu'il y a des marais qui ne permettent qu'un seul passage entre ces deux villes.

Si l'ingénieur d'Elbing connaît bien tout le terrain, vous ferez bien de l'amener avec vous au quartier général. Vous savez combien les Prussiens sont intéressés; gagnez-le avec quelque argent. C'est par ce moyen que vous aurez son secret et ses plans. Donnez-lui cent louis; avec cette clef d'or vous ouvrirez tous ses portefeuilles et détruirez tous ses scrupules.

NAPOLÉON.

Archives de l'Empire.

887. — ORDRE D'ENVOYER DEUX DIVISIONS A AUGS-BOURG ; RECOMMANDATIONS A CE SUJET.

AU PRINCE EUGÈNE.

Osterode, 31 mars 1807.

Mon Fils, vous recevrez les ordres du major général, qui vous expédie un courrier pour vous faire connaître que mon intention est que, du 25 au 30 avril, les divisions de Brescia et de Vérone soient rendues à Augsbourg. Les 3⁰⁰ bataillons enverront de suite de forts détachements pour compléter ces 15 bataillons, de sorte qu'à Augsbourg ils aient un présent sous les armes de 16,000 hommes et un effectif de 17 à 18,000 hommes, à raison de 140 hommes par compagnie.

J'ai ordonné que le 93⁰ n'eût que deux bataillons, que tous les hommes disponibles du 3⁰ bataillon fussent versés dans les premiers, et que les cadres du 3⁰ allassent joindre le 4⁰ pour attendre l'arrivée des conscrits.

Sur la levée que je fais de 80,000 conscrits, j'en destine 23,000 à l'Italie pour réparer ses pertes et porter les dépôts de Naples, les 3⁰⁰ et 4⁰⁰ bataillons de la division Duhesme, les dépôts du Frioul, etc., à leur grand complet. Ces dispositions doivent être secrètes.

Immédiatement après que vous aurez reçu le

courrier du major général, vous aurez donné tous
vos ordres : vous aurez fait prendre pour quatre
jours de pain aux troupes des deux divisions ; vous
les aurez mises en marche, par la Rocca d'Anfo et
Ala, sur Inspruck ; vous aurez fait partir un commissaire des guerres pour préparer les logements
et le pain ; vous aurez fait payer à ces troupes un
mois de solde d'avance, afin qu'à leur passage en
Tyrol elles versent de l'argent et n'y manquent de
rien ; vous aurez fait atteler à Vérone vingt-quatre
pièces de canon pour le service de ces deux divisions ; à chacune de ces deux divisions vous aurez
attaché un commissaire des guerres ; pour servir les
pièces d'artillerie, vous aurez désigné les compagnies du même régiment, complétées à 120 hommes ; vous y aurez attaché également une compagnie d'artillerie à cheval ; vous aurez donné à chaque
division dix caissons d'infanterie bien approvisionnés, ce qui fera 160,000 cartouches à chacune ;
vous leur aurez donné des officiers du génie et une
compagnie de sapeurs, avec un millier d'outils ;
vous aurez donné à chaque division une ambulance
de chirurgie, avec six caissons pour porter tous les
objets d'ambulance ; enfin vous aurez tenu la main
à ce que chaque régiment ait avec lui les trois
quarts de ses chirurgiens, et à ce que chaque soldat ait deux paires de souliers dans le sac et une
paire aux pieds.

Les généraux, les adjudants généraux, les états-majors doivent marcher comme si les deux divisions devaient entrer en campagne à Augsbourg. Vous aurez soin de faire partir avec les divisions, ou de faire rejoindre, si elles étaient déjà parties, 5 à 600 hommes de cavalerie, que vous prendrez parmi les neuf dépôts de cuirassiers et chasseurs dont les régiments sont à la Grande Armée et les dépôts en Italie.

Enfin vous aurez soin qu'on ne connaisse pas en route la situation des troupes qui passent. Vous ferez exagérer leur force sur leur passage, et vous ferez connaître qu'elles vont rejoindre la Grande Armée.

Huit jours après que les corps seront partis et qu'il ne sera plus possible de dissimuler, vous ferez mettre dans les gazettes que 15 régiments d'infanterie de ligne sont partis pour la Grande Armée, et vont être remplacés par 15 autres venant de France et dont la tête passe déjà les Alpes.

Vous aurez soin que les chevaux soient bien attelés, qu'il y ait un charretier pour deux chevaux; et, comme il sera possible d'avoir des chevaux en route, vous ferez bien de faire partir quelques soldats du train en sus. Vous destinerez à ce service le même bataillon du train.

Si mes dépôts des neuf régiments ne peuvent pas fournir ces 600 hommes, dont vous feriez un régiment de cavalerie provisoire, vous ferez partir les dragons italiens et les mettrez sous les ordres du général Boudet.

Je vous recommande que ces deux divisions soient parfaitement soignées et ne manquent de rien.

Je laisse intact le corps du Frioul. Vous placerez à Vérone la division qui est à Bassano ; vous y appellerez, comme je vous l'ai déjà mandé, les 3ᵉˢ bataillons du corps du Frioul. Les conscrits qui vous arrivent, ceux qui vous arriveront, vous mettront bientôt à même de recomposer les divisions de Bassano et de Brescia, et de les composer chacune du même nombre de bataillons qu'elles avaient ; cela ne pourra avoir lieu que dans le courant de l'été. Je vous avais mandé de faire partir pour Naples 15 ou 1,800 hommes : vous pouvez vous dispenser de faire cet envoi, afin d'appeler à la division de Vérone un plus grand nombre de conscrits. A mesure qu'ils arriveront, appelez à votre camp de Vérone des bataillons des dépôts de Naples, composés de six compagnies, en laissant trois compagnies au dépôt.

Tout me porte à penser que l'Autriche veut rester tranquille ; toutefois, ce qu'il y a à faire aujourd'hui, c'est de pousser à force les travaux de Palmanova, Osoppo et autres places fortes.

Enfin vous placerez au camp de Vérone le 1ᵉʳ

25.

d'infanterie légère et le 42ᵉ. Je ne tarderai pas à y faire venir le 112ᵉ. Ces trois régiments pourront faire une division. J'attendrai les idées que vous-même me donnerez là-dessus pour arrêter les miennes définitivement.

Portez la plus grande attention à remonter les dragons ; si le roi de Naples a envoyé un régiment de dragons napolitains, dirigez-le sur-le-champ sur Augsbourg.

Les choses vont ici fort bien ; le renfort que j'appelle ne m'est pas indispensable, mais j'ai cru utile d'avoir un corps d'observation qui se trouvât en seconde ligne avec le corps que le maréchal Brune commande à Hambourg et celui que le maréchal Mortier tient devant Stralsund.

Vous recevrez par le *Moniteur* mon message au Sénat, et vous y verrez que je viens de former 30 nouveaux bataillons, qui pourront se porter partout où il sera nécessaire. D'ailleurs, il est probable qu'avant deux mois de grands coups se donneront, qui décideront de la guerre.

Envoyez-moi, par un officier d'état-major, l'état de situation des troupes que vous m'envoyez, comprenant l'artillerie, l'infanterie, la cavalerie, leur armement, habillement, équipement. Dans le cas, qu'il faut prévoir, où les routes seraient empestées par des partisans ou des brigands, il faut que vos officiers ou courriers cachent toujours leurs dépêches en les cousant entre les semelles de leurs bottes.

Je garderai ici une quinzaine de jours votre aide de camp d'Anthouard.

La division italienne fait le siége de Kolberg, elle est un peu pillarde ; mais, du reste, je suis assez content d'elle, et l'on m'en fait d'assez bons rapports.

Pour commander les divisions de Vérone, il me semble que vous avez les généraux Duhesme et Clauzel. Toutefois je ne tarderai pas à vous envoyer un bon général de division.

Comme il serait possible que le courrier du major général tardât à vous arriver ou se perdît, je prends le parti de vous envoyer un duplicata de l'ordre que j'ai donné au major général, et qu'il vous a transmis par ce courrier. Si ce duplicata vous parvient avant l'ordre, vous exécuterez ce qu'il prescrit.

NAPOLÉON.

Comm. par S. A. I. Mᵐᵉ la duchesse de Leuchtenberg.
(En minute aux Arch. de l'Emp.)

888. — INSUFFISANCE DE L'APPROVISIONNEMENT DE L'ARTILLERIE DE GRAUDENZ.

AU GÉNÉRAL SONGIS.

Finkenstein, 1er avril 1807.

Envoyez de l'argent au commandant de l'artillerie devant Danzig. Les pièces venues de Graudenz ne sont approvisionnées qu'à 150 coups ; vous savez que c'est comme s'il n'y avait rien.

NAPOLÉON.

Archives de l'Empire.

---

889. — ORDRES POUR L'ÉTABLISSEMENT DE FOURS ET POUR LES APPROVISIONNEMENTS.

A M. DARU.

Finkenstein, 2 avril 1807.

J'ai donné l'ordre au major général de faire établir 9 fours à Riesenburg, 3 à Finkenstein, 9 à Marienwerder, et, comme cela a déjà été annoncé, 6 à Mewe et 6 à Neuenburg.

J'avais ordonné que tous les convois de biscuit qui arriveraient à Osterode, lorsque ce qui est en

magasin passerait 150,000 rations, fussent envoyés
ici. Il y en a dans ce moment 180,000 rations ; mais,
comme il me faut faire mon mouvement, envoyez
l'ordre que tout ce qui y arrivera désormais en biscuit et en eau-de-vie soit dirigé ici. Je veux avoir à
Finkenstein 150,000 rations de biscuit, 100,000 de
pain biscuité, 200,000 rations d'eau-de-vie, et de la
farine pour faire aller les trois fours pendant dix
jours ;

A Riesenburg 200,000 rations de biscuit,
200,000 de pain biscuité, 400,000 d'eau-de-vie, et
de la farine pour faire aller les neuf fours pendant
dix jours ;

Marienwerder, Marienburg, Mewe et Neuenburg,
approvisionnés conformément aux dispositions déjà
ordonnées.

Toutes les administrations resteront à Riesenburg ; un commissaire des guerres de la Garde restera à Finkenstein avec des boulangers de la Garde
pour servir les trois fours. En outre, les boulangers
de la Garde serviront trois fours à Riesenburg. L'administration n'en aura plus que six à servir dans
cette place, et elle en servira neuf à Osterode, quatre
ayant été remis au 3ᵉ corps.

Il y aura un commissaire des guerres du quartier
général à Osterode, Culm, Marienwerder, Mewe,
Neuenburg, qui rendront compte au commissaire
ordonnateur du quartier général, de manière que

tous les soirs il puisse envoyer la situation de ses magasins au maréchal Duroc.

Tous les convois de farine venant de Varsovie et de Thorn continueront à être dirigés sur Osterode.

NAPOLÉON.

Comm. par M. le comte Daru.

890. — RECOMMANDATIONS DE MAINTENIR L'AP-PROVISIONNEMENT DES DIFFÉRENTES PLACES DE POLOGNE.

AU GÉNÉRAL LEMAROIS, A VARSOVIE.

Finkenstein, 2 avril 1807.

Ayez soin de ne pas trop appauvrir les magasins de Varsovie. Il faut que vous mainteniez toujours l'approvisionnement de Pultusk, Sierock, Willenberg pour dix jours, et en farines, à Varsovie, de quoi alimenter la manutention pendant dix jours et les moulins pendant vingt. Il faut faire successivement venir de Blonie, Rawa, Lenczyca, de manière qu'on ne se trouve pas embarrassé.

Je vois, par l'état de situation du 15 mars, qu'il n'y avait que 3,000 quintaux de blé. On fait trop de pain; il y en avait 24,000 rations; ce pain se gâte. Je vois qu'il n'y a que 1,000 quintaux de farine à

Praga et 1,000 à Modlin ; c'est trop peu. Comme il y
a 8,000 quintaux à Blonie, 5,000 à Lenczyca, qu'il
y en a 3,000 à Lowicz, faites-en venir de ce côté,
avec 4,000 quintaux de farine ou de seigle.

NAPOLÉON.

Archives de l'Empire.

---

891. — REPROCHES AU ROI DE HOLLANDE AU SUJET DE LA FAÇON DONT IL GOUVERNE ; CONSEILS.

Finkenstein, 4 avril 1807.

Je reçois votre lettre du 24 mars. Vous dites que
vous avez 20,000 hommes à la Grande Armée. Vous
ne le croyez pas vous-même ; il n'y en a pas 10,000,
et quels hommes ! Ce ne sont pas des maréchaux,
des chevaliers et des comtes qu'il faut faire, ce sont
des soldats. Si vous continuez ainsi, vous me rendrez
ridicule en Hollande.

Vous gouvernez trop cette nation en capucin. La
bonté d'un roi doit toujours être majestueuse et ne
doit pas être celle d'un moine. Rien n'est plus
mauvais que ce grand nombre de voyages faits à la
Haye, si ce n'est cette quête faite par votre ordre
dans votre royaume. Un roi ordonne et ne demande
rien à personne ; il est censé être la source de toute
puissance et avoir des moyens pour ne pas recourir

à la bourse des autres. Toutes ces nuances, vous ne les sentez pas.

Il me revient des notions sur le rétablissement de la noblesse, dont il me tarde bien d'être éclairci. Auriez-vous perdu la tête à ce point, et oublieriez-vous jusque-là ce que vous me devez? Vous parlez toujours dans vos lettres de respect et d'obéissance : ce ne sont pas des mots, mais des faits qu'il me faut. Le respect et l'obéissance consistent à ne pas marcher si vite, sans mon conseil, dans des matières si importantes; car l'Europe ne peut s'imaginer que vous ayez pu manquer assez aux égards pour faire certaines choses sans mon conseil. Je serai obligé de vous désavouer. J'ai demandé la pièce du rétablissement de la noblesse. Attendez-vous à une marque publique de mon excessif mécontentement.

Ne faites aucune expédition maritime, la saison est passée. Levez des gardes nationales pour défendre votre pays. Soldez mes troupes. Levez beaucoup de conscrits nationaux. Un prince qui, la première année de son règne, passe pour être si bon, est un prince dont on se moque à la seconde. L'amour qu'inspirent les rois doit être un amour mâle, mêlé d'une respectueuse crainte et d'une grande opinion d'estime. Quand on dit d'un roi que c'est un bon homme, c'est un règne manqué. Comment un bon homme, ou un bon père si vous voulez, peut-il soutenir les charges du trône, comprimer les malveillants, et faire que les passions se taisent ou marchent dans sa direction? La première chose que vous deviez faire et que je vous avais conseillée, c'était d'établir la conscription. Que faire sans armée? Car peut-on appeler armée un ramassis de déserteurs? Comment n'avez-vous pas senti que, dans la situation où est votre armée, la création des maréchaux était une chose inconvenante et ridicule? Le roi de Naples n'en a point. Je n'en ai pas nommé dans mon royaume d'Italie. Croyez-vous que, quand quarante vaisseaux français seront réunis à cinq ou six barques hollandaises, l'amiral Ver Huell, par exemple, en sa qualité de maréchal, puisse les commander? Il n'y a pas de maréchaux chez les petites puissances; il n'y en a pas en Bavière, en Suède. Vous comblez des hommes qui ne l'ont pas mérité. Vous marchez trop vite et sans conseils; je vous ai offert les miens; vous me répondez de beaux compliments et vous continuez à faire des sottises.

Vos querelles avec la Reine percent aussi dans le public. Ayez dans votre intérieur ce caractère paternel et efféminé que vous montrez dans le gouvernement, et ayez dans les affaires ce rigorisme que vous montrez dans votre ménage. Vous traitez une jeune femme comme on mènerait un régiment. Méfiez-vous des personnes qui vous entourent; vous n'êtes entouré que de nobles. L'opinion de ces gens-là est toujours en raison inverse de celle du public. Prenez-y garde : vous commencez à ne plus devenir populaire à Rotterdam ni à Amsterdam. Les catholiques commencent à vous craindre. Comment n'en mettez-vous aucun dans les emplois? Ne devez-vous pas protéger votre religion? Tout cela montre peu de force et de caractère. Vous faites trop votre cour à une partie de votre nation; vous indisposez le reste. Qu'ont fait les chevaliers auxquels vous avez donné des décorations? Où sont les blessures qu'ils ont reçues pour la patrie, les talents distingués qui les rendent recommandables, je ne dis pas pour tous, mais pour les trois quarts? Beaucoup ont été recommandables dans le parti anglais et sont la cause des malheurs de leur patrie; fallait-il les maltraiter? non ; mais tout concilier. Moi aussi j'ai des émigrés près de moi; mais je ne les laisse point prendre le haut du pavé, et, lorsqu'ils se croient près d'emporter un point, ils en sont plus loin que lorsqu'ils étaient en pays étranger, parce que je gouverne par un système et non par faiblesse.

Vous avez la meilleure femme et la plus vertueuse, et vous la rendez malheureuse. Laissez-la danser tant qu'elle veut, c'est de son âge. J'ai une femme qui a quarante ans : du champ de bataille je lui écris d'aller au bal, et vous voulez qu'une femme de vingt ans, qui voit passer sa vie, qui en a toutes les illusions, vive dans un cloître, soit comme une nourrice, toujours à laver son enfant? Vous être trop vous dans votre intérieur, et pas assez dans votre administration. Je ne vous dirais pas tout cela sans l'intérêt que je vous porte. Rendez heureuse la mère de vos enfants. Vous n'avez qu'un moyen, c'est de lui témoigner beaucoup d'estime et de confiance. Malheureusement vous avez une femme trop vertueuse : si vous aviez une coquette, elle vous mènerait par le bout du nez. Mais vous avez une femme fière, que la seule idée que vous puissiez avoir mauvaise opinion d'elle révolte et afflige. Il vous aurait fallu une femme comme j'en connais à Paris. Elle vous aurait joué sous jambe et vous aurait tenu à ses genoux. Ce n'est pas ma faute, je l'ai souvent dit à votre femme.

Quant au reste, vous pouvez faire des sottises dans votre royaume, c'est fort bien; mais je n'entends pas que vous en fassiez chez moi. Vous offrez à tout le monde vos décorations ; beaucoup de personnes m'en ont écrit qui n'ont aucun titre. Je suis fâché que vous ne sentiez pas que vous manquez aux égards que vous me devez. Mon intention est que personne ne porte ces décorations chez moi, étant résolu de ne les pas porter moi-même. Si vous m'en demandez la raison, je vous répondrai que vous n'avez encore rien fait pour mériter que les hommes portent votre portrait ; que, d'ailleurs, vous l'avez institué sans ma permission, et qu'enfin vous le prodiguez trop. Et qu'ont fait toutes les personnes qui vous entourent, auxquelles vous le donnez?

NAPOLÉON.

Archives de l'Empire.

———

892. — ORDRE DE DIRIGER DE L'ARTILLERIE SUR DANZIG. — RECOMMANDATIONS DIVERSES.

AU PRINCE JÉROME.

Finkenstein, 5 avril 1807.

Mon Frère, ayez bien soin que tout ce que vous envoyez pour Danzig soit de bonne artillerie. Témoignez tout mon mécontentement au général Pernety de ce qu'il n'a envoyé jusqu'à présent que ce qu'il avait de plus mauvais. Vous pouvez compter toujours sur 1,500 hommes que vous aurez à monter. Je ne vous en ai envoyé que 1,100 ; mais je me propose de vous en envoyer 400 autres. Je vous recommande mes malades. Que rien ne parte que bien armé, bien équipé et qu'après avoir passé votre revue.

La mesure qu'a prise le général Verrières, de mettre les malades hors de Glogau, est ridicule. A

quoi servent les places fortes, si ce n'est pour contenir les dépôts d'une armée?

NAPOLÉON.

Comm. par S. A. I. le prince Jérôme.
(En minute aux Arch. de l'Emp.)

_____

893. — ORDRE DE RECONNAITRE LA POSITION DE SAALFELD POUR 100,000 HOMMES.

A L'ADJUDANT GUILLEMINOT.

Finkenstein, 6 avril 1807.

L'adjudant commandant Guilleminot se rendra à Saalfeld et y cherchera une bonne position militaire pour une armée de 100,000 hommes, qui occupe la droite au lac de Saalfeld et la gauche du côté de Christburg. Il fera ensuite les courses et reconnaissances nécessaires pour traiter de quelle manière l'ennemi pourrait agir pour obliger à évacuer cette position. L'ennemi le peut par la gauche et par la droite : par la droite, il trouvera le lac de Saalfeld et de Deutsch-Eylau, qui l'obligera de s'enfoncer de huit lieues. Il devrait être possible de l'empêcher de passer du lac de Deutsch-Eylau au lac de Drewenz, qui communique avec Osterode. Il n'y a, je crois, qu'une petite lieue, coupée par une rivière. Il faudrait donc que l'ennemi tournât Osterode, et alors on pourrait prendre des positions derrière le Drewenz. Par la gauche, il y a la petite rivière de Sorge, qui s'étend depuis Christburg jusqu'au Draussen-See. Cette ligne s'étend ensuite depuis le Draussen-See jusqu'à Elbing, et depuis Elbing jusqu'au Frische-Haff. Il faut reconnaître toute cette position et le parti qu'on pourrait tirer des marais et des obstacles naturels; c'est dans ce cas que tout obstacle est bon, puisqu'il tend à mettre un corps moins nombreux à l'abri d'un corps plus nombreux, et oblige l'ennemi à faire des dispositions qui donnent le temps d'agir.

NAPOLÉON.

Archives de l'Empire.

---

894. — REPROCHES DE NE PAS S'OCCUPER DE LA REMONTE ET DE L'ÉQUIPEMENT DE LA CAVALERIE.

AU GRAND-DUC DE BERG.

Finkenstein, 7 avril 1807.

Je vous envoie l'état des dépôts de cuirassiers. Vous y verrez que j'y ai 347 hommes qui pourraient servir demain; que, sur ce nombre, il y a 200 chevaux qui sont prêts ou le seront dans un mois. On se plaint que ces hommes manquent de sabres : envoyez un officier de cuirassiers en pren-

dre à Posen. On se plaint qu'ils manquent de cas-
ques : ordonnez qu'on en fasse à Elbing, et que, si
on ne peut pas en faire, on les remplace par des
chapeaux ; qu'ils manquent de bottes : on peut en
faire faire aisément à Marienwerder ou à Elbing. Je
ne puis que vous témoigner mon mécontentement de
ce que vous ne donnez aucun ordre, de ce que les colonels ne reçoivent aucune direction pour la remonte
et l'équipement de la cavalerie. Ce n'est pas en
dormant que l'on fait quelque chose. Ordonnez
qu'on réforme les 100 chevaux ; on les abandon-
nera dans l'île de Nogat aux paysans, cela vaut
mieux que de les vendre. Peut-être dans deux mois
pourra-t-on les reprendre. J'aurai alors 100 hommes à pied. Donnez l'ordre sur-le-champ au commandant du dépôt d'acheter 100 chevaux ; quand ils
seraient d'une taille inférieure, c'est égal. On en
trouve de très-beaux dans l'île de Nogat. On peut
commander des selles à Marienwerder, à Marienburg, à Elbing, à Bromberg. Faites que d'ici à
deux mois j'aie ces 400 hommes de plus à cheval.

NAPOLÉON.

Archives de l'Empire.

895. — FAUTE COMMISE PAR LE GÉNÉRAL GRANDJEAN. MESURES A PRENDRE POUR RENFORCER MORTIER.

AU GÉNÉRAL CLARKE.

Finkenstein, 11 avril 1807.

Je reçois des nouvelles du maréchal Mortier, de Kolberg, du 8 à neuf heures du soir, dans lesquelles il m'envoie une lettre du général Grandjean, du 7. Il paraît que ce général était revenu à Stettin. Le maréchal Mortier mande à ce général de lui envoyer le 4° d'infanterie légère à Kolberg. Mais heureusement que le 9 au soir le maréchal Mortier aura reçu mon ordre, et j'espère que le 10 il sera de sa personne à Stettin. Le général Grandjean dit que les Suédois n'étaient pas encore arrivés à Anklam, ce qui ne l'a pas empêché de se retirer à Stettin. Quelle médiocrité! Cela est incroyable. Mais ce qui est inconcevable, c'est que vous n'avez été prévenu que le 6 d'un événement arrivé le 1er avril.

J'ai bien du regret que les 3°, 6°, 7°, 8° provisoires soient passés; j'aurais pensé que vous les auriez retenus pour grossir le corps du maréchal Mortier, et donner une poussée à messieurs les Suédois.

Vous aurez, dans cette circonstance, attiré à vous les 9°, 10°, 11° et 12° provisoires. Je vous ai déjà mandé hier que j'avais envoyé le 3e de ligne, qui est le plus beau de l'armée, et que j'espère qu'il sera arrivé à Stettin le 15 ou le 16.

J'espère que vous aurez réuni, du côté de Kolberg, le 3e chasseurs. Retenez les corps entiers et laissez filer les détachements et tout ce qui peut rendre service à l'armée et ne nous en rendrait pas.

Je crains bien aussi que le général Thouvenot, en cas d'événement, ne soit un homme médiocre. Il craint que le maréchal Mortier ne le mange. Pourquoi donc ai-je la place de Stettin? Au lieu de dire, dans cette circonstance, tous les corps qui sont à Stettin, ou qui y sont passés, ou qu'il pourrait retenir, il ne dit rien de signifiant.

Le 6e provisoire, qui est arrivé le 8 à Stettin, aura, j'espère, été retenu dans cette place. Le 9e provisoire, qui est arrivé le 4 à Magdeburg, doit être arrivé à présent à Berlin.

Je suis bien fâché que le 3e provisoire n'ait pas été retenu. Je ne sais pas par quelle route il aura marché. Si vous voyez possibilité de l'atteindre avant qu'il soit arrivé à Posen, dirigez-les sur Stettin. Si vous ne pouvez l'atteindre qu'à Posen ou à la hauteur de Posen, envoyez-lui l'ordre d'y faire séjour jusqu'à ce que j'en sois instruit.

NAPOLÉON.

Archives de l'Empire.

896. — RECOMMANDATIONS ET ORDRES. — DISPO-
SITIONS FAITES POUR CONTINUER LES SIÉGES DE
DANZIG ET DE KOLBERG.

AU GÉNÉRAL CLARKE.

Finkenstein, 11 avril 1807.

Je reçois votre lettre du 7 avril à minuit. J'y vois
que les 6ᵉ et 7ᵉ provisoires sont revenus à Stettin.
C'est un accroissement de forces de 2,400 hommes
qui n'est pas indifférent. Le maréchal Mortier va
donc avoir près de 18,000 hommes sous ses ordres.

J'ai vu avec plaisir que vous ayez fait marcher
les régiments de Nassau et de Würzburg. Mais
pourquoi n'en avez-vous envoyé que 1,000 hommes? Envoyez-les tout entiers. Il est inutile que je
vous répète ici les ordres que je vous ai donnés et
que vous a transmis le major général par mon dernier courrier, ainsi qu'au maréchal Mortier, je le
suppose. Le maréchal Mortier aujourd'hui est à
Stettin avec de bons renforts. J'ai envoyé deux régiments wurtembergeois et un régiment polonais
devant Kolberg. Le siége ne sera donc pas interrompu. Écrivez dans ce sens au général Thouvenot,
pour qu'il en écrive au général Loison. Recommandez au général Thouvenot d'expédier de la
poudre et de continuer ses convois sur Danzig. La

tranchée est ouverte devant cette ville, et j'espère qu'elle ne tardera pas à tomber.

En vérité, je ne conçois rien à la conduite du maréchal Mortier. Il s'affaiblit devant Stralsund, lorsque l'ennemi s'y renforce. Il ne prend aucune mesure pour ses parcs, ses hôpitaux, au lieu de les mettre à couvert à Stettin ou à Magdeburg. Les places ne sont faites que pour cela. Veillez, je vous prie, à ce que les réserves et convois du maréchal Mortier soient en lieu de sûreté.

NAPOLÉON.

Archives de l'Empire.

---

897. — OPÉRATIONS NÉCESSAIRES POUR RESSERRER DANZIG. — MOMENT OU L'ON POURRA OUVRIR LE FEU.

NOTE POUR LE MARÉCHAL LEFEBVRE.

Finkenstein, 11 avril 1807.

Les redoutes de la basse Vistule ne sont pas armées de canons, de sorte que l'ennemi continue à pouvoir sortir par la Vistule. Il faut faire placer sept ou huit pièces de 6 et de 8 de campagne, qui rendent le passage impossible.

Il serait peut-être convenable de renforcer le général Schramm, afin qu'il pût exécuter le projet qu'a donné le général Bertrand pour intercepter le canal. Moyennant le 23e, qui a été laissé, on pourrait encore augmenter la cavalerie du général Schramm, pour le mettre à même d'assurer sa retraite ou de rendre impossibles les sorties du fort de Weichselmünde hors de la portée du canon du fort.

Il ne faut commencer le feu que lorsqu'on aura assez de poudre et de munitions pour pouvoir soutenir le feu toujours en croissant. Je désire que l'on me fasse connaître l'état des munitions. Il y avait, selon les renseignements qu'on m'a remis, six pièces de 24 arrivées de Varsovie avec 1,800 boulets et quinze milliers de poudre. Il est arrivé de Stettin six pièces de 24 avec 4,200 boulets, deux mortiers avec 234 bombes. Il y avait vingt-trois pièces de 12 avec 5,000 cartouches à boulets, toutes chargées. Il est arrivé hier au soir douze autres pièces de 12 avec 1,900 boulets et huit milliers de poudre. On aurait donc sept mille coups à tirer de 12, et trente-trois pièces de 12, ce qui permettrait de mettre en batterie douze pièces de 12, pour faire un feu roulant ; on pourrait ensuite mettre en batterie huit ou dix pièces approvisionnées à cent coups, comme batterie de protection.

Les six mille boulets de 24 permettraient de mettre en batterie les douze pièces. Mais on n'aurait que la moitié de la poudre nécessaire. Il est parti 3,000 boulets de 12 et seize milliers de poudre, de Varsovie. Il est probable que, de Stettin, la poudre arrivera avec le deuxième convoi. Je suppose que, le 18 ou le 20, on pourra commencer le feu, car le premier envoi de Glogau doit être arrivé avant cette époque.

NAPOLÉON.

Archives de l'Empire.

---

898. — ENVOI DU GÉNÉRAL GARDANE EN PERSE. — INSTRUCTIONS A LUI DONNER.

A M. DE TALLEYRAND.

Finkenstein, 12 avril 1807.

Monsieur le Prince de Bénévent, le général Gardane, mon aide de camp, désire aller en Perse. Il est petit-fils de celui qui a fait le traité de 1715. Il considère cela comme une charge qui lui a été laissée par ses aïeux, et il est plein de zèle pour cette mission. Vous trouverez ci-joint le décret qui le nomme ministre plénipotentiaire. Il se rendra dans deux jours à Varsovie, d'où mon intention est qu'il soit parti le 20 avril pour Constantinople. M. Rousseau pourra lui être donné comme secrétaire de légation. Son frère l'accompagnera comme adjoint extraordinaire, et comme devant le rem-

26.

placer s'il venait à mourir. Il emmènera avec lui des officiers d'artillerie et du génie, qu'il prendra à Constantinople ou ici. Cela rendra sa mission assez brillante. Il prendra aussi à Constantinople deux des anciens drogmans attachés au service français, qui parlent persan. M. Rousseau, qui s'y rend de son côté, en emmènera aussi, de sorte que j'aurai là une mission à l'abri de tout événement. Maret va dresser ses lettres de créance et rédiger ses instructions. Elles roulent sur trois points :

1° Reconnaître les ressources de la Perse, tant sous le point de vue militaire que sous le point de vue du commerce, et nous transmettre des renseignements fréquents et nombreux; bien étudier surtout la nature des obstacles qu'aurait à franchir une armée française de 40,000 hommes, qui se rendrait aux Grandes Indes et qui serait favorisée par la Perse et par la Porte.

2° Considérer la Perse comme alliée naturelle de la France, à cause de son inimitié avec la Russie; entretenir cette inimitié, diriger les efforts des Persans, faire tout ce qui sera possible pour améliorer leurs troupes, leur artillerie, leurs fortifications, afin de les rendre plus redoutables aux ennemis communs.

3° Considérer la Perse sous le point de vue de l'Angleterre; l'exciter à ne plus laisser passer les dépêches, les courriers anglais, et entraver par tous les moyens le commerce de la compagnie anglaise des Indes; correspondre avec l'île de France, en favoriser le commerce autant que possible; être en correspondance suivie avec notre ambassadeur à Constantinople, et resserrer les liens entre la Perse et la Porte.

Je désire que le général Gardane soit rendu en Perse avant le 1ᵉʳ juillet, ce que je crois très-possible, vu les facilités que nous donnent nos relations actuelles avec la Porte. Il faudrait joindre à cette légation quelques jeunes gens dans le genre de Jaubert, qui désirassent s'instruire dans les langues orientales. Je crois que vous en avez aux relations extérieures. Faites-en partir quatre; vous les dirigerez en droite ligne sur Constantinople. Quant aux présents, Gardane annoncera que, venant par terre, il n'a pas pu en apporter, mais que d'ici à six mois des frégates les apporteront, et des armes tant qu'on pourra en désirer. Il faut que cela reste secret encore un mois, après lequel, Gardane ayant passé Constantinople, il n'y aura pas d'inconvénient que la Russie le sache. Préparez tout pour qu'il reste peu de jours à Varsovie.

Vous verrez dans le décret les officiers que je commence à faire partir. Vous en donnerez la note à l'ambassadeur persan, et vous lui ferez connaître que, si l'on en veut davantage, j'en enverrai tant que l'on voudra.

Vous vous informerez auprès de l'ambassadeur si l'on a en Perse des fusils avec des baïonnettes. Je suppose qu'ils n'en ont pas. Vous lui diriez qu'il peut écrire à son souverain que je lui en enverrai 10,000, s'il le désire, et une compagnie de canonniers, quand il m'aura fait connaître comment tout cela est pris en Perse. Dans les instructions du général Gardane vous mettrez que, si le schah de Perse est aussi bien disposé que je le crois, et s'il veut se former cinq ou six régiments de bonne infanterie, il lui fasse comprendre que le principal est d'avoir des fusils à baïonnettes; que je ne fais aucune difficulté de lui en envoyer 10,000; que je lui enverrai une vingtaine de pièces de canon de campagne bien outillées, et une compagnie de canonniers; que je ne puis lui envoyer tout cela que par mer, avec une escadre ou des frégates; qu'il faut garder le secret là-dessus, et qu'en arrivant dans ses ports mes frégates trouvent de l'eau et des vivres. Il faudra que Gardane me fasse connaître la situation du port, le nombre et la force des vaisseaux qui y seraient à l'abri, et les facilités qu'il y aurait à les réapprovisionner.

Vous ordonnerez à M. Jaubert de partir pour se rendre près de moi, afin de causer avec lui sur cet empire. Vous recevrez cette lettre le 14; le 16 ou le 17 Jaubert sera ici; le lendemain Gardane partira. Il faut qu'il ne séjourne que quarante-huit heures à

Varsovie, et que l'ambassadeur soit seul dans le secret, en lui faisant comprendre qu'il faut qu'on n'en sache rien jusqu'à ce qu'il soit arrivé.

Vous comprenez de quel intérêt il est pour moi de m'allier avec la Perse. Si l'on est aussi raisonnable qu'on le paraît, il est impossible qu'en envoyant au mois d'octobre en Perse une escadre portant 1,500 hommes avec des officiers et sous-officiers, je ne parvienne pas à faire une diversion immense contre la Russie. Vous en parlerez dans ce sens à l'ambassadeur, en lui disant que j'enverrai le cadre d'un corps de 10 ou 12,000 hommes, en officiers, qu'on remplira en Perse avec des soldats. Ce corps sera en deux mois en état de battre les Russes. Gardane est bien capable, non-seulement de diriger, mais même de commander ce corps. Je vous laisse à penser l'effroi qu'auraient l'Angleterre et la Russie trois mois après la présence de ce corps de troupes en Perse.

NAPOLÉON.

Archives des affaires étrangères.
(En minute aux Arch. de l'Emp.)

899. — NOTE RELATIVE AUX HOPITAUX DE L'ARMÉE.

AU MARÉCHAL BERTHIER.

Finkenstein, 12 avril 1807.

Il faut établir à Neuenburg et Mewe des commandants d'armes français, et ordonner que tous les Polonais qui se trouvent aux hôpitaux de Mewe et Neuenburg soient dirigés dans des locaux choisis entre Neuenburg et Posen, au premier endroit de la Pologne. Il est convenable qu'ils soient en Pologne, parce qu'ils seront mieux traités. Il faut que cette évacuation se fasse insensiblement.

Il faut également que les hôpitaux du maréchal Lefebvre soient établis à Stargard.

Les hôpitaux de Mewe, Neuenburg, Marienburg et Marienwerder doivent être exclusivement destinés pour les corps de la Grande Armée qui sont sur la rive droite de la Vistule.

Écrire aux 1er, 3e, 4e et 6e corps afin de savoir où sont établis leurs hôpitaux de convalescents, et qu'ils envoient des officiers d'état-major pour en avoir l'état tous les cinq jours.

Si ces dépôts sont trop considérables, il faut donner Mewe et Marienburg au 1er corps, Neuenburg et Marienwerder au 4e corps et à la division Oudinot, et Thorn aux 3e et 6e corps.

Le major général aura soin, indépendamment de l'état que devront lui envoyer les maréchaux, de faire passer, tous les huit jours, la revue de ces hôpitaux par un officier d'état-major ou un commissaire des guerres, afin que je sois exactement assuré de ce qui s'y trouve.

NAPOLÉON.

Dépôt de la guerre.

---

900. — ORDRES CONCERNANT LE SIÉGE DE DANZIG. — INSTRUCTIONS POUR LE TIR DES PIÈCES.

AU GÉNÉRAL SONGIS, A ROSENBERG.

Finkenstein, 12 avril 1807.

Je reçois votre lettre du 12, avec l'état de l'équipage de siége de Danzig, se montant à 108 bouches à feu. Je pense qu'il y en a plus qu'il ne faut. Les boulets me paraissent aussi satisfaisants. On ne doit pas dépenser 55,000 coups de canon pour prendre cette place. J'espère que la moitié de tout cela sera suffisant; mais la moitié de tout cela, c'est-à-dire douze mille coups de canon de 24, douze mille de 12, fait plus de cent soixante milliers de poudre. Je crains bien que cette poudre ne tarde trop à arriver. Hier, quatre compagnies du 44e ont culbuté une espèce de place d'armes que l'ennemi faisait sur son glacis, lui ont fait 100 prisonniers, pris 400 fusils et 400 outils, et arraché toutes les palissades du chemin couvert de l'ouvrage du Hagelsberg. Il paraît qu'il y a aujourd'hui vingt-quatre milliers de poudre devant Danzig, emballés, et seize milliers confectionnés, ce qui ferait quarante milliers. Du moment qu'il y en aura autant que cela, je regarderai la reddition de la place comme avancée. J'ai grand intérêt à avoir cette place avant la fin du mois. Parcourez vos états, et voyez si vous pouvez activer l'arrivée de 40,000 coups de canon de 12. Recommandez au général la Riboisière de ne pas tirer les pièces de 24 avec huit livres, et de ménager le 24 à cause des munitions. Le 12 est préférable pour le ricochet. Il est suffisant aussi contre les palissades et les ouvrages en fer[1]. Il me semble que dix-huit pièces de 24 en batterie de brèche, tirant 10 ou 12,000 coups de canon, doivent tout culbuter. Recommandez donc bien qu'on ne fasse pas mal à propos usage de ces pièces, et qu'on n'emploie pas du 24 où le 12 peut faire à peu près la même chose. Il me semble que vous pourriez faire partir de Posen quelques milliers de cartouches de 12, qui arriveraient par terre à Danzig et qui seraient d'un grand secours. Recommandez aussi à Saint-Laurent de ne pas trop retarder les convois; le temps presse.

NAPOLÉON.

Archives de l'Empire.

---

[1] En terre?

901. — ORDRE D'ÉLOIGNER L'ENNEMI DU BUG ET DE GARANTIR LE PONT DE SIEROCK.

AU MARÉCHAL MASSÉNA, A PRZASNYSZ.

Finkenstein, 14 avril 1807.

Le major général vous fait connaître mes intentions. Vous savez quels sont mes projets, mais pour cela il ne faut pas que l'ennemi serre de si près Varsovie.

Il faut, coûte que coûte, faire rétablir le pont de Pultusk. La tête de pont, dit-on, est inondée; si elle l'est, il n'y a que deux pieds d'eau, et il sera facile de relever 15 à 20 toises de fossé jusqu'au revêtement de la tête de pont. Dès ce moment il est probable que l'ennemi évacuera le terrain à plusieurs lieues de Pultusk.

Une autre opération non moins importante, c'est que la brigade du général Lemarois, qui est destinée dans tous les cas à couvrir Varsovie, pousse l'ennemi jusqu'à Wyskow. Il lui faut pour cette opération une base. Que, le plus tôt possible, il fasse passer un bataillon d'infanterie légère bavarois, qui établira une redoute sur la rive droite du Bug au lieu où arrivent aujourd'hui les Cosaques. Deux ou trois barques communiqueront de cette redoute à la rive gauche; elle sera d'ailleurs soutenue par les batteries de la rive droite, celles de Sierock et celles que l'on peut établir sur la rive gauche du Bug. Une fois que l'on aura ce point d'appui, on fera des abatis plus en avant; en quarante-huit heures cette redoute doit être établie. Il est hors de doute qu'immédiatement après l'ennemi placera ses postes en arrière. On le poussera ainsi insensiblement de manière à ne pas souffrir qu'il ait aucun poste fixe jusqu'à Wyskow.

Il est très-ridicule aujourd'hui que 2 ou 300 Cosaques fassent trembler Varsovie; il est vrai d'ailleurs de dire qu'ils pourraient brûler le pont sur pilotis de Sierock et vous couper votre communication avec Varsovie avant que vous puissiez rien faire. Cela peut entraîner votre corps d'armée dans de fausses démarches; car, comme le premier but de vos instructions est de garantir Varsovie, avec 3 ou 4,000 hommes que l'ennemi jetterait sur la rive gauche il vous obligerait à venir sur Sierock, et même vous embarrasserait s'il était parvenu à brûler ou détruire le pont de Sierock.

J'avais toujours ordonné l'établissement de cette tête de pont. Le génie prétendait que tout était inondé; il paraît que cela n'est pas, puisque les Cosaques y arrivent. C'est ensuite à l'officier du génie et au général Lemarois à voir comment ils doivent occuper la rive droite du Bug pour garantir le pont de Sierock et former un point d'appui aux troupes destinées à éloigner l'ennemi de Varsovie le long du Bug. Levez tous les obstacles et prenez les mesures convenables pour que ces deux opérations réussissent. J'ai toujours pensé que vous aviez un pont à Pultusk. Une fois la rive droite du Bug occupée par quelques ouvrages de manière à pratiquer le passage, l'ennemi non-seulement évacuera jusqu'à Wyskow, mais même ne tiendra des postes qu'à Brok.

Il faut commander la division bavaroise comme une division française, et donner des ordres précis et clairs au prince de Bavière, qui n'est là qu'un général.

Je ne saurais trop vous exprimer combien j'attache d'importance à ce que ces deux opérations soient promptement faites. Il n'y a pas une heure à perdre.

NAPOLÉON.

Archives de l'Empire.

---

202. — FORMATION DE RÉGIMENTS PROVISOIRES DE GARNISON.

AU GÉNÉRAL DEJEAN.

Finkenstein, 15 avril 1807.

Monsieur Dejean, vous aurez reçu le décret par

lequel j'ai formé un régiment provisoire de garnison de Magdeburg.

J'ai aujourd'hui pris un autre décret par lequel je forme quatre bataillons provisoires de garnison : le 1ᵉʳ, de Hameln ; le 2ᵉ, de Stettin ; le 3ᵉ, de Küstrin ; le 4ᵉ, de Glogau. Tous ces bataillons doivent être composés comme les bataillons des régiments provisoires, mais d'hommes non habillés. Ils devront être bien armés, et, autant que possible, avoir des gibernes, quoique cependant le défaut de gibernes ne doive pas retarder leur départ. Des mesures sont prises pour leur donner des habits à Magdeburg, Hameln, Stettin, Küstrin et Glogau. Je charge le maréchal Kellermann de la formation de ces régiments.

Voilà donc près de 8,000 hommes que vous n'aurez pas à habiller ; il faudra donc que, dans vos états d'habillement, vous fassiez ajouter une colonne des hommes que chaque régiment aura fournis aux bataillons provisoires de garnison, et vous ne passerez pas d'habillement pour les hommes qu'ils auront fournis.

Le maréchal Kellermann a le plus grand nombre des 3ᵉˢ bataillons sous ses ordres, mais il n'a pas ceux du camp de Boulogne et de Paris. Faites-vous remettre l'état de leur habillement, et, s'il est là des corps qui puissent fournir 140 hommes non habillés, ne perdez pas un moment pour leur don-

ner l'ordre de départ, en les dirigeant sur Wesel
et Mayence, et en prévenant le maréchal Kellermann, qui les placera dans ses cadres. Vous pouvez
donner cet ordre au 31e léger et aux bataillons qui
sont à Paris et hors de l'inspection directe du maréchal Kellermann. Vous voyez facilement quel bien
produit cette mesure : économie de 8,000 habillements pour mon trésor, économie de nourriture
pendant plusieurs mois; mais, ce qui est le plus
important, c'est que je reste sans inquiétude sur
mes principales places. Vous sentez ensuite qu'au
fur et à mesure que ces bataillons seront bien habillés et bien exercés, ce sera des ressources pour
réparer les pertes des corps actifs. Vous pouvez
compter que, sur la levée de la conscription de
1808, vous remplacerez dans les villes les hommes
que j'appelle des anciens cadres. Vous pouvez donc
établir vos calculs sur 16,000 hommes, à l'habillement desquels vous n'aurez pas à penser. Mettez la
plus grande activité dans l'envoi de ces hommes.

J'ai appelé 1,000 hommes de la réserve de 1807
pour le 3e bataillon du 17e de ligne, qui est à
Mayence, tandis que son 4e bataillon et son dépôt
sont à Boulogne. J'invite le maréchal Kellermann à
former de ces 1,000 conscrits, au fur et à mesure
qu'ils arriveront, six compagnies, et de les placer
dans un bataillon de garnison. Par ce moyen, vous
n'aurez point d'habillement à fournir à ce bataillon.

Vous avez dû également fournir des habits pour 340 hommes du dépôt des deux bataillons du 15ᵉ de ligne qui sont à la Grande Armée. Ce dépôt devait se réunir dans le temps à Mayence, tandis que le 3ᵉ et le 4ᵉ bataillon sont à Brest. J'ai également suggéré au maréchal Kellermann l'idée de former deux compagnies de ces 300 hommes, de placer ces compagnies dans un bataillon de garnison; et, par ce moyen, les habillements qui étaient destinés à ces 300 hommes pourront servir à d'autres, et même au nouveau dépôt qui sera formé de la conscription de 1808, puisque le 15ᵉ ne peut tirer aucun renfort de son dépôt de Brest, qui est trop éloigné.

Écrivez au major de ce régiment d'envoyer, des 3ᵐ et 4ᵐ bataillons, un capitaine avec deux ou trois sergents et caporaux, et quelques ouvriers, à Mayence, pour être à la tête de ce dépôt. Il faudra que, sur la conscription de 1808 ou sur la réserve, M. Lacuée fournisse encore 200 hommes à ce dépôt; cela vous rendra disponible et vous permettra, comme je vous l'ai dit ci-dessus, de leur affecter l'habillement que vous destiniez aux 300 hommes de la conscription de 1807.

NAPOLÉON.

Dépôt de la guerre.
(En minute aux Arch. de l'Emp.)

903. — RECOMMANDATION DE VOIR CHAQUE JOUR LES TROUPES A LA PARADE.

AU GÉNÉRAL JUNOT.

Finkenstein, 19 avril 1807.

Je reçois votre lettre du 8. Je vous ai déjà fait connaître que tous les jours, à midi, sur la place Vendôme, vous ayez une parade. C'est le devoir du gouverneur, surtout dans un moment comme celui-ci. Il n'y a pas besoin qu'il y ait d'autres troupes que le service. Vous pourrez profiter de cette parade pour vous faire présenter les conscrits qui arrivent aux corps.

J'ai vu hier le bataillon où se trouve le détachement du 32e. Cela fait honte à voir. On ne peut parer à un tel mal qu'en voyant et en voyant sans cesse les troupes. Le moyen est de vous trouver tous les jours vous-même à la garde montante.

Vous avez à Paris six dépôts, indépendamment de la Garde de Paris. Vous ne pouvez organiser leur habillement et sortir de la routine ordinaire qu'en vous en occupant beaucoup.

NAPOLÉON.

Que ce soit vous, ou l'adjudant Doucet qui voie les troupes, ce n'est pas la même chose.

Archives de l'Empire.

904. — AVIS D'ORDRES POUR RASSEMBLER DES TROUPES ET FORMER UNE SECONDE LIGNE A MAGDEBURG.

AU GÉNÉRAL CLARKE.

Finkenstein, 20 avril 1807.

Je reçois votre lettre du 16 avril.

Le 3ᵉ est arrivé le 17 à Stettin. Ainsi le maréchal Mortier se trouve avoir les 4ᵉ léger, 58ᵉ et 72ᵉ de ligne, les 15ᵉ et 3ᵉ de ligne, le 5ᵉ provisoire, 12,000 hommes; Nassau, Würzburg, les Hollandais, un bataillon italien, 5,000 hommes; cavalerie, 1,200 hommes; artillerie, 1,500 hommes. Total : 18 à 20,000 hommes.

D'un autre côté, je ne doute pas que le maréchal Brune, lorsqu'il aura reçu mes ordres, ne se porte sur Rostock.

D'un autre côté, j'ai renforcé le siége de Colberg, de sorte que, lorsque vous lirez cette lettre, j'y aurai plus de 8,000 hommes.

Mes lettres de Londres, du 5 avril, portent qu'il n'y avait encore aucune expédition de préparée.

Le maréchal Mortier n'écrit pas plus au major général qu'à vous. Il est donc nécessaire que vous ayez toujours des officiers auprès de lui qui vous donneront fréquemment de leurs nouvelles, afin que nous soyons instruits.

Voici les troupes que vous pouvez encore espérer sous peu de jours : les 9ᵉ, 10ᵉ, 11ᵉ et 12ᵉ régiments provisoires; les 1ᵉʳ et 2ᵉ régiments provisoires de cavalerie; ces deux régiments sont chacun de 650 hommes à cheval, composés de chasseurs, de hussards, de dragons, de cuirassiers; ce sera un renfort bien notable; les régiments italiens des chasseurs royaux et de la Reine; le 4ᵉ régiment italien. Tous ces régiments sont aujourd'hui en Allemagne. Enfin, dans ce moment, 25,000 hommes formant les divisions Molitor et Boudet, avec leur artillerie et bien organisés, sont à Inspruck. Ces divisions seront à la mi-mai à Magdeburg.

Je n'ai jamais calculé que les Anglais puissent faire aucune entreprise raisonnable avant juin. Dans la première quinzaine de juin, vous aurez 14,000 Espagnols.

Vous voyez donc que j'aurai là en deuxième ligne près de 60,000 hommes bons à tout événement. Cette folie des Suédois, je ne pouvais m'y attendre; c'est la faute de Mortier, qui, sans raison, est allé à Kolberg, s'est dégarni et a envoyé ici plus de troupes qu'on ne lui en demandait.

Je ne sais pas si je vous ai dit de diriger tous les contingents de Saxe-Ducale sur Kolberg, où est celui de Saxe-Weimar et où doivent se réunir tous ces corps.

Renforcez le maréchal Mortier de tout ce que

27.

vous pourrez, soit en infanterie, soit en cavalerie.

Cette princesse Auguste, qui écrit ces lettres,
est-ce celle que j'ai si bien traitée à Berlin?

NAPOLÉON.

Archives de l'Empire.

---

905. — PERTES RÉSULTANT DE LA NON-RÉALISATION DE LA CONSCRIPTION. — DEMANDE DE DIVERS ÉTATS DE SITUATION.

AU GÉNÉRAL LACUÉE.

Finkenstein, 21 avril 1807.

J'ai reçu et lu avec un grand intérêt votre tableau,
par lequel je vois qu'au mois d'avril, sur 160,000 hommes, il ne m'était rentré que 116,000 hommes, sur
lesquels il y avait eu 3,500 réformés; ce qui ne me
fait que 113,000 hommes. Il était donc encore dû
52,000 hommes. Mais, sur ces 52,000 hommes il y
a 36,000 hommes sur l'an 1807, et sa réserve, qui
probablement est en grande partie rentrée dans ce
moment. D'abord, de ce qui est envoyé en Italie,
vous ne pouvez pas avoir reçu l'état de ce qui est
arrivé. Mais sur 1806 je vois qu'il est encore dû
8,000 hommes; sur 80,000 hommes, c'est un sur

dix. S'il fallait supporter cette perte, ce serait un peu considérable. Pressez les préfets. Il faudrait tâcher que la réduction à opérer par la non-réalisation de la conscription ne fût que de deux et demi pour cent.

C'est avec un grand intérêt que j'attendrai l'état que vous devez m'envoyer, les dix premiers jours de mai.

Je vous ai demandé d'autres états qui compléteront celui-ci et me feront connaître la situation actuelle de mon armée.

J'aimerais avoir un état de situation, au 1ᵉʳ avril, des dépôts qui sont en Italie et en France, et à côté vous mettriez ce qui leur reste à recevoir au 1ᵉʳ avril sur 1806 et 1807; ce qui me ferait voir la situation des dépôts lorsqu'ils auraient reçu la portion des 52,000 hommes qui leur revient.

M. Dejean ne m'envoie pas l'état de situation des troupes qui sont en France. Celui que j'ai est de février, ce qui me laisse dans l'obscurité sur ce qui se passe. Heureusement que je reçois directement les états de situation d'Italie; mais je ne sais ce qui se passe en France. Pourquoi les bureaux ne m'en envoient-ils pas? M. Denniée dort. Croit-il que je n'aie pas autant besoin qu'en temps de paix de connaître la situation de mes forces?

Les quatre premiers régiments provisoires que je viens de former sont dissous. Les 5ᵉ, 6ᵉ, 7ᵉ et 8ᵉ ne tarderont pas à l'être. Je les attends sur la Vistule.

NAPOLÉON.

Archives de l'Empire.

---

906. — INTENTION D'AMENER SUR LE RHIN QUATRE DIVISIONS TIRÉES DES CAMPS.

AU GÉNÉRAL LACUÉE.

Finkenstein, 21 avril 1807.

Du moment que la campagne sera engagée et que j'aurai vu de quel côté les Anglais portent leurs efforts, mon intention est de faire suivre leurs mouvements. Les Anglais ne peuvent mettre en jeu qu'une expédition de 25,000 hommes, puisqu'ils en ont une de 20,000 en Sicile. Je doute même qu'ils fassent un si grand effort. S'ils se décident à venir dans la Baltique, mon intention est de tirer des divisions des camps de Boulogne, de Pontivy, de Saint-Lô et de Napoléon, et de les diriger sur le Rhin. Comme je n'ai de situation de l'intérieur sous les yeux que la situation de février, grâce à la négligence des bureaux de la guerre, je vous prie de me faire connaître l'état de situation actuelle et si je puis compter sur la formation de ces divisions, conformément au tableau ci-joint. Ce sera vers la fin de mai que ce mouvement pourrait avoir lieu, étant dans la croyance que la conscription de 1808 et la formation de ces divisions rétabliront les choses, dans un mois, à peu près dans le même état où elles sont aujourd'hui.

ÉTAT DES QUATRE DIVISIONS A FORMER.

PREMIÈRE DIVISION A TIRER DU CAMP DE BOULOGNE.

Trois brigades, chacune de 4 bataillons; chaque bataillon, de 4 compagnies, savoir, une de grenadiers, une de voltigeurs; la 1ʳᵉ et la 2ᵉ compagnie de chacun des 12 bataillons qui sont au camp, chaque compagnie complétée à 160 hommes. Total par brigade, 2,560 hommes, et par division, 7,680 hommes, avec 12 pièces d'artillerie et 24 caissons. Un général de division et 3 généraux de brigade.

Il resterait donc à ce camp le fond de 5 compagnies pour chacun des 12 bataillons.

DEUXIÈME DIVISION A TIRER DU CAMP DE SAINT-LÔ.

Deux brigades. La 1ʳᵉ brigade composée de trois bataillons du 5ᵉ léger, chaque bataillon ne fournissant que huit compagnies, en laissant une au dépôt. Chaque bataillon fournissant au moins 1,200 hommes sous les armes, la force de la 1ʳᵉ brigade serait de 3,600 hommes.

Si le régiment ne pouvait pas fournir ce nombre, on ne prendrait que 7 compagnies et l'on en laisse-

rait 2 au dépôt. Alors on se contenterait de 900 hommes pour les 7 compagnies, et la force de cette brigade ne serait que de 2,700 hommes.

La 2e brigade, de 6 bataillons composés de 4 compagnies, comme ceux du camp de Boulogne, 3,840 hommes. Total, 6,540 hommes; 12 pièces d'artillerie et 24 caissons.

TROISIÈME DIVISION A TIRER DU CAMP DE PONTIVY.

Deux brigades. Deux bataillons du 70e, deux du 86e, deux du 47e, et un bataillon du régiment suisse : total, 7 bataillons. Chaque bataillon, fort seulement de 7 compagnies et de 1,000 hommes. Total de la division, 7,000 hommes. Il resterait au camp de Pontivy, de chacun de ces trois régiments, 13 compagnies, ainsi que les 3e et 4e bataillons du 15e.

QUATRIÈME DIVISION A TIRER DU CAMP DE NAPOLÉON.

Cette division sera composée de deux bataillons du 82e, deux du 66e et deux du 26e; chaque bataillon de 4 compagnies, comme ceux du camp de Boulogne; ce qui fera 6 bataillons, plus un bataillon pareil du 31e léger. Total, 7 bataillons. Ils formeront deux brigades. La force de cette division sera de 4 à 5,000 hommes, 4,480 hommes.

La force totale des 4 divisions serait de 25,700 hommes. Ce qui donnerait toujours un présent sous les

armes de plus de 20,000 hommes, qui se trouveraient remplacés sur les côtes, partie par les légions,
et partie par les conscrits qu'on va mettre dans ces
cadres.

Il n'y aurait pas à craindre le morcellement de
l'armée, car, comme ces régiments ont leurs bataillons de guerre à la Grande Armée, je ne manquerai pas, dès que cela sera possible, de réunir les
corps.

Nota. Me faire connaitre si l'on croit que la force
de ces différents cadres au 15 mai les mettra dans
le cas d'exécuter ledit ordre. En formant de bonne
heure les trois camps des côtes, j'ai eu spécialement
cela en vue.

NAPOLÉON.

Archives de l'Empire.

---

907. — OBSERVATIONS RELATIVES AUX DÉPOTS DE CAVALERIE, A DES ACHATS DE CHEVAUX ET AUX FOURNITURES DE HARNACHEMENT.

AU GÉNÉRAL DEJEAN.

Finkenstein, 22 avril 1807.

Monsieur Dejean, je reçois votre rapport du
8 avril avec tous les états qui y étaient joints ; je les

ai lus avec beaucoup d'attention, et j'ai été très-satisfait de leur clarté et de leur netteté.

Indépendamment des chevaux qui ont été distribués à Cassel et à Potsdam, il en a été donné aux corps dans les gouvernements de Minden, Fulde, Brunswick, Hanovre; on en distribue en ce moment près de 3,000 en Silésie. Il est nécessaire que vous écriviez au général Fauconnet, qui est à la tête des dépôts de cavalerie en Silésie, et aux différents gouverneurs, de vous rendre compte de tous les chevaux qu'ils ont délivrés. Ces gouverneurs les ont distribués à des détachements qui avaient été envoyés à pied et qui ont servi longtemps ainsi.

Vous aurez vu par ma dernière lettre que j'ai ordonné au maréchal Kellermann de ne pas faire repasser le Rhin aux 1,500 hommes que vous avez dirigés sur Potsdam; mais je les ai fait envoyer dans les gouvernements où on les montera; ce sera encore des chevaux donnés aux corps. Tout cela peut s'évaluer à 4,000 chevaux.

Le général Bourcier a fait distribuer des chevaux aux 3ᵉ et 24ᵉ de chasseurs et à d'autres régiments encore. Je suis assuré qu'en réunissant tous ces éléments vous aurez pour résultat une distribution faite en Allemagne de 15 à 16,000 chevaux. J'ai fait distribuer 20,000 francs à chaque régiment pour pouvoir acheter des chevaux. Cela doit bien en donner encore un millier. Tous ces éléments sont néces-

saires à recueillir pour pouvoir bien asseoir la comptabilité des corps. Malgré ces efforts, j'ai plus de
1,500 hommes à pied à Potsdam et 3,000 en remonte
en Silésie, parce que les pertes, résultant des événements et surtout des fatigues de la guerre, sont
très-considérables. Mais, comme les pertes seront
soigneusement relatées par les conseils d'administration, il faut aussi que les recettes leur soient exactement comptées.

La base de tout est 80,000 chevaux. Je vous ai
autorisé à distribuer 12,000 chevaux aux différents
dépôts, comme à-compte sur les pertes dont ils
devront justifier. Je crois que c'est faire une évaluation faible que d'estimer la perte à 16,000 chevaux, depuis le commencement de la guerre. Vous
devez sentir l'importance de la mesure que j'ai
prise d'accorder, indépendamment du complément
de 80,000 chevaux, un à-compte sur les pertes qui
sont justifiées; on perdrait six mois d'un temps précieux, si l'on voulait attendre que les pièces de
justification de pertes arrivassent. Je suppose que,
dans les états que vous m'annoncez prochainement,
vous porterez ce supplément dans une colonne par-
ticulière qui sera intitulée : *Avances faites aux
corps pour les pertes présumées, dont ils auront à
justifier.*

Le 24e de chasseurs a vendu ses chevaux à la
cavalerie italienne, qui les lui a payés argent comp-

tant; il faut que cette somme entre en compte sur ce qu'a reçu le corps.

Pour maintenir votre compte de 80,000 chevaux, vous finirez donc peut-être par en avoir donné 120,000; mais cela sera compensé par la perte. Le véritable parti à prendre est donc de fournir autant de chevaux qu'il y a d'hommes aux dépôts; mais en même temps il faut exercer une grande surveillance pour avoir tous les éléments des comptes à établir avec tous les corps.

Dans l'état n° 4, intitulé : *Situation en chevaux des dépôts, au 1er mars* 1807, *etc., et de l'effectif au 1er mai,* je vois que le 13° de dragons n'aurait que 75 chevaux, le 14° que 40, le 17° que 48, le 18° que 47, le 20° que 67, le 22° que 21, le 25° que 21, le 7° de chasseurs que 40, le 21° que 76, le 10° de hussards que 26. Cependant ces régiments peuvent avoir à leurs dépôts 3, 4 et peut-être 500 hommes. Cela fait très-bien sentir l'importance de la mesure que j'ai prise; elle remédie à tout, parce qu'elle se calque, non sur un principe de comptabilité, mais sur la nature des choses.

Selon l'état n° 2, *Compte des dépenses des remontes et du harnachement,* il faut 13,751,713 francs pour compléter les 80,000 chevaux, c'est-à-dire pour payer les 21,513 achetés au 25 mars et les 9,314 à acheter. Vous demandez 7,057,828 francs. Je vous ai donné trois millions pour le mois d'avril

dans la distribution du mois d'avril; je vous accorderai encore trois millions dans la distribution du
mois de mai.

Quant au harnachement, c'est à vous à voir ce
qu'il faut faire; il me semble que l'armée ayant une
fois 80,000 harnachements, ils ne doivent pas se
perdre comme les chevaux. Cependant on ne peut
pas se dissimuler qu'il ne s'en perde aussi beaucoup; la guerre est une grande occasion de destruc-
tion. Il faut donc faire aux dépôts d'exactes revues
et passer enfin par-dessus tout pour qu'ils aient le
moyen d'équiper leurs chevaux.

Je prends un décret qui augmentera la masse
d'habillement à raison du harnachement, et qui
augmentera aussi la masse des remontes, de manière que vous ayez de quoi faire face, non-seulement aux dépenses que nécessite le complément
des 80,000 chevaux, mais encore à celles qui ré-
sultent de la mesure que j'ai prise, de donner aux
dépôts 12,000 chevaux au compte des corps. Mais
il est très-important, sous tous les points de vue,
qu'à mesure que des détachements peuvent quitter
les dépôts vous les fassiez partir, parce que, quand
ces détachements sont arrivés à Potsdam, ils servent
à maintenir les derrières de l'armée, s'ils ne sont
pas appelés à leurs corps. C'est d'ailleurs autant
d'économisé sur votre administration pour la nourriture des hommes et des chevaux.

Je voudrais avoir sur l'habillement des états aussi bien faits que ceux que vous m'envoyez sur les remontes et sur le harnachement.

NAPOLÉON.

Dépôt de la guerre.

(En minute aux Arch. de l'Emp.)

---

908. — ORDRE D'EXPÉDIER PAR DES CAISSONS LES EFFETS D'HABILLEMENT DESTINÉS A L'ARMÉE.

AU GÉNÉRAL DEJEAN.

Finkenstein, 22 avril 1807.

Monsieur Dejean, je reçois le rapport du 9 avril par lequel vous me rendez compte du nombre de paires de souliers, de selles et de paires de bottes expédiées à Mayence, sur les marchés que vous avez passés. Vous allez contre mon intention en faisant des expéditions de ces objets par les transports militaires. Ils pourriront dans quelque coin; ils auront coûté beaucoup d'argent et on n'en retirera aucun service. Mon intention est, je le répète, que vous n'expédiiez rien que par des caissons qui m'appartiennent. Si on met de l'activité dans la levée des caissons, l'envoi des objets n'éprouvera pas de retard. D'ailleurs, j'aime mieux recevoir plus tard que de ne pas recevoir du tout. Ce qui

vient par les transports militaires n'arrive jamais.
On a sur cela l'expérience des siècles. Il faut envoyer les bottes et les souliers par 50 ou 60 caissons
ensemble. On pourra alors leur donner une escorte,
les faire accompagner par un officier de gendarmerie, et même les mettre sous la garde d'un employé
qui rendra compte. On sera sûr ainsi que tout arrivera.

NAPOLÉON.

Dépôt de la guerre.
(En minute aux Arch. de l'Emp.)

909. — REPROCHES ET CONSEILS AU SUJET DU COMBAT DE FRANKENSTEIN.

AU PRINCE JÉRÔME.

Finkenstein, 24 avril 1807.

Je reçois votre lettre du 10 avril. J'ai accordé un
avancement dans la Légion d'honneur au général
Lefebvre. J'ai fait ce que vous désiriez pour les officiers bavarois et wurtembergeois. Renvoyez-moi mes
cuirassiers et ma cavalerie légère, j'en ai besoin;
gardez les dragons. Qu'avez-vous besoin de retourner
à Breslau? Restez au camp. J'aurais voulu qu'au lieu
du général Lefebvre ce fût vous qui eussiez été au
milieu du feu. J'attends que vous m'appreniez bien-

tôt que Neisse est pris. En me privant de 2,000 chevaux, vous me faites grand tort. Pourquoi laissez-vous Lefebvre avec 1,800 hommes? Il faut vous-même baraquer là avec tout votre monde. Le général Lefebvre s'est bien conduit, mais vous n'avez pu venir à son secours qu'à onze heures du matin. Il est de principe à la guerre que même un corps de 12,000 hommes ne peut être éloigné de plus d'une heure du gros de l'armée. Si Lefebvre eût été battu, vous l'eussiez été aussi à onze heures; ainsi vous vous seriez compromis. Faites véritablement la guerre. Portez-vous là, ayez là vos 6,000 hommes réunis. Jetez à une lieue en avant, sur le chemin de Glatz, et à une lieue en avant de Silberberg, deux fortes avant-gardes, qui elles-mêmes tiendront des postes à une demi-lieue en avant. Vous n'avez alors rien à craindre de la garnison de Glatz, et vous pourrez me renvoyer ma cavalerie. Vous devez être levé à une heure du matin. Vos troupes doivent être sous les armes à deux heures, et vous au milieu d'elles pour recevoir les reconnaissances qui auront été envoyées sur tous les points. Vous ne devez rentrer à Frankenstein qu'à huit heures du matin, lorsqu'il est certain qu'il n'y a rien de nouveau.

Je regarde vos opérations; le succès ne fait rien, mais je ne vois pas encore que vous fassiez la guerre. Comment Hédouville et Deroy ne vous disent-ils pas cela? C'est que chacun aime à flatter un prince, et

que chacun aime à rester tranquille dans une bonne
ville. Au milieu de cela vous n'acquérez pas d'expérience. Quelle leçon perdue pour vous que ce combat
de Frankenstein! La guerre ne s'apprend qu'en
allant au feu.   NAPOLÉON.

Le feu a commencé aujourd'hui devant Danzig.
Nous y avons 60 pièces de canon de gros calibre en
batterie.

Les Suédois ont été battus par le maréchal Mortier, qui leur a fait 1,000 à 1,100 prisonniers et pris
six pièces de canon.

Archives de l'Empire.

---

910. — INSTRUCTIONS POUR LE MARÉCHAL BRUNE, COMMANDANT LE CORPS D'OBSERVATION DE LA GRANDE ARMÉE.

Finkenstein, 29 avril 1807.

Le corps que commande le maréchal Brune prendra le nom de corps d'observation de la Grande
Armée.

Le corps d'observation de la Grande Armée sera
composé de toutes les troupes hollandaises, montant à 14,000 hommes, des troupes espagnoles,
montant au même nombre, et des divisions Molitor
et Boudet.

Le corps d'observation a pour but de défendre l'embouchure de l'Ems, du Weser, de l'Elbe, et de tenir en échec la Poméranie suédoise, en gardant les bords de la Trebel et de la Peene.

Il doit se porter sans ordre partout où débarquerait une armée anglaise ou suédoise, et doit avoir pour but de garantir Berlin, Magdeburg, Hameln et Stettin; du moment qu'un débarquement considérable d'une armée anglaise aura été effectué, de réunir ses forces pour l'obliger à se rembarquer, et remplir les objets ci-dessus dénommés.

Pour remplir ce but, il sera partagé de la manière suivante :

La division de gauche, entre le Weser et l'Elbe; le centre, entre Lubeck et Demmin; la droite, entre Demmin et l'embouchure de l'Oder, y compris l'île de Wollin et celle d'Usedom. Le quartier général sera à Schwerin; les divisions Molitor et Boudet, à Magdeburg.

Le corps espagnol se réunira dans le Hanovre. Les places de Magdeburg, Hameln et Stettin seront garnies par leurs troupes propres, et, dans tous les cas où elles seraient abandonnées ou investies, le maréchal Brune, commandant en chef le corps d'observation, aura soin de compléter leurs garnisons. Les trois commandants correspondront à cet effet fréquemment avec le maréchal, qui lui-même correspondra avec le général Clarke, gouverneur de

Berlin, et avec les gouverneurs de Brunswick, Hanovre, Minden et Cassel, afin de les instruire de tous les événements.

Les Anglais ne peuvent tenter qu'une de ces quatre opérations :

Ou débarquer en Hollande pour envahir la Hollande ;

Ou débarquer à l'embouchure de l'Elbe pour prendre Hamburg, et de là se porter soit dans le Mecklenburg, soit dans le Hanovre ;

Ou débarquer à Stralsund ou à Rostock pour se porter soit sur Berlin, soit sur Stettin ;

Enfin se porter sur Danzig ou Kœnigsberg pour y débarquer le reste des troupes.

Si l'ennemi se porte en Hollande, le maréchal Brune mettra sur-le-champ en mouvement sa gauche pour aller au secours de la Hollande.

S'il débarque dans l'Elbe, il ploiera toutes ses troupes sur Hambourg pour tenir en échec l'ennemi.

S'il débarque à Stralsund ou à l'embouchure de l'Oder, il appuiera toute son armée sur sa droite.

Dans tous les cas, les deux divisions Molitor et Boudet, qui sont à Magdeburg, se trouveraient à sept ou huit marches de la gauche ou de la droite, pendant que les deux divisions hollandaises se trouveraient relativement au point attaqué, ou sur le terrain, ou à deux ou trois marches pour le centre, ou à cinq ou six marches pour l'aile la plus éloignée.

· Nous ne comptons point les Espagnols, dont on ne connaît point encore l'époque de l'arrivée.

Le maréchal Brune ne fera pas bouger les divisions Molitor et Boudet hors le cas de nécessité, ces divisions étant là pour un autre but, et étant nécessaire qu'elles soient fraîches et reposées et dans le cas de faire quelques marches forcées.

Si l'expédition anglaise se jetait sur Danzig, ou Memel, ou Kœnigsberg, le maréchal Brune appuiera toutes ses troupes sur Stettin et ne réservera à Hambourg que ce qui est nécessaire pour maintenir le blocus à l'abri d'une expédition de 2 ou 3,000 hommes.   NAPOLÉON.

---

911. — INSTRUCTIONS POUR LE MARÉCHAL MORTIER, CHARGÉ DU SIÉGE DE KOLBERG ET DE LA DÉFENSE DES COTES.

Finkenstein, 29 avril 1807.

Le maréchal Mortier, commandant le 8e corps de la Grande Armée, sera chargé de faire le siége de Kolberg et de le protéger, ainsi que de la défense de la côte depuis les bouches de l'Oder jusqu'à celles de la Vistule. Son corps d'armée sera composé de la division Grandjean, de celles Dupas et Loison, ayant les 4ᵉ d'infanterie légère, 15ᵉ et 58ᵉ de ligne, le régiment de Würzburg, le régiment du duc de Berg, formant ensemble, avec les deux régiments hollandais à cheval et toute l'artillerie de son corps d'armée, 9,000 hommes ; ayant de plus quatre régiments italiens, deux régiments à cheval italiens, le contingent de la Saxe-Ducale, et deux régiments de Wurtemberg, formant 9,000 hommes ; en tout, 18,000 hommes.

La division Loison fera le siége de Kolberg ;

La division Dupas restera cantonnée entre Stettin et Kolberg ;

La division Grandjean, entre Kolberg et Danzig.

L'ennemi peut entreprendre :

Ou un débarquement dans les bouches de l'Oder : alors il doit appuyer sur sa gauche pour favoriser le maréchal Brune et défendre les îles de Wollin ;

Ou il débarquera à Kolberg, ou près de là, pour faire lever le siége : il doit réunir ses forces pour protéger le siége ;

Ou il se portera sur Danzig pour se réemparer de cette place : et, dans ce cas, il doit appuyer toutes ses forces à Danzig et y arriver avant lui ;

Ou enfin l'expédition anglaise se portera sur Kœnigsberg : il doit alors appuyer sur Danzig pour y être à même d'exécuter les ordres qu'il recevra.

NAPOLÉON.

Archives de l'Empire.

912. — RECOMMANDATIONS ET CONSEILS AU PRINCE JÉROME AU SUJET DE SA SITUATION EN SILÉSIE.

Finkenstein, 2 mai 1807.

Je reçois votre lettre du 29 avril. Je suis fort surpris d'apprendre que le premier détachement de cuirassiers ne soit pas encore arrivé; il devrait l'être depuis longtemps. Tout ce que vous me dites de vos dispositions serait bon, si elles avaient été calculées de manière à ce que vous fussiez arrivé contre l'ennemi dans la première demi-heure où il a attaqué. Votre lettre, d'ailleurs, contient trop d'esprit. Il n'en faut point à la guerre : il faut de l'exactitude, du caractère et de la simplicité. Dans l'ordre défensif, il faut réunir ses troupes, les tenir sur pied en bataille avant le jour, jusqu'à la rentrée des reconnaissances qu'on a envoyées sur tous les points. Votre correspondance n'est jamais complète. Vous ne m'instruisez pas des raisons qui vous obligent à tenir 600 hommes à Schweidnitz et 400 hommes à Brieg. Je vous ai déjà fait connaître que 600 hommes dans Schweidnitz et 400 hommes dans Brieg seront égorgés si les habitants le veulent, et que, réunis dans un seul point, ils se défendraient mieux. Il me paraît que vous avez 1,000 hommes des dépôts français. Quels secours attendez-vous de

ces 1,000 hommes, composés de soldats sans officiers, appartenant à différents régiments? Tandis
que, s'ils étaient à leurs régiments, ils y seraient
de la plus grande utilité. Envoyez-moi l'état, par
corps, de ces 1,000 hommes.

Je vous ai mandé que je vous avais envoyé 1,400
autres hommes; ils ne doivent pas être loin de Posen. Je désire beaucoup que vous m'envoyiez ces
2,800 hommes. Il est possible que j'aie une bataille, et 2,800 hommes de cavalerie ne me seraient
point indifférents. Pour moi, ils valent plus que
leur nombre, parce que mes corps s'en trouvent
renforcés et y gagnent plus de moral. Si vous croyez
avoir besoin de garder 200 dragons, j'y consens,
mais pas un homme de plus, et, en réalité, vous
n'en avez pas besoin. Vous avez assez de forces pour
contenir l'ennemi qui est devant vous. Il résulte de
votre état de situation du 23 avril que vous avez
15,300 hommes, dont 1,500 de cavalerie.

Vous ne m'avez pas fait connaître l'issue de votre
sommation de Neisse. Il paraît que vous n'aurez pas
cette place si facilement. Il faudra ouvrir la tranchée et faire un siége en règle. Je ne connais pas
bien votre situation. Faites-moi connaître, par le
retour de votre aide de camp, les positions que
vous occupez devant l'ennemi, les positions que
vous occupez devant Neisse, devant Kosel, devant
Glatz; joignez-y un croquis sur grande dimension.

28.

Entrez dans des détails pour que je connaisse bien votre situation. Ceux qui vous disent qu'il y a 12,000 hommes dans Neisse font des contes; tout porte à penser qu'il n'y en pas 3,000.   NAPOLÉON.

Archives de l'Empire.

---

913. — OBSERVATIONS SUR DES ÉTATS PRÉSENTANT LA SITUATION DES VIVRES. — ORDRES POUR LES APPROVISIONNEMENTS.

A M. DARU.

Finkenstein, 3 mai 1807.

Monsieur Daru, je viens de lire les états de situation du 23 avril. Comment n'ai-je pas trois millions de boisseaux d'avoine sur le canal, depuis Küstrin jusqu'à Bromberg? Je vois que je n'ai que 2,000 boisseaux à Thorn et 1,300 à Bromberg. Comment n'ai-je pas 400,000 pintes d'eau-de-vie à Bromberg? Je vois qu'à Bromberg et à Thorn il n'y a presque rien. Enfin comment n'ai-je pas 10,000 quintaux de farine et 50,000 de blé à Bromberg? Je vois que je n'ai que 12,000 quintaux. Il ne faut pas croire que jusqu'à cette heure ce soient vos magasins qui aient nourri l'armée, c'est la ville d'Elbing et l'île de Nogat. Vous savez fort bien qu'il faut 165,000 rations pour nourrir l'armée sur la rive droite, c'est-à-dire près de 2,000 quintaux par jour. Il faut donc par mois 60,000 quintaux.

Dans cinquante jours, depuis le 24 février au 16 avril, l'on a mangé plus de 70,000 quintaux. Je compte dans ce nombre le gaspillage et les pertes, le pain pillé, etc. Je n'ai donc aujourd'hui à Bromberg que pour huit jours. Elbing ne fournira bientôt plus rien. Il faudra songer à approvisionner tous les magasins par Bromberg; Varsovie même devrait l'être par Bromberg, s'il y avait la moindre administration. Il faut me faire un rapport pour me faire connaître comment va vivre mon armée pendant mai, juin, juillet, août et septembre. Elle ne peut plus se nourrir d'Elbing, il n'y a plus rien; elle ne peut pas vivre de la rive droite, elle est épuisée; il faut donc qu'elle vive des magasins de Bromberg. Il y faut 250,000 quintaux. Varsovie, Kalisz, et tout ce qui peut être fourni par les départements voisins, pourront tout au plus fournir les 50,000 restants. Ne perdez pas une heure à mettre en mouvement de Breslau, de Glogau, de Küstrin, Magdeburg, Spandau, Wittemberg, etc., des farines, du blé, conformément à la lettre que vous écrit le maréchal Duroc, pour mettre en bonne situation les magasins de Bromberg et de Thorn; et faites remplacer par des réquisitions dans le pays ce que vous tirerez de ces places. Ayez soin de ne rien demander aux alliés, mais de lever tout en pays ennemi

Dans le rapport que vous me ferez, vous joindrez
le tableau de ce qui existe au 1er mai dans les magasins sur la Vistule, de ce que vous ferez venir
des magasins de derrière et de ce que le pays doit
encore fournir; un tableau de répartition d'une réquisition extraordinaire de grains pour réapprovisionner toutes les places, et ce à compte de la contribution, de manière que l'on puisse, dans le courant
de juin et juillet, tirer des mêmes magasins de Glogau, Küstrin, Stettin et Magdeburg, des blés pour
remplacer la consommation, sans affaiblir la quantité qui doit toujours rester dans ces magasins. Pour
le vin, il faut me faire connaître la quantité que l'on
a tirée de Stettin, celle achetée à Varsovie et celle
consommée. Envoyez des agents des transports pour
faire venir tout ce qui est en route. Dirigez sur
l'armée toutes les eaux-de-vie qui se trouvent dans
les magasins de Stettin, Küstrin, Glogau et Magdeburg, et faites-les remplacer par des réquisitions
dans le pays. Suivre le même procédé pour l'avoine
et la remplacer par des réquisitions, et, par ce
moyen, faire payer quelque chose à la Prusse, qui,
jusqu'à présent, a moins payé que si elle était en
paix.

Si vous ne réussissez pas dans toutes ces mesures,
vous n'aurez aucune excuse, car vous avez des rivières, des canaux. L'artillerie fait venir avec la
plus grande activité de ses arsenaux, et même de

France, les fusils et tout ce dont elle a besoin, et
vous, vous ne pouvez pas faire venir un tonneau de
vin de Küstrin.

Napoléon.

Je reçois les états au 1er mai. J'y vois que le vin
qui est en route depuis le mois de mars n'est pas
encore arrivé à Bromberg; que Thorn n'a que
2,200 quintaux de farine ou de blé, et point de
pain; que Bromberg n'a que 15,000 quintaux de
farine ou de blé, et pas de réserve en pain. Je vois
à Strasburg 15,000 quintaux de farine ou de blé :
qui a ordonné dans cette place un magasin si considérable? d'où viennent-ils? Varsovie n'a que 3,000
quintaux; c'est une grande faute.

Comm. par M. le comte Daru.
(En minute aux Arch. de l'Emp.)

---

914. — COMPOSITION DU CORPS DE RÉSERVE DE LA GRANDE ARMÉE.

AU MARÉCHAL BERTHIER.

Finkenstein, 5 mai 1807.

Le maréchal Lannes commande un corps qui
porte le nom de corps de réserve de la Grande
Armée.

Ce corps sera composé de la division Oudinot, formée à quatre brigades, et de la division Verdier.

La division Oudinot aura ses quinze pièces de canon, telles qu'elle les a dans ce moment.

La division Verdier sera composée des 2ᵉ léger, 3ᵉ de ligne, 72ᵉ de ligne et du régiment de Paris. Elle aura douze pièces de canon françaises, actuellement attachées à la division italienne, qui est devant Kolberg, et qui ont ordre de se rendre à Marienwerder.

Le 3ᵉ et le 72ᵉ arriveront à Marienwerder avant le 12 mai. Le 2ᵉ léger et le régiment de Paris seront joints à la division Verdier après la prise de Danzig.

Le général de brigade Harispe et le général de brigade Vedel feront partie de la division Verdier. L'adjudant commandant Sicard sera le chef d'état-major de cette division.

Une troisième division sera réunie au corps de réserve ; elle sera composée de la division italienne. Je donnerai des ordres pour le temps où elle devra rejoindre le corps de réserve. Elle aura ses douze pièces d'artillerie, que lui fournit le 8ᵉ corps.

Vous ferez connaître au maréchal Lannes que cette division n'arrivera à Marienwerder que sur la fin de mai, et qu'elle est composée de quatre régiments d'infanterie italiens et d'un régiment de cavalerie.

Le corps de réserve sera ainsi composé de plus de 20,000 hommes.

Il est nécessaire qu'il y soit attaché un ordonnateur, des employés d'administration, et un officier supérieur pour commander l'artillerie.

NAPOLÉON.

Dépôt de la guerre.
(En minute aux Arch. de l'Emp.)

---

915. — NÉCESSITÉ D'APPELER IMMÉDIATEMENT LA CONSCRIPTION. — OBSTACLES A LEVER.

A M. CAMBACÉRÈS.

Finkenstein, 7 mai 1807.

Mon Cousin, je reçois votre lettre du 28 avril. M. Lacuée a reçu ma lettre du 15 avril, dans laquelle je lui ai fait connaître que les conscrits doivent partir le 15 mai. Je lui ai répété la même chose dans ma lettre du 18.

Jugez de ma surprise en lisant votre lettre du 28 avril. Vous dites que j'ai signé le décret, tel qu'il a passé au Conseil d'État; cela me confond; c'est une erreur d'expédition. J'ai fait les changements de ma propre main.

Il est ridicule que, lorsque j'ai besoin de la conscription, M. Lacuée ne veuille l'appeler que le 5 juillet. D'ailleurs, tous ces calculs de bureau sont faux. Le 5 juillet sera justement le moment de la récolte, qui est une espèce de fête champêtre où les jeunes gens aiment à être chez eux. Cette idée d'opérer simultanément dans toute la France est mauvaise. Il faut que chaque préfet, à mesure qu'il reçoit le décret, fasse son travail et effectue les départs. Pourquoi mettre toute la France en crise à la fois, et rester tout le mois de mai et de juin la bouche béante dans de vaines formalités, et ouvrir le champ aux intrigues de la malveillance? Je suis fâché que dans le Conseil d'État aucun homme n'ait fait sentir cela. Prenez donc, je vous prie, une résolution pour que la conscription arrive le plus tôt possible. Il faut que chaque préfet, dès qu'il reçoit le décret, selon qu'il lui parvient plus tôt ou qu'il a plus de facilités, fasse partir ses conscrits. Tenez la main à cela.

Mes légions doivent être formées au mois de juin, pour me servir en juillet et août. Ainsi j'espère que les départs s'effectueront au 1er juin, au moins pour tout le centre de la France. Y a-t-il de l'avantage ou de l'inconvénient à ce que les conscrits de Gênes ou des Pyrénées partent le même jour que ceux de Paris? Cette rage de régulariser perd tout. Il vaut mieux suivre la nature des choses, surtout dans un aussi vaste empire. Cette affaire a été bien mal menée. Le Sénat a adopté le sénatus-consulte le 6 avril. Il était naturel que sur-le-champ le ministre de la guerre ou le directeur de la conscription fît former les listes; elles pouvaient donc l'être le 17 avril, le 5 mai les conseils de recrutement être tenus, et le 10 toute la conscription partir. Tout cela, ce sont de mauvaises plaisanteries. Y avait-il besoin d'attendre que je fisse promulguer le sénatus-consulte pour écrire confidentiellement aux préfets de former les listes? La véritable opération est celle du conseil de recrutement. Cette opération pouvait être faite à l'arrivée du décret. Enfin on a voulu perdre trois mois; c'est bien mal connaître le prix du temps. Quel avantage pour la France d'avoir sa conscription finie dans le mois de juin, au lieu de la faire pendant la récolte! Faites-moi connaître ce que vous avez fait là-dessus.

La raison que donne M. Dejean pour ne pas envoyer les selles par les caissons de Sampigny n'est pas bonne; c'est, au contraire, faire d'une pierre deux coups, car j'ai besoin de caissons.

NAPOLÉON.

Comm. par M. le duc de Cambacérès.
(En minute aux Arch. de l'Emp.)

916. — RÉGIMENTS PROVISOIRES ET BATAILLONS DE GARNISON A FAIRE PARTIR.

AU MARÉCHAL KELLERMANN.

Elbing, 8 mai 1807.

Mon Cousin, je reçois vos quatre lettres du 30 avril. Je vois avec plaisir que les 17ᵉ et 18ᵉ régiments provisoires sont déjà formés; faites-les partir sans délai pour Magdeburg. Vous n'avez rien à craindre de la Hesse : d'abord, parce vous aurez toujours assez de conscrits pour pouvoir y envoyer du monde, si cela était nécessaire; ensuite, parce que le 5ᵉ, fort de 2,000 hommes, va arriver à Mayence; que 14,000 Espagnols y seront bientôt; que 20,000 hommes, venant d'Italie, arrivent dans cinq jours à Magdeburg. Je ne les fais pas venir à l'armée, parce que ce sont des régiments frais, que je garde en réserve.

Si la Hesse levait le nez, et que vos moyens ne fussent pas suffisants, rien que de savoir cette force-là la contiendrait.

Mon armée est superbe. Je viens de passer la revue de 18,000 hommes de cavalerie dans les plaines d'Elbing. Je n'ai jamais vu la cavalerie plus belle. J'attends que la saison devienne meilleure, que Danzig soit pris, et que tous mes régiments

provisoires soient arrivés, pour frapper un vigoureux coup de massue.

Nous nous logeons cette nuit dans le chemin
couvert de Danzig. Nous venons de prendre une
île qui était défendue par 1,000 Russes, cinq redoutes et dix-sept pièces de canon. 400 Russes ont
été tués, 600 ont été faits prisonniers; les redoutes
et les dix-sept pièces de canon ont été prises.

Dès le 5 juin, une bonne partie de la conscription va se mettre en marche pour renforcer tous
vos cadres. J'apprends avec plaisir que le 1er bataillon de garnison de Magdeburg est parti et arrivera le 13 mai, et que le 2e bataillon partira sous
peu de jours. Voilà une belle et bonne besogne.

NAPOLÉON.

Dépôt de la guerre.
(En minute aux Arch. de l'Emp.)

---

917. — INSTRUCTIONS POUR LE GÉNÉRAL GARDANE, CHARGÉ D'UNE MISSION EN PERSE.

Camp impérial de Finkenstein, 10 mai 1807.

M. le général Gardane arrivera le plus promptement possible en Perse. Quinze jours après son arrivée il expédiera un courrier, et un mois après il
fera partir un des officiers qui l'accompagnent.

A son passage à Constantinople, il prendra toutes les mesures pour que sa correspondance avec le ministre des relations extérieures et celle du ministre avec lui se fassent rapidement. S'il était possible de faire faire ce service par les agents mêmes de la Porte, il serait dans le cas d'écrire tous les huit jours. Toutes ses dépêches de quelque importance, tant pour le ministre des relations extérieures que pour le général Sebastiani, seront écrites en chiffres.

Ses premières dépêches surtout doivent être telles qu'il convient lorsqu'on a à faire connaître un pays sur lequel il n'existe aucun renseignement positif. La géographie et la topographie du pays, les côtes, la population, les finances, l'état militaire dans ses divers détails, tels doivent être les premiers objets des recherches du général Gardane. Ils doivent remplir ses dépêches et lui fournir des volumes.

La Perse doit regarder les Russes comme ses ennemis naturels : ils lui ont enlevé la Géorgie; ils menacent ses plus belles provinces; ils n'ont pas encore reconnu la dynastie actuelle, et depuis son avénement ils ont toujours été en guerre avec elle. M. le général Gardane rappellera tous ces griefs; il entretiendra l'inimitié des Persans contre la Russie; il les excitera à de nouveaux efforts, à des levées plus nombreuses. Il leur donnera, pour la suite de leurs opérations militaires, tous les conseils que lui suggérera son expérience, et il cherchera, dans cette vue, à se lier avec le prince Abbas-Mirzà, qui commande l'armée et qui paraît en avoir toute la confiance. Il faut que la Perse opère sur les frontières de la Russie une puissante diversion, et qu'elle profite du moment où les Russes ont affaibli leur armée du Caucase, et en ont envoyé en Europe une partie, pour rentrer dans les provinces qu'ils lui ont enlevées par leurs armes ou par leurs intrigues. La Géorgie, qu'ils se sont fait céder par le dernier prince de ce pays, leur est mal assurée ; les habitants paraissent regretter encore leurs anciens maîtres. La chaîne des montagnes qui couvre l'entrée de la Perse et des provinces ottomanes est d'ailleurs située au nord de la Géorgie. Il est important que la Russie ne demeure pas maîtresse de tous les passages.

M. le général Gardane emploiera tous ses soins pour que la Perse et la Porte ottomane se concertent, autant qu'il sera possible, dans leurs opérations entre la mer Noire et la mer Caspienne. L'intérêt des deux empires est le même : tous les pays, au midi de la Russie, sont également menacés, parce qu'elle préfère à ses déserts et à ses glaces une terre plus fertile et un ciel plus doux. Mais la Perse a encore un autre intérêt qui lui est propre : c'est d'arrêter dans l'Inde les progrès de l'Angleterre.

La Perse est aujourd'hui pressée entre la Russie et les possessions anglaises. Plus ces possessions s'étendent vers les frontières de Perse, plus elle doit en craindre l'agrandissement ultérieur. Elle serait exposée à devenir un jour, comme le nord de l'Inde, une province anglaise, si, dès aujourd'hui, elle ne cherchait pas à prévenir ce danger, à nuire à l'Angleterre, à favoriser contre elle toutes les opérations de la France.

La Perse est considérée par la France sous deux points de vue : comme ennemie naturelle de la Russie, et comme moyen de passage pour une expédition aux Indes.

C'est à raison de ce double objet que de nombreux officiers du génie et d'artillerie ont été attachés à la légation du général Gardane. Ils doivent être employés à rendre plus redoutables à la Russie les forces militaires de la Perse, et à faire des recherches, des reconnaissances et des mémoires qui puissent conduire à connaître quels seraient les obstacles que trouverait une expédition dans son passage, quelle route elle devrait suivre pour se rendre dans l'Inde, soit en partant d'Alep, soit en partant d'un des ports du golfe Persique. On suppose que, dans le premier cas, l'expédition française, du consentement de la Porte, débarquerait à Alexandrette ; que, dans le second, elle doublerait le cap de Bonne-Espérance et irait débarquer à l'en-

trée du golfe Persique. Il faut faire connaître, dans
le premier et dans le second cas, quelle serait la
route depuis le point de débarquement jusque dans
l'Inde; quelles en seraient les difficultés; si l'expédition trouverait des moyens de transport suffisants,
et de quelle nature; si les chemins lui permettraient
de traîner son artillerie; et, dans le cas d'obstacles,
quels moyens elle aurait de les éviter ou de les sur-
monter; si elle trouverait abondamment des vivres
et surtout de l'eau; dans le second cas, quels seraient les ports propres au débarquement; quels
seraient ceux où pourraient entrer des vaisseaux
à trois ponts, des vaisseaux de 80 canons, des vaisseaux de 74; quels seraient ceux où l'on pourrait
établir des batteries, afin de mettre les vaisseaux à
l'abri des attaques d'une escadre ennemie; quels
seraient enfin ceux où l'escadre trouverait de l'eau
et des vivres à prix d'argent.

Enfin, il serait également nécessaire de faire
connaître si l'on trouverait une assez grande quantité de chevaux pour remonter la cavalerie et l'artillerie.

Si le général Gardane était seul, il ne pourrait
répondre à aucune de ces questions, puisque nous
voyons dans notre Europe, au sein même de l'Allemagne, que les renseignements donnés par les
propres habitants du pays sont toujours inexacts et
incompréhensibles. Mais le général Gardane aura à

ses ordres des ingénieurs de la guerre et de la marine, et des officiers d'artillerie, qui parcourront les routes, examineront les places, visiteront les ports de l'empire de Perse, non-seulement sur le golfe Persique, mais aussi sur la mer Caspienne, dresseront des cartes et lui fourniront le moyen d'envoyer, après quatre mois de séjour, des mémoires détaillés et dignes de confiance sur les divers objets de ces reconnaissances.

Il aura constamment soin de faire ses envois par duplicata, afin que des renseignements aussi précieux ne soient pas perdus, s'il arrivait quelque accident à un courrier.

Ces officiers se rendront également utiles en communiquant aux Persans les connaissances de l'art militaire d'Europe, et en les aidant à construire de nouveaux ouvrages pour la défense de leurs places.

Les deux principaux objets qu'on se propose seront ainsi remplis, puisque la Perse deviendra plus redoutable aux Russes, et que les moyens de passage, ainsi que tout ce qui regarde le pays, nous seront parfaitement connus. Voilà pour la partie militaire.

Quant à la partie diplomatique, le général Gardane est autorisé à conclure des conventions pour l'envoi à faire, par la France, de fusils avec baïonnettes, de canons, et d'un nombre d'officiers et de sous-officiers suffisant pour former le cadre d'un corps de 12,000 hommes, qui serait levé par la Perse. Le prix des armes sera fixé par les officiers d'artillerie, selon leur valeur en Europe. Le payement en sera stipulé. L'intention de Sa Majesté, en faisant payer ces armes, n'est pas d'éviter une dépense de 5 à 600,000 francs, mais de s'assurer que le gouvernement persan en fera plus de cas lorsqu'il les aura payées que si elles lui avaient été données. On sera certain, d'ailleurs, que, puisqu'il les achète, c'est qu'il a en effet la volonté de s'en servir. Ces armes et les officiers et sous-officiers seront transportés par une escadre de Sa Majesté.

On stipulera dans la convention le lieu du débarquement et le mode de payement des armes, qui pourra être fait, pour la plus grande partie, en vivres, tels que biscuit, riz, bœufs, etc., pour les escadres qui, après avoir débarqué ce qu'elles auront apporté, croiseront dans ces mers. La quantité d'armes qu'on prendra l'engagement de fournir peut s'élever à 10,000 fusils et une trentaine de pièces de canons de campagne. Le sort des officiers et sous-officiers, tant de ceux qui accompagnent le général Gardane que de ceux qui seront envoyés, doit être également fixé par ces conventions. Sa Majesté leur laissera le traitement dont ils jouissent en France; mais il convient qu'ils reçoivent en Perse un traitement extraordinaire, qui est toujours nécessaire à des Européens qui s'expatrient.

29.

Si la guerre avec la Russie continue, que la Perse désire et que le général Gardane croie utile, lorsqu'il connaîtra bien le pays, l'envoi de quatre ou cinq bataillons et de deux ou trois compagnies d'artillerie pour former une réserve à l'armée persane, cet envoi pourra être convenu par le général Gardane, et l'Empereur y donnerait son approbation.

Ce ministre connaît assez bien la situation des affaires pour savoir que ce n'est qu'au moyen d'un grand secret et de notions exactes sur les lieux de débarquement, qu'on peut envoyer une escadre pour porter des secours en Perse.

Dans le cas d'une expédition de 20,000 Français aux Indes, il conviendrait de savoir quel nombre d'auxiliaires la Perse joindra à cette armée, et surtout, tout ce qui concerne, comme il a été dit plus haut, les lieux de débarquement, les routes à tenir, les vivres et l'eau nécessaires à l'expédition. Il faut connaître aussi quelle serait la saison favorable pour le passage par terre.

Là ne se borne pas la mission du général Gardane ; il doit communiquer avec les Mahrattes et s'instruire, le plus positivement possible, de l'appui que l'expédition pourrait trouver dans l'Inde. Cette presqu'île est tellement changée depuis dix ans que ce qui la concerne est à peine connu de l'Europe. Rien ne serait plus utile que tous les renseignements qu'il pourrait recueillir, toutes les liaisons qu'il pourrait former.

Enfin, le général Gardane ne doit pas perdre de vue que notre objet important est d'établir une triple alliance entre la France, la Porte et la Perse, de nous frayer un chemin aux Indes, et de nous procurer des auxiliaires contre la Russie. Si l'exécution de cette dernière vue pouvait s'étendre du côté de la Tartarie, ce serait une chose digne d'attention; la Russie se mêlant de ce qui concerne nos frontières, nous recueillerons tôt ou tard le fruit des moyens que nous nous serons préparés pour l'inquiéter sur les siennes.

M. le général Gardane examinera quelles ressources la Perse pourrait offrir à notre commerce, quels produits de nos manufactures y réussiraient, et ce que nous pourrions en retirer en échange. Il est autorisé à négocier ensuite un traité de commerce sur les bases de ceux de 1708 et 1715. Il correspondra avec l'île de France, et il s'attachera à en favoriser le commerce avec d'autant plus de soin que l'île de France doit devenir la première échelle du commerce de la métropole avec le golfe Persique.

NAPOLÉON.

Comm. par M. le comte de Gardane.
(En minute aux Arch. de l'Emp.)

918. — POSSIBILITÉ DE TENTATIVES POUR SECOURIR DANZIG. — MESURES A PRENDRE ET ORDRES EN CONSÉQUENCE.

AU MARÉCHAL LEFEBVRE.

Finkenstein, 11 mai 1807, 4 heures après midi.

Je reçois vos trois lettres du 10 et la dernière datée de onze heures du soir. L'ennemi vous inquiète sur Kahlberg; il a débarqué des troupes du côté de Polski, et onze bâtiments se sont laissé voir hier au soir dans le port de Danzig. Il est donc possible que l'ennemi tente à la fois de porter des secours dans Danzig par ces deux voies. J'attends le rapport des marins pour connaître ce que les onze bâtiments peuvent porter. Il ne paraît pas que l'attaque par la langue de terre puisse être sérieuse. Toutefois, j'ai ordonné qu'il fût jeté un pont à Fürstenwerder et que le général Oudinot y tiendrait un bataillon. Le pont une fois établi, la cavalerie qui est dans l'île pourra déboucher sur le flanc de l'ennemi. Si l'ennemi veut tenter quelque chose de sérieux, il est vraisemblable que ce sera par la mer. Jusqu'à cette heure, les secours que portent les onze bâtiments ne sont pas de nature à donner de grandes inquiétudes; et si l'ennemi voulait employer 7 à 8,000 hom-

mes pour secourir Danzig, nul doute qu'il ne les
envoyât par mer dans le camp retranché.

Le 72ᵉ doit vous arriver le 16; envoyez à sa rencontre; vous pouvez lui faire gagner une journée et
le faire arriver le 15. Le maréchal Mortier ne doit
pas tarder non plus à appuyer sa droite à deux
journées de Danzig, afin de se porter à vous si l'ennemi tentait quelque chose. Vous n'avez rien à
craindre des Suédois, ni des Anglais, dont l'expédition ne sera prête qu'à la fin de mai. J'ai des nouvelles d'Angleterre du 28 avril. Le général Oudinot
est en mesure, à Marienburg, de se porter partout
où il sera nécessaire; mais il ne faut pas que vous
en disposiez, puisqu'il n'est pas sous votre commandement, et que vous êtes trop vieux soldat pour ne
pas savoir qu'il faut que chacun fasse sa besogne.
Jusqu'à cette heure, l'ennemi ne fait aucun mouvement sur la ligne; vous pouvez être certain que,
lorsqu'il sera décidé que l'ennemi se porte par mer
ou par la langue de terre sur vous, on ne vous laissera pas seul.

Faites armer les redoutes avec des pièces de campagne; faites établir le pont de radeaux dans l'île;
envoyez de la cavalerie et un général de brigade
pour éclairer la presqu'île, et faites-moi un rapport
exact sur la situation de vos troupes; donnez-moi
des renseignements sur ce qui arrive de nouveau.

Ne vous alarmez pas; instruisez-moi promptement

et exactement de tout. Faites avec vos forces tout ce qui est possible, et ne craignez pas qu'on vous laisse sans secours, quand il sera prouvé que l'ennemi s'affaiblit devant la Grande Armée. Mais mon intention n'est pas de déplacer les troupes, ni de disséminer une aussi bonne division que celle d'Oudinot.

NAPOLÉON.

Archives de l'Empire.

919. — ORDRES CONCERNANT LE ROLE DES TROUPES DE LANNES DEVANT DANZIG.

AU MARÉCHAL LANNES, A PIETZKENDORF.

Finkenstein, 14 mai 1807, 2 heures après midi.

Mon Cousin, le 3e de ligne va arriver à Marienburg et le 72e va arriver devant Danzig; ainsi, demain ou après, votre seconde division sera formée et sera forte de 5,000 hommes. Profitez de l'occasion de l'officier que le maréchal Lefebvre expédie, pour avoir des nouvelles des douze pièces d'artillerie qui étaient attachées à la division italienne qui est devant Kolberg, et qui doivent faire partie de votre seconde division.

Mon intention est que vous placiez votre corps de manière à tenir en échec la division ennemie qui a débarqué, mais que vous ne fatiguiez point vos hommes dans des travaux de tranchée, et que vous ne les exposiez pas ainsi à des pertes journalières pour lesquelles je n'ai point destiné ce corps. Dans la journée du 18 au 19, le maréchal Mortier va arriver devant Danzig avec 9,000 hommes; et alors, si aucune circonstance extraordinaire ne survient au siége, je vous enverrai l'ordre de reprendre votre position à Marienburg. Le bataillon qui était resté à Fürstenwerder doit être rentré; je l'ai remplacé par la 4ᵉ brigade du général Oudinot.

Faites la reconnaissance du camp retranché, et faites-moi connaître ce que vous pensez de la force et de la nature des troupes que l'ennemi a débarquées, ainsi que ce qu'il paraît devoir faire.

Vous sentez bien que vos deux divisions, toutes composées de corps qui n'ont pas donné dans la campagne, et vos vingt-sept pièces d'artillerie, me sont nécessaires en bataille rangée. Ainsi, je vous le répète, n'employez vos troupes que contre le corps qui a débarqué, à moins de circonstances extraordinaires et inattendues. J'ai envoyé ce matin le général Beaumont, aide de camp du grand-duc de Berg, à Fürstenwerder, pour passer demain, avec un millier de dragons et la brigade du général Albert, et culbuter tout ce que l'ennemi aurait dans la presqu'île.

Comme les détails du siége ne vous occupent pas,

vous êtes à même de bien observer ce que peut faire l'ennemi dans la rade, et je désire que vous m'écriviez deux fois par jour. Envoyez vos lettres à Dirschau, où j'ai fait établir une ligne de poste jusqu'ici.

Je n'entends pas parler du général Verdier, qui doit commander votre seconde division.

NAPOLÉON.

Comm. par M. le duc de Montebello.
(En minute aux Arch. de l'Emp.)

FIN DU TOME QUATRIÈME.

TABLE DES MATIÈRES

DU TOME QUATRIÈME

(On a mis entre parenthèses les noms des destinataires.)

1806.

1807.

IV. 30

FIN DE LA TABLE DU TOME QUATRIÈME.

PARIS. TYPOGRAPHIE DE E. PLON ET Cⁱᵉ, RUE GARANCIÈRE, 8.